Der Westen dankt ab

Bürgerkrieg und Weltenbrand

von Gideon Wolfsen

Der Westen dankt ab

Bürgerkrieg und Weltenbrand

von Gideon Wolfsen

mmVerlag

Der Westen dankt ab
Bürgerkrieg und Weltenbrand
Gideon Wolfsen
Aachen, MM Verlag, 1. Auflage November 2010
ISBN: 978-3-928272-98-8

Inhalt

Vorwort

Dies ist keine wissenschaftliche Arbeit mit einem dazugehörigen Appendix. Aber es ist eine Arbeit mit dem Anspruch des Ringens um Wahrheit, eine Arbeit, die von einem personalistischen Menschenbild ausgeht. Für den Verfasser sind Kollektivisten, seien sie internationale Sozialisten, nationale Sozialisten oder missionarisch orientierte Demokratisten, die mit ihrer Gleichheitsideologie die Welt beglücken wollen, „Linke". Als Personalist, der von der Vielfalt der Schöpfung ausgeht, die in Dankbarkeit und Brüderlichkeit zu respektieren ist, ist der Verfasser nach dem heutigen Sprachgebrauch ein „Rechter", zumal er die der Schöpfung widersprechende Gleichheitslüge mit ihrem Anspruch der gewaltsamen Durchsetzung konsequent ebenso ablehnt wie das zielorientierte Überstülpen von ungeistigen, wissenschaftlich überhaupt nicht haltbaren Orientierungen mit Hilfe von Medien, Schulen und Staatsanwalt. Auch der missionarische Demokratist, der anderen Kulturen seine Prägung aufzwingen will, sei es in Vietnam, im Irak oder in Afghanistan, ist genau so zum Scheitern verdammt wie alle bisherigen Kollektivisten.

Es sind also gedankliche Anstöße, auch Anstößiges. Darin liegt natürlich immer eine gewisse Gefahr, wenn man sich nicht der verordneten Betrachtungsweise unterwirft. Wie schon bei den Jakobinern zu sehen, sind auch heute die Gedanken eben nicht frei, sondern entweder beifallswürdig oder strafwürdig.

Diese Arbeit hat auch deswegen keinen anhängenden wissenschaftlichen Apparat, weil die meisten Erkenntnisse von Personen aus Bereichen stammen, die sich nicht öffentlich äußern können oder, wenn sie es täten, von den Deutungseliten der Republik samt ihren Familien gesellschaftlich vernichtet werden würden. Für den Verfasser ist dies zugleich sein Testament an den desgleichen die Wahrheit und den Sinn seines Daseins suchenden Menschen.

Natürlich ist der Verfasser kein Prophet. Er hatte aber ein Jahr vor Ausbruch der Intifada in Frankreich diesen kommenden Aufstand mehrfach in Frankreich selbst und einmal auch in Belgien den skeptischen Zuhörern angekündigt, als Vorbote weiterer und erheblich schlimmerer blutiger Auseinandersetzungen. Das hat wahrlich nichts mit Prophetie zu tun, sondern mit den erhaltenen Erkenntnissen in Verbindung mit Faktenwissen aus dem Bereich der Geschichte und der Religionen. Schon unmittelbar nach dem Tod des Massenmörders Tito hatte der Verfasser in verschiedenen Vorträgen auf den sich für ihn logischerweise daran anschließenden Krieg zwischen den einzelnen Nationen dieses durch die Siegermächte des I. Weltkrieges geschaffenen Kunststaates Jugoslawien hingewiesen.

Und schon am dritten Tag nach dem durchaus hervorragend organisierten militärischen Vormarsch der amerikanischen Streitkräfte gen Bagdad, als höchste Vertreter sogar der CSU auf die Demokratisierung des Irak setzten („Hat ja in Deutschland auch geklappt") hatte der Verfasser nachweisbar in einem Vortrag in Deutschland den verblüfften Zuhörern mitgeteilt, dass nunmehr mit der avisierten Demokratisierung das alte, seit den Tagen der osmanischen Herrschaft existierende Ordnungssystem der Minderheit der Sunniten (unter Saddam Hussein in Verbindung mit den Christen) fundamental zerstört werden würde.

Die aus der Knechtschaft entlassene Mehrheit der Schiiten würde künftig die Macht bestimmen und zusammen mit den Schiiten im Iran die Politik mit der Stoßrichtung gen Jerusalem ausrichten. Das Gegenteil von dem, was die Initiatoren dieses Krieges gewollt haben, ist eingetreten. So zündeln sie alle, diese geschichtslosen und orientierungslosen, von der Gleichheitsideologie trunkenen Gestalten und Mächte.

Erscheint es nicht wie die Rache der Geschichte, dass es interessanterweise die durch die Siegermächte des I. Weltkrieges – jenseits

8

des Rechts auf Selbstbestimmung der Völker – geschaffenen staatlichen Missgeburten sind, also die nach der Zerschlagung der alten Ordnungssysteme auf dem Balkan und im Nahen Osten geschaffenen Staaten sind, die ebendiese Siegermächte nunmehr bekämpfen.

Das seit 1917 entstandene geistige Vakuum wird heute durch Mächte ausgefüllt, die sich ihres Menschenbildes und Wertekompasses ständig rühmen, von einer (überhaupt nicht existierenden) internationalen Gemeinschaft sprechen, in der Tat jedoch die Würde vieler Völker in einer Art und Weise beleidigen, sodass diese sich mit erschreckendem Hass über diese verordneten Beglückungen rächen werden. Zuviel unschuldiges Blut ist inzwischen auch durch die ursprünglich als Verteidigungsbündnis geschaffene NATO, heute ein US-Weltgendarm mit europäischen Trabanten, vergossen worden und wird jeden Tag weiter vergossen. Die Erosion der westlichen Herrschaft, heute vertreten durch die USA, ist für jedermann deutlich erkennbar und wird den Weltenbrand noch beschleunigen.

Wie Udo Ulfkotte und viele andere auch (die sich natürlich, soweit sie in den Polizei- und Geheimdiensten, in der Justiz, in den Schulen und anderen Institutionen, in den bereits aus der Gewalt der Republik gefallenen Bezirken und Bereichen tätig sind, bedeckt halten müssen), ist auch der Verfasser der Auffassung, dass der bereits jetzt im Ansatz erkennbare Krieg in einigen Großstädten sich zum Bürgerkrieg ausweiten wird. Dem empfehlenswerten Buch „Vorsicht Bürgerkrieg! Was lange währt, wird endlich Wut" von Udo Ulfkotte ist eine aus dem Bundeskanzleramt stammende Karte beigefügt mit all jenen Regionen, Städten und Stadtteilen, in denen mit Aufruhr gerechnet wird. Hier möchte ich noch einen Gedanken hinzufügen. In der Tat zeigt die Karte jene Orte auf, in denen man mit Aufruhr zu rechnen hat. Aber von hier aus wird sich der Aufruhr ausdehnen auf jene Gebiete und Bereiche, in denen Beute zu holen ist. Der Aufruhr wird also flächendeckend die gesamte Republik umfassen, dort mehr, dort weniger. Die Bevölkerung ist hierauf nicht geistig und materiell vorbereitet, weder die ethnischen Deutschen noch jene sogenannten Zuwanderer, die mit Intelligenz und Fleiß für sich und ihre Kinder eine Existenz aufgebaut haben. Vorbereitet sind auch nicht die Sicherheitskräfte, wobei ein Teil davon, insbesondere die Streitkräfte ja eingesetzt werden zur Beglückung anderer Kulturkreise, also zum Krieg. Vorbereitet sind jedoch jene, die ohnehin nichts anderes kennen als Beutemachen!

  · Für die Deutungseliten der Republik ist das alles kein Thema. Ihnen geht es primär um die angeblich vorhandenen Beseitigungsmöglichkeiten der ökonomischen Krise. Insbesondere die demografische Situation und deren Auswirkung auf die innere Stabilität der Republik ist nicht einmal den gut besoldeten Hirten in den Chefetagen der sogenannten Volkskirchen ein Hirtenwort oder eine wegweisende Zeile wert.

  Der Verfasser ist sich sicher, dass die, die diesen Zustand – wissentlich oder nicht wissentlich – bewirkt haben, die ersten sein werden, die ihre dem durch Charakterwäsche und geistige Desorientierung geschwächten Volk verordnete bittere Suppe auch als Erste werden auslöffeln dürfen, oder härter formuliert: Dass die Revolutionäre des Gender Mainstreaming, der Familienzerstörung, der Kindstötung, der kollektiven Verachtung aller Vorfahren schlechthin auch die ersten sein werden, die wie alle Revolutionäre auf dem Misthaufen der Geschichte landen werden, seien sie Politiker, Kirchenfürsten, Medienzaren oder Mediensklaven. Die Wut wird sie verschlingen in den kommenden, wahrscheinlich sehr blutigen Auseinandersetzungen – die Wut der Orientierungslosen und die Wut von Gläubigen mit einem anderen, jedoch klaren Wertekompass, der diese Narreteien schon jetzt verbietet.

  Das Nachdenken über die sich bereits jetzt am Horizont abzeichnenden Gerichtsszenen in Gestalt von Bürgerkriegen und Weltenbrand verlangt einen ganzheitlichen Ansatz. Schon längst überholt ist die institutionelle Trennung von innerer und äußerer Sicherheit.

Faktoren wie

- Bevölkerungswachstum oder – wie in Deutschland – Bevölkerungsschwund der Stammbevölkerung,
- geschichtliche Erfahrungen,
- religiöse Orientierungen,
- militärisches Potential,
- die Verwurzelung im eigenen geistigen Fundament (soweit vorhanden),
- Parallelgesellschaften mit anderen Wertvorstellungen,
- Migrations- und Flüchtlingsbewegungen,
- der Zerfall von Staaten,
- organisierte Kriminalität,
- nichtstaatliche Akteure (wie Al-Qaida, Hisbollah),
- Ressourcen, Rohstoffversorgung, Energiebedarf, ökonomische Situation,
- die vertragswidrige Verbreitung von A-, B- und C-Kampfstoffen und ihrer Trägermittel,
- instabile Nuklearmächte (wie Pakistan) oder missionarische Nuklearmächte (wie der Iran aber auch die USA),
- Nationalitätenkonflikte,
- Unterdrückung von Minoritäten und Völkermorde,

all das ist einzubeziehen bei den Gedanken über den sich im Ansatz schon längst zeigenden Weltenbrand.

Für die in der Bundesrepublik herrschenden bildungs- und nicht selten auch bindungslosen Deutungseliten gibt es weder Feind noch Krieg. Selbst den sogenannten Militäreliten war nach dem Zusammenbruch des Sowjetsystems der Feind abhanden gekommen, Ausdruck ausgesprochener Unbildung. Der Mensch hat sich doch nicht geändert. Eine Welt der Brüderlichkeit ist zwar wünschenswert, jedoch nicht vorhanden – auch in Zukunft nicht oder erst nach erschreckenden Katastrophen, die die Katastrophe des letzten Weltenbrandes in den Schatten stellen wird. Selbstverständlich gibt es Feinde, die uns bedrohen, die unsere Ordnung zerstören wollen, unsere Wirtschaftskapazität brechen wollen, unsere Verbindungsachsen unterbrechen wollen.

Nicht das somalische Seeräubergesindel ist das eigentlich Bedrohliche. Aber es geht dort um die Verbindungswege für die Verschiffung von Ressourcen zwischen Asien, Afrika und Europa. Gerade die europäischen Gesellschaften sind in besonderer Abhängigkeit von der quantitativen Versorgung mit Energiestoffen wie Erdöl und Erdgas und Rohstoffen aller Art, sind abhängig von intakten Organisationsstrukturen und dem Offenhalten der Verkehrsverbindungen zu Land, Wasser und Luft. Da ist dem zurückgetretenen Bundespräsidenten Horst Köhler mehr als Recht zu geben. Die deutsche Journaille hat ihn bewusst missverstanden. Im Übrigen haben sich die bundesrepublikanischen Fernsehsender geweigert, die mahnenden Worte dieses nicht der politischen Klasse angehörigen Bundespräsidenten zu senden: „Es kann Staaten geben, die mit ihren Schulden nicht mehr fertig werden. Deshalb ist es an der Zeit, das für viele Undenkbare zu denken ... Es geht auch um die Frage, auf wie viel Geld die Gläubiger unter Umständen verzichten müssen." (CM Nr. 6, Juni 2010).

Aber noch schlimmer sind die inneren Feinde, jene sich und ihre gesamten Ahnen Hassenden, die den kollektivistischen Wahn mit List und Macht durchpeitschen, die die Erziehung im Elternhaus verhindern, die den Eltern ihre Würde nehmen, die Elternsein mit steuerlichen und sozialen Maßnahmen verhindern, die missionarisch ihren krankhaften Traum vom Neuen Menschen zu verwirklichen suchen, die mitgeholfen haben, eine Verwilderung und Verschluderung eines nicht geringen Teils der jüngeren Generation auch bei den ethnischen Deutschen zu initiieren. Wo nur noch der deutsche Hausaltar, das von den bürgerlichen Parteien gewünschte und geförderte Privatprimitiv- und Gewaltfernsehen, statt der Eltern oder eines Elternteils wirkt, wo der ethische Kompass fehlt, kommt es zu dramatischen Fehlentwicklungen, was wohl jedes Landeskriminalamt bestätigen kann. Auch dieser gewichtige Faktor der inneren Instabilität beunruhigt die häufig – oder wie bei der Journaille überwiegend – kinderlosen Deutungseliten nicht. Auch bei der autochthonen Stammbevölkerung nimmt die Jugendgewalt aufgrund der Erosion der Werte zu. Der Mentalitätswechsel – oder besser: der gewollte Verzicht auf Erziehung, ersetzt durch Kollektivbetreuung schon der Allerkleinsten – zeigt hier seine Wirkungen. Das von allen Parteien getragene „68er Strafrecht" zielt nicht auf den Schutz der Opfer, sondern auf die Heilung des Täters, die man durch milde Strafen zu erreichen versucht. Selbstverständlich sind all diese Versuche zwangsläufig gescheitert. Wer keine liebevolle – und wenn notwendig auch autoritative – Erziehung mit der Kenntnis von Gut und Böse erhält, wird nicht lieben können und die Ordnungen nicht aus Einsicht respektieren wollen. Auch vor diesem Hintergrund ist die Frage einer umfassenden Sicherheitspolitik zu werten.

Wer sich für eine schlagkräftige Landesverteidigung mit einem gut ausgebildeten und motivierten patriotischen Reservistenpotential als Garant für Frieden und Freiheit einsetzt, gerade im Inneren, gilt als Narr, auch bei den sogenannten bürgerlichen Parteien. Es geht ihnen nur noch um den Einsatz ihrer Quasi-Söldner-Armee, denn ein Volksheer ist die Bundeswehr schon lange nicht mehr. Sie ist keine Verteidigungsarmee, wie Eid und Gelöbnis es gebieten („… und das Recht und die Freiheit des Deutschen Volkes tapfer zu verteidigen"), sondern neudeutsch eine Interventionsarmee, also eine Angriffsarmee, um andere Völker mit den Segnungen des Westens zu beglücken – als Trabantenarmee der USA. Helmut Schmidt, geschichtlich gebildeter, glänzender Analytiker dieser Problematik, der zwar einerseits gerne als Interviewpartner zur Verfügung stehen darf, wird hier jedoch andererseits hinsichtlich seiner ausgezeichneten Ratschläge bewusst nicht zur Kenntnis genommen.

Für die Mehrzahl der Bevölkerung ist erkennbar, dass nach dem Kollaps der kommunistischen Systeme der Islam als machtbewusste Weltanschauung uns nicht am Hindukusch bedroht, sondern im eigenen Vaterland. Er bedroht uns jedoch weniger wegen seiner Existenz, als vielmehr wegen unserer Selbstaufgabe und Selbstzerstörung, also wegen unseres Selbsthasses, wegen unserer Dekadenz. „Die Freiheit ist heute bedroht – jedoch nicht nur vom Islam, sondern auch durch die Linke" sagte der israelische Militärhistoriker van Crefeld in einem Interview (JF, 16.08.2009), und er fügte hinzu: „Die Gefahr geht zurück auf Herbert Marcuse, der argumentierte, um die gesellschaftliche Unterdrückung zu bekämpfen, sei die Unterdrückung der Meinungsfreiheit nicht nur eine Möglichkeit, sondern eine Pflicht. Zu viele Leute haben das bis heute verinnerlicht." Da trifft er den Nagel auf den Kopf, denn die heutige Deutungselite ist durch die 68er geprägt, sodass bestimmte Probleme nicht angesprochen werden dürfen, ohne dass man selbst samt seiner Familie der gesellschaftlichen Vernichtung anheim fällt. Insofern sind die sogenannten Volksparteien als linke Parteien einzuordnen.

Es geht also in Europa, auch und insbesondere in Deutschland, um unsere Existenz als Volk und Staat, um unsere Lebensweise, um die Organisation der Gesellschaft, um das, was Recht und Unrecht sein soll. Das soll und kann nicht alles en détail betrachtet und in Gänze untersucht werden, sondern wesentlich der von den heutigen Deutungseliten in allen Institutionen – also in der Politik, in den Kirchen, in den Schulen, in den Medien – bewusst und zielorientiert tabuisierte Wertebruch, der 1917 mit dem Abschied vom Abendland geschah. Von dort führt der Weg über den internationalen Sozialismus und nationalen Sozialismus in den Demokratismus, jener undemokratischen Staatsform, in der nicht der freie „yeoman" mit seiner klaren ethischen und demokratischen Orientierung gewünscht wird, sondern in der diese Staatsform zum globalen Religionsersatz erhoben wird. Das geschieht durch die ungeistige Diktatur von Deutungseliten, die im Inneren einer Gleichheitsideologie zum bewussten Nutzen der permanenten Migration als Staatsdoktrin frönen und im Äußeren mit ihren ideologisch fixierten Demokratiemodellen die islamische Staatenwelt in den Weltenbrand manövrieren.

Im Inneren beruht also, wie oben festgestellt, diese von den Deutungseliten verordnete neue Staatsreligion auf dem Prinzip der „multikulturellen Gesellschaft" – einer von der Bevölkerung jedoch nicht mitgetragene Staatsreligion. Von den sogenannten Volkskirchen wird diese neue Staatsreligion wohlwollend betrachtet, von der Moschee jedoch eindeutig abgelehnt. Damit ist der Bürgerkrieg vorprogrammiert. Er findet in bestimmten Regionen der Republik schon seit langem ansatzweise statt. Trotz aller gebündelten Verharmlosungs- und Täuschungsaktionen der Deutungseliten, besonders in den ausgerichteten Medien, auch in den glaubensschwachen, manchmal sogar glaubenslosen Kirchen weiß der Bürger um diese Gefahren. Es lässt sich doch nicht verheimlichen, was Lehrer, Polizisten, Mitarbeiter der Nachrichtendienste oder Mitarbeiter der Justiz hinter vorgehaltener Hand täglich kundtun. Würden sie ihre Kenntnisse öffentlich äußern, fielen sie – von hörigen Medien initiiert und getragen von allen Parteien – der gesellschaftlichen Ächtung anheim. Für ihre Familienangehörigen brächte das die Erfahrung einer neuen Form der Sippenhaft mit sich.

Der nachdenkliche und wehrlose Bürger zieht sich von diesem Staat und seinem Parteienklüngel zurück. Er geht zwangsweise in die innere Emigration, aber seine Wut nimmt zu. Der Kessel brodelt, und das in einem so antirevolutionären und duldsamen Volk wie dem deutschen. Der Bürger weiß genau, dass es sich bei dem tabuisierten Problem nicht um die Zuwanderung von mehrheitlich fleißigen, bildungsbeflissen und gesetzestreuen Chinesen, Indern, Vietnamesen, Kroaten, Polen, Slowenen etc. geht, sondern dass es sich um das Einströmen von Menschen aus einem Kulturkreis handelt, der eine radikal andere Einstellung zur Gewalt hat und in seinem historischen Prozess vom Geist der Aufklärung unberührt blieb. Also fehlt ihm der Toleranzgedanke. Auch enthält der Koran nun einmal keine Bergpredigt oder Weisungen der Entfeindungslehre.

Jede Untersuchung bei Schülern hat bisher nachgewiesen, dass die verstärkte Religiosität bei muslimischen Jugendlichen eine verstärkte

Gewaltbereitschaft nach sich zieht. Bei bekennenden christlichen Jugendlichen ist es genau umgekehrt. Das Herumeiern der Deutungseliten, das die muslimische Gewaltbereitschaft auf die Imame und nicht auf das religiöse Fundament zurückzuführen ist, zeigt die Unbildung der Deutungseliten. Sie haben eben auch keine Kenntnis der messianischen Entfeindungslehre. Das ist sicherlich nicht allein ihre Schuld, sondern zeigt auch das Fehlen der Übermittlung des wesentlichen Glaubensgutes durch die sogenannten kirchlichen Glaubenseliten. Auch dort ist häufig mehr SPIEGEL-Unwissen als Kenntnis der Weisungen des Alten und Neuen Testaments vorhanden. Sämtliche Deutungseliten verweigern sich auch der Bestandsaufnahme der Realität im Inneren und im Äußeren. Sie leben eben in Villengegenden und nicht in Mottenburg.

Für die Parteien geht es immer um die Frage, wie sie ihre Macht in Zeiten des von ihnen als demografischer Wandel beschriebenen Sterbens der Stammbevölkerung bewahren können. So kämpfen einige Parteien offen für den Beitritt der Türkei in die EU, denn dieser würde erst einmal ihre Parteibasis verstärken, und andere Parteien entscheiden sich für eine Hinhaltetaktik. Hier sucht man seit etlichen Jahren den Nachweis zu führen, dass es einen „Euroislam" gibt, auch wenn es für diesen ausgemachten Schwachsinn keine Bestätigung durch die Moschee gibt und auch nicht geben kann. Islam ist Islam!

Die Parteichristen setzen sich auch nicht für das Leben der Allerkleinsten ein, für jene, die sich noch im Leib ihrer Mütter befinden. Diese Schützenswertesten werden – nach Auskunft von Lebensrechtlern – in der Berliner Republik alljährlich in der Anzahl der Bevölkerung von zwei Großstädten getötet. Die Parteichristen konstatieren nüchtern: „Noch in diesem Jahrhundert bekommen wir ein Verhältnis von 50:50, also 50 Prozent Christen, 50 Prozent Muslime." Also folgert der Vorsitzende der Arbeitsgruppe Integration und Islam der CSU-Landtagsfraktion Martin Neumeyer (Münchner Merkur, 30.11.07): „Die CSU muss um die Muslime werben." Auch hier nicht einmal ansatzweise der Hinweis auf unseren von allen Parteien getragenen, ja parlamentarisch abgesicherten Suizid, im Parteideutsch Abtreibung genannt und inzwischen von vielen – bis in den Raum der evangelischen Kirchen – als Menschenrecht verklärt. Es geht um Macht und Pfründe, das Überleben der Kinder ist uninteressant – und wer die Weisungen des Alten und Neuen Testaments ernst nimmt, kommt damit zur Feststellung, dass auch die Parteichristen GOTT den Krieg erklärt haben. Das haben vor ihnen schon die International- und Nationalsozialisten getan. Der Ausgang ist bekannt.

Selbst für die Nichtparteichristen ist der Ausgang berechenbar, denn nach allen uns vorliegenden Prognosen wird die Republik spätestens in den Jahren 2030 bis 2050 zu einer islamischen werden. Dann haben mit großer Sicherheit alle Turmbauer im Neuen Babylon, seien sie Feministinnen, Propagandisten der Homosexualität in Medien und Schulen, in Kirchen und Parteien, Agnostiker, Atheisten, Laodiceachristen, Ideologen der Familienzerstörung und des Gendermainstreaming keine Chance mehr, ein Leben nach ihrem Gusto zu führen, geschweige denn anderen ihre „normgerechten" Lebensentwürfe aufzuzwingen.

Es ist ein historisch nachweisbares Phänomen, dass die Verursacher des immer wieder erneuten Turmbaus zu Babel, die einen Neuen Menschen erzwingen wollen, immer dort landen werden, wo sie die anderen hin haben wollten – auf dem Misthaufen der Geschichte. Das galt für die großen Mordbuben der französischen Revolution, für den bolschewistischen Massenmörder Leo Davidowitsch Bronstein, genannt Trotzki, und seine blutrünstigen Mitstreiter, das gilt auch für die bindungs- und bildungslosen Sturmabteilungen des Gendermainstreaming und der massenhaften Tötung der Kinder im Leib ihrer Mütter.

Gerade Russland ist das wohl treffendste Beispiel dafür, wohin sich ein auf einem guten Weg befindendes Land entwickeln kann, wenn es die mosaische Ordnung von Gut und Böse verwirft und – durch atheistische Intelligenzler erzwungen – all das initiiert, was auch bei uns heute propagiert wird: die Vernichtung der familiären Substanz, die Tötung der Kinder im Mutterleib als Menschenrecht, die Aufgabe der Erziehung zugunsten der Kollektivbetreuung bereits im Kleinstkindalter, die Bestrafung der Fleißigen und Tüchtigen, der Diebstahl des Eigentums etc.

Russland ist also das warnende Beispiel für uns, wie schnell ein vom Schöpfer und seiner Ordnung abgefallenes Volk mit seinem babylonischen Turmbau des „Neuen Menschen" in die Barbarei marschieren kann. Und letztlich ist gerade das heutige Russland der eindeutige Beweis dafür, wie schwer es ist, zurückzufinden zu einer Ordnung, die übereinstimmt mit den Weisungen des Schöpfers. Aus diesen sicherlich nachvollziehbaren Gründen ist dem Untergang des Alten Russland und seinem Marsch in die Barbarei des Bolschewismus / Kommunismus ein besonderer Stellenwert in diesem Buch eingeräumt worden.

Das Schicksalsjahr 1917

Europas Weg in die Dekadenz als Vorbereitung seines Niederganges und eines sich heute abzeichnenden blutigen allgemeinen Bürgerkriegs begann mit dem dramatischen Wertebruch durch den Oktoberstaatsstreich der Bolschewiki 1917. Der Nationalsozialismus war der Reflex auf den von großen Teilen der Bevölkerung als Bedrohung entstandenen Internationalen Sozialismus mit seinem schon damals seit Lenins Tagen existierenden Konzentrationslager- und Staatsterrorsystem, seiner Ausrottung der Aristokratie und der bürgerlichen Schicht, der Vernichtung der Bauern und der Gläubigen. Sowohl der Internationale Sozialismus als auch der Nationalsozialismus waren kollektivistische Orientierungen, also Linksorientierungen. Im Übrigen haben die Nationalsozialisten sich nie als rechtsstehend bezeichnet oder gesehen. Einige hatten ja auch gute Erfahrungen gesammelt als Kommunisten, manche sogar als Kommissare des bolschewistischen Russland, wie beispielsweise der spätere Blutrichter Roland Freisler als Kommissar Lenins. Der personelle Austausch zwischen den beiden Parteien ist längst nachgewiesen, insbesondere die hohe Anzahl von ehemaligen Kommunisten, die in die NSDAP eintraten.

Die aristokratischen Werte des viele Jahrhunderte in den Monarchien durch das Alte und Neue Testament geprägten europäischen Menschenbildes mit seinen Bezugspunkten GOTT, Vaterland, Familie und den sich daraus ableitenden Begriffen – wie Ritterlichkeit, Anstand, Fairness und Gerechtigkeit gegenüber Jedermann, Mitgefühl, Bescheidenheit und Demut, den Mut und die Fähigkeit, Fehler und Schuld einzugestehen, die Großmut zur Vergebung (Gnade vor Recht ergehen lassen) – gingen dabei verloren. GULAG und Shoah waren die ersten mörderischen Folgen der Wertekatastrophen.

1917 begann zugleich mit dem Eintreten der USA in den Krieg das Zeitalter der ideologischen Kriege. Von nun an bis zum heutigen Tage heißt es „to make the world safe for democracy". Ob die mit dieser Ordnung à la USA zu beglückenden Staaten Rechtsstaaten im europäisch-abendländischen Sinne sind oder nicht: Hauptsache es wird gewählt wie im Irak und in Afghanistan. Mit der Wahl werden sie zu Demokratien und damit zu Rechtsstaaten geadelt. Erkennbar nähern wir uns mit diesem – auch von dem deutschen Parlament unterstützten und mitgetragenen – gewaltsamen Überstülpen westlicher Leitorientierungen mehr und mehr dem Weltenbrand.

Bis zum Untergang der Monarchien empfand sich Europa zu Recht als eine geschichtliche Einheit mit einer gemeinsamen Kultur auf der Basis der mosaischen Orientierung von Gut und Böse. In den Monarchien galt substantiell die Idee der Änderung der Gesinnung, erst nach ihrem Sturz griffen die Ideen der gewaltsamen Änderungen der Verhältnisse, der Liquidierung von Klassen, Rassen oder heute gar Kindern im Leib ihrer Mütter. Dieser gesellschaftliche Suizid wird als demografische Katastrophe umgelogen und die sogenannte Abtreibung zum Menschenrecht deklariert. Für den ehemaligen Ministerpräsidenten von Sachsen-Anhalt und Europa-Abgeordneten Werner Münch war das ein Grund, aus der CDU auszutreten, wie er schreibt: „Der 3. Grund ist, dass die Vorsitzende der CDU, die als Partei einmal auf der Grundlage christlicher Werte für den Schutz und Erhalt des menschlichen Lebens eingetreten ist, jetzt mit Alice Schwarzer, der Vorkämpferin für die Freigabe der Abtreibung, in der Öffentlichkeit auftritt (…)."(CM, Jan 2009). Nun ist das ja nichts Neues. Die CDU/CSU orientiert sich nicht an ihrer Basis, die ihr immer mehr verloren geht, sondern an den linksliberalen Medien, und letztlich unterscheidet sie sich nicht von den Grünen und der heutigen Sozialdemokratie.

Mit dem Ersten Weltkrieg und dem sich anschließenden Sturz der Monarchien starb also der bis dahin gültige Wertekompass des Abendlandes; es starb somit das Abendland. Alle, die heute vom

Untergang des Abendlandes und seiner Werte parlieren, haben gar nicht wahrgenommen, dass das doch schon vor 90 Jahren geschehen ist. Was sie beklagen können, ist der heute von ihnen geduldete oder gar selber initiierte Nieder- und wohl auch Untergang des Europas der Dekadenz.

In Deutschland war es Kurt Eisner, der als Erster die Monarchie in Deutschland, nämlich das Haus Wittelsbach in Bayern stürzte. Mit der Ausrufung des Freistaates Bayern wurde der bayerische König Ludwig III. als erster deutscher Monarch abgesetzt und somit das etwa 1000 Jahre existierende und seit 1180 herrschende Adelsgeschlecht der Wittelsbacher gestürzt; Philipp Scheidemann folgte am 09. November 1918 in Berlin dem Beispiel Eisner und rief die Republik aus. Der sozialdemokratische Patriot Friedrich Ebert war empört über die Dummheit der Republikproklamationen.

Sowohl Eisner als auch Scheidemann standen, wie wir heute wissen, mit dieser Proklamation nachweislich im Widerspruch auch zur Mehrheit der überwiegend monarchisch orientierten Deutschen jüdischen Glaubens und jüdischer Herkunft. Nie wieder danach sollte der Staatsbürger, gleich welcher Religion oder Abstammung oder politischen Überzeugung, so durch das Recht geschützt sein wie in der Monarchie. Das galt selbstverständlich auch für das werdende Leben. Die Monarchie hatte aufgrund ihrer christlichen Grundorientierung noch einen ethischen Kompass und wusste zwischen Recht und Unrecht, Gut und Böse zu unterscheiden.

Es liegt etwas Tragisches darin, dass im emanzipierten Judentum eine Minderheit in der Regel zusammen mit Nichtjuden an der Demontage bzw. an der Schwächung der alten politischen Traditionen, die im Grunde auf der christlichen Kultur beruhten, tätig waren. Ihnen schwebte ein neuer Turmbau zu Babel, eine egalitäre, radikal verweltlichte, angeblich wissenschaftlich untermauerte liberale oder auch sozialistische Gesellschafsordnung vor.

So lud Eisner am 14. November 1918 in einem Brief den anarchistischen Theoretiker Gustav Landauer nach München ein: „Was ich von Ihnen möchte, ist, dass Sie durch rednerische Betätigung an der Umbildung der Seelen mitarbeiten." Der Glaube an die Schaffung des Neuen Menschen, dieser ewig erneute Turmbau zu Babel, ist hier deutlich erkennbar. Letztlich sägten diese Kräfte mit dem Sturz der Monarchien im Deutschen Reich und in der Doppelmonarchie den Ast ab, auf dem sie, wenn auch sicherlich nicht immer behaglich, so doch rechtsstaatlich geschützt, leben konnten.

Gerade unter Wilhelm II. erlebte Deutschland in vielerlei Hinsicht eine wahre Blütezeit, die durch ein beträchtliches Maß an Freiheit geprägt war. Heute befinden sich die Medien in der Hand von wenigen bestimmenden Verlagen, was eine an der Wahrheit orientierte wirkliche Meinungspluralität gar nicht erst zulässt. Die immer wieder beschworene Pressefreiheit ist nur noch das Vorrecht eines kleinen Kreises von Personen im Hintergrund, ihre Meinung veröffentlichen zu lassen. Wenn es um das Zeitgeschehen geht, kann man den gleichen Lügenmist im Sportmagazin oder einer Modezeitschrift oder einer medizinischen Fachzeitschrift lesen. Bestimmte Zeitungen erhält man nur unter dem Ladentisch. Ist man Beamter etc., lässt man sich solche Zeitungen nicht ins Büro schicken; die Karriere wäre zu Ende. Die Privatsender gehören in der Regel denselben Leuten, die auch die Zeitungskonzerne betreiben. Die öffentlichrechtlichen Anstalten werden von Rundfunkräten gegängelt. Das sind aufsichtführende Ausschüsse, die mit willfährigen Politikern besetzt sind sowie mit Vertretern einflussreicher Verbände. Sie stellen die bis in Einzelne gehenden Sprachregelungen sicher, wie die Redakteure bestimmte Personen oder Ereignisse zu bezeichnen haben. So werden sie nie schreiben dürfen – abgesehen von einer Einlassung von Oskar Lafontaine während einer Diskussion, die sofort von allen Teilnehmern tabuisiert wurde – dass die Bundeskanzlerin Angela Merkel, die ja als protestantische Christin ausgewiesen wird (wahrscheinlich zu Recht, wenn man sich den Zustand dieser Kirche ansieht), FDJ-Sekretärin für Agitation und Propaganda war. Dass sie das war, ist ihr nicht anzulasten. Menschen passen sich an, arrangieren sich oder irren sich. Aber dieses Recht auf Irrtum hat dann auch für Jedermann zu gelten.

Um wahre Meinungspluralität zu verhindern, wird schon beim Ansatz anderer Auffassungen die Leiche jenes Mannes immer und immer wieder aus dem Grabe gezerrt, der sich 1945 seiner Verantwortung feige durch Selbstmord entzogen hat. Heute müssen schon Christen, die aus der Bibel zitieren, was Sünde ist, um ihre gesellschaftliche Existenz bangen; sie, die den jüdischen Rabbi JESUS als Messias anerkennen, werden zu Nationalsozialisten gestempelt. Da machen natürlich auch gut besoldete und gesättigte Spitzenvertreter der Kultdiener selbst mit, indem sie per Mehrheitsbeschluss die Sünde abschaffen, beispielsweise die Sünde des Tötens von Ungeborenen. Nur: wo die Sünde abgeschafft ist, gibt es keine christliche Kirche mehr.

Wirtshausraufereien und andere letztlich vollkommen uninteressante Vorfälle in den sogenannten neuen Bundesländern werden sofort als ausländerfeindliche Vorfälle deklariert. Sensible Schwule und gemeinsinnige Zuwanderer werden den zumeist tumben weißen, glatzköpfigen Rassisten gegenübergestellt. Erstaunlicherweise begegnet man im Alltag solchen Typen nicht allzu häufig. Allerdings hat schon eine Vielzahl als Opfer unter den uns bereichernde Zuwanderern leiden dürfen, bereits als Kleine in der Schule, ohne jeden Schutz. Nicht wenige stehen schon vielfach mittendrin im Bürgerkrieg, der ansatzweise längst begonnen hat. Aber ihre Drangsal wird selten registriert, auch nicht von Journalisten, denn diese sind ja überwiegend fernab vom Ort des Geschehens.

Selten wird das Lügengebäude so offenbar wie bei der Sendung „Hart aber fair", als der Moderator Frank Plasberg sich seinem Studiogast Alaattin Kaymark, einem geläuterten Schläger aus Hameln zuwandte. Kaymark antwortete auf die Frage: „Was hätte der Staat Deutschland eigentlich besser machen können?" „Für mich besser machen können? Das Rauchergesetz ab..., nein (lacht). Für mich besser machen können? Da fällt mir eigentlich jetzt nicht viel ein, weil, es ist ja eigentlich alles gegeben an Möglichkeiten, man muss sie nur ein bisschen selber suchen…" Die anwesende Bundesjustizministerin Brigitte Zypries und der Grünen-Politiker Özcan Mutlu flüsterten daraufhin. Zypries: „Wurde der nicht gebrieft vorher?" Mutlu: „Doch!" Beiden war der Wind aus den Segeln genommen, dass Deutschland den Migrantenkindern nicht genügend hinsichtlich einer erfolgreichen Integration bieten würde.

Zur Gleichheitsideologie passt die Gleichschaltung der Medien. Besonders in der Sicherheitspolitik haben wir eine für die meisten nicht zu durchschauende Manipulation der Bürger durch Lenkung, Auswahl und Art und Weise der Darstellung.

Um 1900 unter Wilhelm II. dagegen gab es im Gegensatz zu heute diese Meinungspluralität mit rund 1.200 Zeitungen, Magazinen und Zeitschriften, darunter 100 Tageszeitschriften unterschiedlichster politischer Couleur, natürlich auch sozialistischer oder liberaler Provenienz. Die führenden Verleger jener Zeit waren jüdischer Herkunft (Mosse, Ullstein, Singer, Sommermann, Fischer).

Zahlreiche jüdische Wissenschaftler wurden von Wilhelm II. zu Professoren ernannt. Zum engen Freundeskreis des Kaisers gehörten der Reeder Albert Ballin, der Unternehmer Emil Rathenau, der Bankier Gerson Bleichröder. Im Doorner Exil war die Reaktion des Kaisers auf die Reichskristallnacht vom 09. November 1938 eindeutig: „Zum ersten Mal schäme ich mich, ein Deutscher zu sein." (Die Aula, Febr. 2009)

Wilhelm II. war ein fortschrittliches, modernes Staatsoberhaupt mit einer eindeutig abendländisch-christlichen Orientierung, der seinerzeit vor dem Ersten Weltkrieg in England und selbst in Frankreich bewundert wurde. Während seiner Herrschaft war es sein Ziel, „Gerechtigkeit zu üben, den Schwachen zu schützen, den Starken einzuschränken und den Wohlstand zu mehren." Unter ihm wurde 1899 die einheitliche Höhe der Invalidenversicherung im Reich festgelegt, wurde 1903 die Krankenunterstützung von 13 auf 26 Wochen verlängert, die Gleichberechtigung der Arbeiter als freie

Vertragspartner der Unternehmer wurde anerkannt, 1903 wurde das Verbot der Kinderarbeit für Kinder unter 13 Jahren auf die Heimindustrie ausgedehnt, seit 1901 wurden öffentliche Mittel für den Bau von Arbeiterwohnungen bereitgestellt. 1905 erhielten die Bergarbeiter erweiterte Rechte. Geheim gewählte Arbeiterausschüsse in den Bergwerken bestimmten die Fördermengen, die festzulegende Arbeitszeit und die sanitären Verhältnisse. Mit der 1911 im Reichstag verabschiedeten Reichsversicherungsordnung wurde die Hinterbliebenenversorgung mit Witwen- und Waisenrente eingeführt. Ab 1911 konnten sich auch die Angestellten als eigene Gruppe mit dem Angestelltenversicherungsgesetz sozial absichern. Schon 1891 wurde mit dem Arbeiterschutzgesetz festgelegt, dass Kinder unter 13 Jahren nicht in Fabriken beschäftigt werden dürfen, dass Sonntagsarbeit für Kinder verboten ist, dass Kinder von 13 bis 14 Jahren maximal sechs Stunden täglich arbeiten dürfen, Jugendliche bis 16 Jahren zehn Stunden täglich arbeiten, Nachtarbeit für Jugendliche untersagt war, die Arbeitszeit für Frauen auf elf Stunden täglich begrenzt wurde. Das alles ist Ausdruck des Alten Europa; den von den Deutungseliten bisher als Modell genommenen USA ist solches bis zum heutigen Tage nicht gelungen.

Das Martialische, das Wilhelm II. heute vorgeworfen wird, war damals einfach Mode und ist es heute noch in der britischen Monarchie. Da sind gerade die Deutschen an ihrem Hausaltar, dem Fernseher, begeistert, wenn sie die britischen Traditionsregimenter in ihren bunten Uniformen anlässlich des Geburtstages der von Orden strotzenden Königin und ihres desgleichen ausgestatteten Prinzgemahls sehen. Die Wilhelm II. das Martialische vorwerfen, zeichnen sich dagegen häufig durch Herumschlürfen, ordinäre Ausdrucksweisen und Tragen von einheitlich blauen Landarbeiterhosen sowie dunklen Parkas aus.

Erst nach diesem Wertebruch konnte Hitler mit seiner antisemitischen Wiener Vorprägung zur wahnhaften kollektiven Schuldzuweisung an das Judentum insgesamt kommen (während seiner

Zeit im Männerheim in der Meldemannstraße im XX. Bezirk war in Wien jeder 3. Student jüdischer Herkunft, 40 v. H. der Medizinstudenten Juden, mehr als 25 v. H. der Jurastudenten, mehr als die Hälfte der Wiener Rechtsanwälte Juden, und das alles ohne Weltverschwörung, ohne Intervention von irgendwelchen Logen, allein aufgrund von Begabung, Intelligenz und Fleiß (ob das wohl den Neid eines Schulabbrechers förderte?), wobei er sich am Anteil von Juden am Aufbau des bolschewistischen Russland und deren Herrschaftswesen orientierte und den überproportionalen Opfermut seiner Frontkameraden jüdischen Glaubens oder jüdischer Herkunft in Deutschland ignorierte. Im deutschen Reich waren von den 80.000 Juden an der Front 10.000, die sich freiwillig gemeldet hatten. 12.000 fielen. „Im Jahr 1935 ließ Goebbels unmittelbar im Anschluss an die Verabschiedung der Nürnberger Gesetze eine Verordnung erlassen, wonach die Namen von gefallenen jüdischen Soldaten künftig auf keinem Denkmal in Deutschland mehr verzeichnet werden würden", schreibt Saul Friedländer (Das Dritte Reich und die Juden). Das ist in der Tat Barbarentum!

In dem von Hitler verhassten Vaterland, in der Doppelmonarchie, dienten im I. Weltkrieg Hunderttausende von Israeliten als tapfere Soldaten, zigtausende fielen. Keiner der bekannten Heerführer, der nicht die Soldaten jüdischen Glaubens oder jüdischer Herkunft, die für ihren Kaiser in Wien kämpften und starben, ob ihrer patriotischen Haltung lobte, wie beispielsweise Generaloberst Arz, Generalmajor Ernst Doming, Generalmajor Ing. Glässer Edler v. Järten, General Ing. Bertold Keppelmüller, General Hermann Loy von Sternschwerdt, General Julius Kreischer, General Karl Kikovszky, General Julius Hoppe, Feldmarschall Rich. Ritter v. Gruber, Feldmarschalleutnant E. Lüftner Edler v. Krinnerstorff, Feldmarschalleutnant Rudolf Pfeffer. General Julius Hoppe fügt noch ein Lob für die jüdischen Militärärzte hinzu: „Unseren jüdischen Militärärzten wäre für ihre Selbstaufopferung ein besonderes Ehrenblatt zu widmen."

Ritterlichkeit, Fairness, Anstand, Gerechtigkeit gegenüber Jedermann wurden bei dem zugewanderten Hitler wie bei den internationalen Sozialisten aus dem Vokabular gestrichen. Mit Hitlers Wahl vermählte sich der Ungeist von Versailles mit dem an den Universitäten wirkenden Ungeist des Darwinismus in der Nationalsozialistischen Lehre vom Über- und Untermenschen. Was das bedeutete, möge aus einer Chronik vom 4.12.1914 an einem erschütternden, doch wegweisenden Einzelbeispiel aus einer deutschen Stadt aufgezeigt werden: „Bis jetzt haben aus hiesiger Stadt u. Garnison 170 Helden das Eiserne Kreuz erhalten. Der jüngste Träger dieser Ehrenauszeichnung ist der 16 ½ jährige Sohn des Cigarrenhändlers Justus Bendit in der Weinstraße. Der Tapfere dient als Kriegsfreiwilliger beim 21. Inf. Regiment. Er ist Israelit." 1917 fiel Manfred Bendit, sein Vater starb 1944 im Konzentrationslager.

Ein anderes Beispiel: Am 13. November 1941 schrieb Helmuth James von Moltke an seine Frau Freya: „Gestern habe ich mich von einem früher berühmten jüdischen Anwalt verabschiedet, der das E.K. I & II, den Hohenzollernschen Hausorden, das goldene Verwundetenabzeichen hat und sich mit seiner Frau heute umbringen wird, weil er heute Abend geholt werden soll." (Saul Friedländer, Das Dritte Reich und die Juden).

Ein Rückfall in die Barbarei, initiiert durch einen Mann, der sich dem Wehrdienst in seinem Vaterlande entzogen hatte und der seit 1909 auf der Fahndungsliste des Militärs stand – und der sich nicht durch das auszeichnete, was einen wahren Herrscher auch ausmacht und besonders kennzeichnet: Güte und Großmut, von Humor ganz zu schweigen. Das zeigte sich nicht nur gegenüber den Europäern jüdischen Glaubens oder jüdischer Herkunft, das zeigte sich auch, als er das Wohlwollen der Völker des Ostens, die sich nach dem deutschen Einmarsch vom Terrorjoch des Kommunismus befreit wussten, zertrampelte. Das war keine gütige Herrschaft in einem neuen Europa unter Führung des Deutschen Reiches, auch das war

Abfall in die Barbarei. Vom Verrat an den deutschsprachigen Südtirolern ganz zu schweigen!

Ein Hitler hätte nie über den Hauptmann von Köpenick alias Friedrich Wilhelm Voigt herzhaft lachen können; er hätte ihn auch nicht vorzeitig begnadigt und aus der Haft entlassen. Das aristokratische „Gnade vor Recht ergehen lassen" war ihm fremd; ihm fehlte Herzensbildung. Voigt wäre zur Vernichtung im KZ gelandet. Wilhelm II. konnte beides, lachen und großmütig sein.

Dass die Nationalsozialisten um ihre Verbrechen wussten, geht aus dem Tagebuch von Goebbels (02. März 1943) hervor: „Göring ist sich vollkommen im klaren darüber, was uns allen drohen würde, wenn wir in diesem Kriege schwach würden. Er macht sich darüber gar keine Illusionen. Vor allem in der Judenfrage sind wir so festgelegt, dass es für uns gar kein Entrinnen mehr gibt ..." Interessant ist vielleicht, dass beide Vertreter des Nationalsozialismus ausgesprochen gute Erfahrungen mit Juden gemacht hatten. Goebbels studierte u. a. bei dem von ihm verehrten jüdischen Literaturwissenschaftler Professor Friedrich Gundolf; und sein Doktorvater war der jüdische Professor Max Freiherr von Waldberg. Das rettete diesen jedoch nicht davor, am 12.04.1933 entsprechend des Gesetzes zur Wiederherstellung des Berufsbeamtentums in den Ruhestand versetzt zu werden. 1935 wurde ihm die Lehrbefugnis entzogen. Göring lebte ab 1901 zusammen mit seinen Eltern und seinen vier Geschwistern auf den Ländereien seines Patenonkels Hermann von Epenstein, eines Arztes jüdischer Herkunft. Göring, der am Putsch am 09. November 1923 teilgenommen hatte und durch einen Schuss am Oberschenkel verletzt war, wurde – stark blutend und getragen von Mitputschisten – in München, in der Residenzstraße 25 von dem jüdischen Eigentümer des Anwesens, Robert Ballin aufgenommen. Der jüdische Arzt Eduard Bloch, 1907 Medizinalrat in Linz, von Hitler seinerzeit geschätzter Arzt seiner Mutter, musste 1938 seine Praxis schließen und emigrierte – nach vielen Demütigungen – in die USA, während die meisten Angehörigen und Freunde Ächtung,

Verfolgung und Tod erleiden müssen, wie uns Brigitte Hamann in ihrem Buch „Hitlers Edeljude. Das Leben des Armenarztes Eduard Bloch" mitteilt. WELT ONLINE schrieb am 06.03.2008, dass dem Meldegänger Adolf Hitler im Ersten Weltkrieg das Eiserne Kreuz auf Vorschlag seines jüdischen Bataillonskommandanten verliehen wurde.

Allerdings gelang es Hitler und seinen Schergen nicht, das deutsche Volk insgesamt zu motivieren, sich an den von ihnen angeordneten Gräueltaten zu beteiligen. Die organisierte Brutalität der Pogrome des 09. November 1938 stieß die Deutschen, abgesehen vom in jedem Volk vorhandenen Pöbel und Gesindel, ab. Viele waren fassungslos. Selbst in den ersten Kriegsjahren lehnten die meisten Deutschen, so schreibt David J. Bankier, den Antisemitismus ab. Als Reaktion auf dieses Verhalten wurde die antijüdische Propaganda verstärkt und sogar ein neues Gesetz erlassen, nach dem die öffentliche Bekundung von Judenfreundlichkeit mit 3 Monaten KZ-Haft bestraft werden konnte. Von den Schinderstätten wussten die Deutschen in ihrer überwiegenden Mehrheit – wie auch Helmut Schmidt – nichts. Hierüber hatten sie mehrheitlich keine Informationen; solch ein Abfall in die Barbarei wäre auch über ihre Vorstellungskraft gegangen. Je existentieller der Krieg wurde, insbesondere durch den zuerst von den Briten gegen die Zivilbevölkerung initiierten Bombenterror, desto mehr jedoch wuchsen Abstumpfung und Gleichgültigkeit. Es ging nur noch um das eigene Überleben, vor allem der Frauen mit ihren Kindern in den Schutzräumen.

Papst Benedikt XVI. fasste anlässlich seines Besuches in Auschwitz das Geschehen wie folgt zusammen: „Es war und ist eine Pflicht der Wahrheit, dem Recht derer gegenüber, die gelitten haben, eine Pflicht vor GOTT, als Nachfolger von Johannes Paul II. und als Kind des deutschen Volkes, hier zu stehen – als Sohn des Volkes, über das eine Schar Verbrecher mit lügnerischen Versprechungen, mit der Verheißung der Größe, des Wiedererstehens der Ehre der Nation, mit der Verheißung des Wohlergehens und auch mit Terror und

Einschüchterung, Macht gewonnen hatte, so dass unser Volk zum Instrument ihrer Wut des Zerstörens und des Herrschens gebraucht und missbraucht wurde."

Das ist eine zielführende Beschreibung; sie führt zu dem von den heutigen deutschen Deutungseliten – den historisch und religiös ungebildeten Nachgeborenen in ihrem Hochmut – vergessenen und unterschlagenen Recht des Menschen auf Irrtum. Es ist erbarmungslose Inhumanität, auch die ans Kreuz zu schlagen, die sich nicht Morden und Schinden haben zu Schulden kommen lassen, ans Kreuz zu schlagen für einen Satz, der vor Jahrzehnten gesagt oder geschrieben wurde, für die parteipolitische Orientierung vor oder nach 1933 oder die Entscheidung als Jugendlicher, als 16-, 17- oder 18jähriger, wie der 16jährige Günther Grass, für eine bestimmte Waffengattung.

Noch schlimmer ist, dass die, die nicht einmal in den sogenannten christlichen Parteien und in den sogenannten Volkskirchen für das Recht auf Leben der Kinder im Leibe ihrer Mütter eintreten, ihren Ahnen in der Gesamtheit vorzuwerfen, dass sie nicht Widerstand geleistet und das Martyrium auf sich genommen haben. Das tun also diejenigen, die den Fahnenflüchtigen kollektiv zum Widerstandskämpfer deklarieren und den Soldaten im Volksheer Wehrmacht vorwerfen, tapfer und mehrheitlich diszipliniert gekämpft zu haben.

Da lobe ich mir den höchsten Gerichtshof Israels, der am 22. Mai 1964 in einem Präzedenzurteil das Recht eines jeden Menschen anerkannte, auf Heldentum zu verzichten: „Es wäre reine Selbstverherrlichung und Scheinheiligkeit von Seiten jener, die nie in der gleichen Lage gewesen sind (...) wenn sie den Gemeinplatz, dass schlechte Zeiten schlechte Sitten hervorrufen, zu einem Grund erheben wollten, jene zu tadeln (...) die sich nicht zu übermenschlichen Höhen der Sittlichkeit aufgeschwungen haben (...) Es soll sich auch niemand selbst betrügen und glauben, dass die Beurteilung der Handlungen von Personen, die von Nationalsozialisten verfolgt wurden, nach den heutigen Moralmaßstäben das Herzweh über den entsetzlichen Schlag lindern kann, den das jüdische Volk erlitten hat (…) Denn jeder Mensch denkt naturgemäß zuerst an sich und die Seinen, und die Verbote des Gesetzes sind nicht für hervorragende Helden, sondern für die ganz gewöhnlichen Menschen mit ihren ganz gewöhnlichen Schwächen gemacht." Es war, so schreibt Pinchas Lapide (Rom und die Juden, Gerhard Hess Verlag), der Richter Landau, der auch über Eichmann das Urteil sprach, der andererseits einen Mann freisprach, weil er als Leiter der jüdischen Gettopolizei von Bendin Juden zur Zwangsarbeit zusammengetrieben hatte.

Die also ihre Ahnen in ihrer Gesamtheit richten, sind, wenn wir das vorgenannte Urteil auf sie übertragen, sich selbst Anbetende, also Scheinheilige. Sie werden für ihre Taten oder Untaten haften müssen; sie werden nach ihren Maßstäben das Gericht über sich erfahren. Erstaunlich, mit den sich geirrt habenden Vätern will man nichts zu tun haben, jedoch mit den revolutionären Mordbuben der Dritten Welt ging so mancher Jahrzehnte lang ins Bett. Statt der Bibel zitierte man das Rote Buch des Massenmörders Mao Tse-tung. Ein ehemaliger Chef des Kommunistischen Bundes Westdeutschland, der noch am 15. April 1980 per Telegramm dem damaligen KP-Chef Kambodschas „unsere feste Solidarität" bekräftigt hatte, wurde durch einen Außenminister aus der 68er Szene in den Planungsstab des Auswärtigen Amtes berufen. Für den Botschafter a. D. Erwin Wickert war es unerträglich, „dass unsere Außenpolitik heute unter anderem von einem Mann entworfen wird, der sich zu einem Massenmörder wie Pol Pot bekannt hat." Von den deutschen Deutungseliten, ob im Auswärtigen Amt, in den Parteien, in den Medien, in den Kirchen war kein Widerstand zu vernehmen; für sie – die ihre Ahnen tagtäglich richten – war das Eintreten für andere Mordbuben wohl nicht unerträglich.

Es sind ja gerade die spätgeborenen Friedensbewegten, die aus dieser verlogenen Tarnung heraus deutsche Kriegseinsätze auf dem Balkan bzw. in Afghanistan befehlen, im letzteren Land zum Schutz von Drogenbaronen, in den ersteren Ländern zur Sicherung von Mafiasystemen in Bosnien-Herzegowina bzw. dem Kosovo. Sie sind es, die partiell in Spenden- und Korruptionsaffären, Rotlichtskandalen, Lustreisen, Steuerhinterziehung, Bestechung, Schmiergeldaffären, Verbreitung von Kinderpornographie etc. involviert sind – habsüchtig und unmoralisch. Guido Grandt hat die kriminellen Machenschaften heutiger deutscher Volksvertreter der Berliner Republik in seinem Buch „Aktenzeichen Politiker" schonungslos mit Namen und Fakten recherchiert. Und auch Ulfkotte dokumentiert dies vorzüglich in seinen Büchern.

Die heute mitmachen, sind keine Irrenden, es sind Wissende, die angepasst und geräuschlos ihre Karrieren vorbereiten. Sie errichten die neue Ordnung im Zuge der Transformation des Rechts, der Verabsolutierung der Antidiskriminierung und der Verordnung neuer Glaubensinhalte. Es sind Heuchler – ohne Wertekompass, ohne Fundament! Verständlich, dass sie die, die ein Fundament haben, als Fundamentalisten bezeichnen.

Nach 1945 schien es, als ob die kollektivistische, also die linke Orientierung ihre Strahlkraft im freien Teil Europas verloren habe und sich die personalistische Orientierung wieder durchsetzen könnte. In den abendländischen Monarchien geprägte Führergestalten wie die im Deutschen Kaiserreich groß gewordenen bekennenden Katholiken Konrad Adenauer oder der spätere französischen Staatsmann Robert Schumann oder der ehemalige Abgeordnete des Tiroler Landtags, der in der Doppelmonarchie geprägte katholischen Christ Alcide de Gasperi, ließen solche Hoffnungen aufkommen. Ihnen waren die Verbrechen der Internationalsozialisten wie der Nationalsozialisten völlig logisch. Sie ist eben die Natur des gottlosen Menschen.

Diese Hoffnungen trogen. Das ist erkennbar seit Ende der 60er Jahre. Kollektivismus und Nihilismus triumphieren erneut und sind dabei, auch die letzten Reste von Vernunft, Anstand, Erziehung, Tradition und ethischer Orientierung zu zertrümmern, im

Gewande vieler Lügen, nicht allein wegen der wissenschaftlich unhaltbaren Gleichheitslüge. Nicht nur die Einstellung zur Familie zeigt dies nachdrücklich, sondern auch der Verlust des Glaubens, getragen zu nicht geringen Teilen von glaubenslosen Kultdienern in den Kirchen selbst, die Verachtung der Ahnen in ihrer Gesamtheit, die Verordnung von Fremdenliebe selbst gegenüber Kriminellen, Räubern, Banditen und Schmarotzern und die Bestrafung der Liebe zum Nächsten, zum Allernächsten, zum eigenen Volk, die Achtung der Eltern und Großeltern. Es triumphiert das Angepasstsein, die Herrschaft der Lüge und der Heuchelei.

Der kommunistische Staatsterrorismus mit seinen zig Millionen Opfern wird von Deutungseliten, die zu Teilen selbst einen marxistischen oder gar kommunistischen Prägungsprozess hinter sich haben oder durch absolutes geschichtliches Unwissen glänzen, einer Verklärung unterworfen. Interessant ist doch die Frage, warum fast die gesamte westliche Deutungselite gerade diesen Wertebruch von 1917 mit seinen Opfern ignoriert? Vielleicht, weil bei seiner Betrachtung das Thema des großen Abfalls vieler Völker und bekannter und bewunderter Intellektueller im Mittelpunkt stehen würde. Das würde theologisch gesehen zum Nachdenken über die Sündhaftigkeit des Menschen schlechthin führen oder man würde zur Feststellung kommen, dass es einige Völker und einzelne Personen vermeiden, über ihre eigene Sündhaftigkeit nachzudenken und sie zu bekennen. An diese für einen umfassenden Friedensbegriff notwendige Thematik trauen sich nicht einmal die westlichen Kirchen im Gegensatz zur orthodoxen Kirche Russlands. Der russische Ministerpräsident Putin dagegen traut sich an diese Thematik, wollte er doch sogar den „Archipel Gulag" von Solschenizyn zur Pflichtlektüre in Russlands Schulen machen. Er scheiterte vorerst am Einspruch der Witwe Solschenizyns, die an einer Kurzfassung für den Schulbereich arbeitet.

Lassen Sie uns zu Beginn also nach der Feststellung einen besonderen Blick auf den dramatischen Wertebruch, der mit dem Oktoberstaatsstreich 1917 verbunden ist, werfen. Dies ist mehr als wichtig, wird doch heute so getan, als seien Rechtsstaatlichkeit und Demokratie deckungsgleich. Das ist mitnichten immer der Fall. Nicht die Demokratie ist die Voraussetzung für Rechtsstaatlichkeit, sondern die Rechtsstaatlichkeit ist die Voraussetzung für ein freiheitliches demokratisches Staatswesen. Ist die Türkei, für deren Beitritt die Deutungseliten Europas kämpfen, ein Rechtsstaat oder ist sie nur eine Demokratie? Die Monarchien Deutschland und Österreich-Ungarn waren bis zu ihrem Untergang rechtsstaatliche Gebilde; Preußen und die Doppelmonarchie bereits seit Jahrhunderten.

Aber es geht in diesen Aufsätzen nicht primär um den Untergang des Abendlandes. Das ist schon längst 1917 untergegangen. Die Beschreibung dient nur als Einstieg, um das Hier und Heute zu begreifen, den Verlust einer verloren gegangenen ethischen Orientierung zu fassen. Die Beschreibung soll den Spiegel zeigen, in den wir hineinschauen, wenn wir Deutschen die einzelnen Faktoren des Untergangs des alten Europa am Beispiel des Wertebruchs 1917 betrachten.

Heute geht primär es um den Untergang des dekadenten Europa, insbesondere seiner kompasslosen Mitte, also der deutschsprachigen Nationen Deutschlands, Österreichs und der überwiegend deutschsprachigen Schweiz. Es geht um den wohl nicht mehr vermeidbaren Marsch in die Barbarei, die gekennzeichnet sein wird von blutigen Auseinandersetzungen im Inneren und Äußeren, in denen dann das blutige Chaos mit seinen Irrungen und Wirrungen herrschen wird, bevor sich dann, aber nur vielleicht, eine neue, noch nicht erkennbare Ordnung für einen verbliebenen Rest ergeben wird.

Russlands Machtelite dagegen, 1917 abgesunken in die Barbarei des Staatsterrorismus und bis heute schwer daran krankend, versucht verzweifelt und in Verbindung mit der Orthodoxie wieder ethischen Boden unter ihre Füße zu bekommen nach Jahrzehnten dieses blutigen Terrors. Sie versucht also das, was Europa gerade vernichtet, die grundsätzliche Orientierung – natürlich im orthodoxen Gewande – von Gut und Böse wieder herzustellen, und sie macht enorme

Anstrengungen, der Autorität der Familie wieder ihren notwendigen Stellenwert einzuräumen. Ob das nach Vernichtung der geistigen und materiellen Substanz in den letzten fast einhundert Jahren gelingen wird, ist sicherlich eine heute noch nicht zu beantwortende Frage. Es könnte ja auch durch die stupide Einkreisungspolitik der USA und des Missbrauchs der Nato, eines ehemaligen Verteidigungs- bündnisses, zur Erweiterung im ehemaligen russischen Machtbereich (Ukraine, Georgien) dazu verleitet werden, sich in Feindschaft gegenüber dem Westen zu versteifen und seine Zukunft nicht in Verbindung mit Europa und Nordamerika zusammen zu suchen.

Deutschlands sogenannte Volkskirchen gehen den umgekehrten Weg. Sie verwerfen in nicht geringen Teilen die Erkenntnis, was gut und böse ist und machen GOTT zum Ebenbild des gefallenen Men- schen. Nur noch ein Oberhaupt der katholischen Kirche kann es wagen zu sagen, dass die Demokratie nach kirchlicher Auffassung weder selbst ein sittlicher Wert in sich ist noch Werte hervorbrin- gen kann. Sie ist ein Instrument. Ihr Wert steht und fällt mit den Werten, die sie verkörpert und fördert. Das Zeitalter der Religionen ist nicht vorbei. Ihre Wiedergeburt beginnt mit dem Tod der sogenann- ten Volkskirchen. Auch bei den Deutungseliten in den Kirchen fehlt häufig konkretes Wissen und der Blick für historische und religiöse Zusammenhänge. Den heutigen Kirchenkampf, der unter Tarnwor- ten wie Gerechtigkeit, Gleichberechtigung, Freiheit und Toleranz und Antidiskriminierung geführt wird, erkennen sie nicht oder machen noch fröhlich mit. Eben durch die Schwäche der geistig impotenten Kirchen kann der Islam zu einer machtvollen Mehrheitsreligion wer- den und den alten Kontinent kultur- und machtpolitisch bedrohen. Die Kirchen öffnen ihm die Tore und bereiten ihren Untergang vor. Nur der Papst hält dagegen. Mit der Taufe eines prominenten Muslim in der Osternacht 2008 setzte er Markierungszeichen. Die Kirchen, glaubenslos, sind nicht fähig ein Gespräch mit gläubigen Muslimen zu führen. Vielleicht sind sie auch zu reich und zu verfettet. Wenn man allein die Gehälter von Bayerns Bischöfen betrachtet – so wie in der SZ am 3.1.2007 geschrieben – kann man sich vorstellen, wovon das Herz solcher Menschen voll sein könnte. Spitzenverdiener ist der Erzbischof von München und Freising mit der Beamtenbesoldungsgruppe B 11: 10.664,17 Euro, der Oberhirte von Bamberg mit B9: 8.700 Euro, die normalen Bischöfe von Passau, Augsburg, Eichstätt, Würzburg und Regensburg mit B6: 7.400 Euro. Alles Nachfolger des MESSIAS mit ihren tollen Reden über Armut, Abtreibung, finanzielle Not der Frauen etc., ohne erkennbares Mitgefühl für die leidende Christenheit in den islamischen Ländern. Die Kirche ist viel zu stark von Funktionären dominiert, welche sich, vom Staat wohlbestallt, lieber mit gegebenen Verhältnissen abfinden, als dass sie sich zur Führung geistiger Auseinandersetzungen aufraffen können.

Künftig wird es für die USA nicht mehr möglich sein, ihre Führungsrolle und damit ihre ideologisch-missionarische Orientierung „to make the world safe for democracy" als Grundlage für die globale Einhaltung von Regeln durchzusetzen. Weder in Vietnam noch im Irak noch in Afghanistan ließ bzw. lässt sich diese Form einer westlichen Ordnung aufpfropfen. Dieses westliche Modell hat global ausgedient. Nutznießer dieser Situation könnten asiatische Mächte wie China und Indien aber auch Russland sein. Der Westen tritt ab!

Nicht nur der sowjetische Weg, die Welt mit dem Kommunismus zu beglücken, sondern auch der Weg der USA ist Ausdruck einer ideologisch fixierten Gleichheitslüge. Beiden Wegen war bzw. ist der Anspruch zu eigen, die Welt nach ihrem Gusto formen zu können – auch mit militärischer Gewalt. Die Sowjetunion ist gescheitert und die USA taumeln gerade in den Abgrund des Scheiterns – und mit ihr ihre Verbündeten.

Ein wahrlich einzigartiges Demokratiemodell ist das der Schweiz. Diese hatte auch nie den missionarischen Anspruch, ihr Modell der Welt als Beispiel anzubieten, wenngleich gerade Deutschland von den Schweizern und ihrer wahren Demokratie viel lernen könnte. Aber auch die Schweiz ist durch die in Deutschland und Österreich bekannten Dekadenzerscheinungen gefährdet.

1917: der Untergang des Abendlandes beginnt

Wie schon gesagt, war es die Wertekatastrophe von 1917 in Russland, die den Untergang des Alten Europa, also dessen, was als Abendland beschrieben wird, einläutete. Und im heutigen Europa mit seinen säkularen Erlösungshoffnungen, besonders in der deutschen Republik, kann die bolschewistische Schreckensherrschaft eines Lenins mit Verständnis und Nachsicht auch bei einem großen Teil der historisch ungebildeten Deutungseliten rechnen.

Zu diesem Absturz gesellte sich noch – ebenfalls 1917 – das missionarische Eingreifen der USA, die seitdem in ihrer unseligen Verquickung von calvinistischem Sendungsbewusstsein und ihrem Demokratiemodell der Welt gleichfalls ihren Heilsweg aufzwingen wollen und dabei erkennbar scheitern – global.

Es gibt nun einmal für die Völker und Kulturen der Welt kein gemeinsames Heilsmodell, es sei denn, sie würden sich als Geschwister eines gemeinsamen Vaters begreifen und sich um gegenseitiges Verständnis und gegenseitigen Respekt bemühen – in ihrem Anderssein. Das ist natürlich Utopie! Und auch da gäbe es natürlich, wie in jeder Familie, Auseinandersetzungen.

Es waren ja Demokraten, die demokratischen Februarrevolutionäre, die die Initialzündung für die sogenannte Oktoberrevolution lieferten, ein Staatsstreich, der dem alten Russland das Rückgrat brach und seine Eliten und seine christlich-orthodoxen Wertvorstellungen vernichtete und anstelle dessen zur Etablierung einer barbarischen Gewalt- und Terrorherrschaft bereits unter Lenin führte.

Selten ist ein Volk geistig und materiell so verwüstet worden wie das russische durch die bolschewistische Revolution, noch nie haben Intellektuelle weltweit Menschen so zu Götzen erhoben, wie das mit den bolschewistischen Massenmördern Lenin und Stalin geschehen ist.

Viele waren fasziniert von dem Glauben an die Errichtung eines irdischen Paradieses. Imre Nagy, Bela Kun, Matyas Roth (Rakosi) und Josip Broz (Tito) hatten sich in russischer Kriegsgefangenschaft sogar den Bolschewisten zur Verfügung gestellt, als Österreicher und Ungarn für „eine Leichensache" (Ermordung der Zarenfamilie) gesucht wurden.

Der spätere Vorsitzende des Volksgerichtshofes, Roland Freisler, verdiente sich seine ersten Sporen als Kommissar Lenins, ebenso wie der später zum hervorragenden Sozialdemokraten gewandelte Ernst Reuter. Und 1925 verglich Joseph Goebbels Hitler als national-sozialistischen Erlöser Deutschlands mit Lenin als Retter Russlands.

Das kann uns allerdings nicht sonderlich bestürzen, denn immerhin gibt es ja unter den heutigen Regierenden ebenfalls ehemalige Anhänger des Kommunismus, und so mancher hatte einen Massenmörder wie Mao Tse-tung zu seinem Lebensmodell gehabt. Es gibt also nicht Neues unter der gänzlich untergehenden abendländischen Sonne.

Der Absturz

1914, so stellte der britische Historiker Alan Sked fest, waren alle drei europäischen Kaiserreiche blühende Gebilde mit ungeheuren Modernisierungsprozessen. Das galt also auch für Russland. Die russische Gesellschaft um die Jahrhundertwende war tolerant. Dass eine Zeitung wie die Prawda während des Krieges die eigene Regierung unflätig beschimpfen konnte, wäre in Großbritannien nicht möglich gewesen.

Einer der sicherlich besten Kenner des Landes, der ehemalige Professor an der Sorbonne, Pierre Pascal, sagt dazu folgendes: „Auch weiß man viel zu wenig über den unerhörten kulturellen Aufstieg und die wirtschaftliche Blüte Russlands vor dem I. Weltkrieg."

Die russische Industrie entwickelte sich zwischen 1890 und 1914 prozentual stärker als die Industrie in den USA. Russland produzierte vor dem I. Weltkrieg mehr Getreide als die USA, Kanada und Argentinien zusammen. Vier Jahre vor Ausbruch des Krieges war nahezu jeder fünfte Schüler in den Gymnasien und fast jeder dritte in den Realgymnasien aus dem Bauernstand.

Russland war ein Pionier der universitären Ausbildung der Frauen. Bereits 1906 wurde das Frauenwahlrecht in dem zum Zarenreich gehörenden Großfürstentum Finnland eingeführt.

1866 wurden die Arbeitgeber dazu verpflichtet, sowohl die ambulante als auch die Krankenhausbehandlung der Arbeitnehmer zu bezahlen. Von 1912 an übernahm der Staat die Kranken- und Unfallversicherung der Arbeitnehmer.

1917 gehörten nur noch 23 v. H. der landwirtschaftlich genutzten Fläche den Großgrundbesitzern; in Großbritannien waren es mehr als 50 v. H.

In den zaristischen Gefängnissen oder in der Verbannung konnten es sich Elemente wie die späteren Massenmörder Trotzki oder Lenin wohlergehen lassen. Trotzki beschrieb seinen Gefängnisaufenthalt in der Peter-Pauls-Festung: „(...) die Zellen wurden am Tage nicht verschlossen, die Spaziergänge waren gemeinsame. Stundenlang spielten wir begeistert Bockspringen (...) Meine Frau besuchte mich zweimal die Woche. Die wachhabenden Gefängnisaufseher sahen durch die Finger, wenn wir Briefe und Manuskripte austauschten (...)" Lenin schrieb seiner Schwester aus dem Gefängnis: „Ich habe hier alles, was ich brauche, ja sogar noch mehr. Mein Gesundheitszustand ist zufriedenstellend. Ich trinke mein gewohntes Mineralwasser. Ich bestelle es, und es wird mir noch am selben Tag aus der Apotheke gebracht." Noch besser erging es Lenin in der zaristischen Verbannung mit monatlichem Taschengeld von 8 Rubeln, Waffen und Hund für die Jagd, Unterkunft und Dienstmädchen.

1913 hatte Russland 32.750 Strafgefangene, das waren 0,02 v. H. der Bevölkerung.

Der Absturz Russlands erfolgte über das Hineinschlittern Europas in den mörderischen Bruderkrieg 1914/18. Seit Ausbruch des Krieges trieb Russland dem Niedergang entgegen. Acht Millionen Tote, Verwundete und Vermisste, enorme tägliche Kriegskosten, zuletzt 40 Millionen Rubel, eine Inflation von mehreren hundert Prozent und eine schlechte Versorgungslage brachten das alte Russland zum Wanken. Schon in den ersten drei Monaten des Krieges war die Mehrzahl der Berufsoffiziere und Berufsoldaten ausgefallen.

Die russischen Bauernsoldaten sahen – im Gegensatz zu den trunkenen bürgerlichen Massen in allen europäischen Staaten – wenig Sinn in diesem Krieg. Aber sie verhielten sich mehrheitlich diszipliniert, als sie in den Armeen Rennenkamps und Samsonows in Ostpreußen eindrangen. Sie unterschieden sich wohltuend von der Soldateska, die 1944 nicht nur für Balten, Krimtataren, Ukrainer,

Polen, Ungarn, Rumänen, ja, selbst für Serben und besonders für die Deutschen zur diabolischen Drangsal wurden.

Das Verhängnis brach herein, als im April des Kriegsjahres 1917 die Oberste Deutsche Heeresleitung Lenin im versiegelten Eisenbahnwaggon nach Russland reisen ließ, um durch sein revolutionäres Wirken einen Separatfrieden im Osten zu initiieren und um die dann frei werdenden Truppen für die Entscheidung im Westen einzusetzen.

Die Februarrevolution

Die eigentliche Revolution, die Februarrevolution, brach aus, weil die Regierung trotz ausreichender Erntemengen nicht in der Lage war, die Versorgung zu organisieren. Spontan kam es zur Explosion im Winter 1917, als die wirtschaftliche Lage besonders katastrophal war und der Staat die notwendigen autoritativen Maßnahmen vermissen ließ.

Die Regierung gab sich selbst auf. Sie bot dem Wüten des Mobs mit dem Plündern von Geschäften und dem Ermorden von Polizisten und Gendarmen keinen Einhalt. Der Funke sprang am 27. Februar (in gregorianischer Zeitrechnung 12.03.) auf die in Petrograd stationierten, zu großen Teilen nicht fronterfahrenen Reservebataillone der Garderegimenter über. Offiziere wurden ermordet oder gefangen gesetzt. Um Mitternacht zum 28. Februar (13. März) hatte Russland eine neue Regierung.

Aber die Männer der Februarrevolution, zu großen Teilen aus Freimaurerkreisen stammend, Minister wie Llow, Kerenski, Nekrassow, Tereschtschenko, Konowalow und Gutschkow, konnten Russland nicht retten. Sie hatten zwar die Zustimmung der liberalen Intelligenz, und es war ihnen gelungen, den Zaren zur Thronentsagung zu zwingen – aber sie machten den grundlegenden Fehler, westliche Verfassungspraxis zu importieren. Dafür gibt es in Russland nun einmal bis zum heutigen Tage nicht die notwendige Basis. Das Dulden von Raub, Mord und Plünderung – keine Entschlossenheit, kein reales Programm, stattdessen absolute Hilflosigkeit – das konnte nicht gut gehen.

Das durch die Revolution errichtete System der Doppelherrschaft in Russland, das Nebeneinander von Provisorischer Regierung und Sowjets, bedeutete zudem, dass zwei unterschiedliche Strukturen sich gegenseitig lähmten. Es bestand nicht mehr ein einheitliches Gewaltmonopol des Staates. „Wenn die Masse selbständig handelt, tut sie es nur auf eine Weise; sie lyncht", stellte der spanische Philosoph J. Ortega y Gasset fest; und genau das war die Situation in Russland. Die Provisorische Regierung hatte die Reste der bestehenden Ordnung per Dekret aufgelöst. Sie hatte also keine Machtressourcen mehr zur Verfügung.

Und sie gab den nach Frieden dürstenden Bauernsoldaten nicht die Gewissheit eines schnellen Friedensschlusses, sondern verlangte von ihnen, nunmehr für die Demokratie zu kämpfen. Die Bauernsoldaten jedoch wollten Frieden und schnelle Heimkehr; für die Demokratie wollten sie nicht den Kopf hinhalten.

Die Februarrevolutionäre, also die Demokraten, hoben den Bolschewismus in den Sattel.

Der Staatsterrorismus

Die Unentschlossenheit und die Ratlosigkeit der Kerenski-Regierung nutzte Lenin zusammen mit Trotzki. Am 25./26. Oktober (07./08. November) führten die Bolschewiki einen Staatsstreich durch, der das alte Russland vernichtete und zu Strömen von Blut führte. Der Staatsstreich war hervorragend vorbereitet. Unter Führung von Kommissaren besetzten um 08.00 h morgens Gruppen von Matrosen und Arbeitern alle strategisch wichtigen Gebäude, wie Telefonzentralen, Telegrafenämter, Bahnhöfe und natürlich die Staatsbank. Um 11.00 h wurde das Winterpalais gestürmt. Die dort tagenden Angehörigen der Provisorischen Regierung wurden verhaftet in die Peter-und Pauls-Festung verbracht.

Die Bolschewiki, 1917 eine Minderheit von vielleicht 80.000 Mitgliedern, verstanden es, insbesondere mit ihrem proklamierten Ziel, den Krieg für Russland durch einen Sonderfrieden zu beenden, die Masse der kriegsmüden Soldaten auf ihre Seite zu ziehen.

Nun erfuhr Russland das größte Experiment europäischer Intellektueller in angewandter Soziologie, der Schaffung eines neuen Menschen. Im Namen der Religion des Sozialismus, zur höheren Ehre westlicher Ideen – Marxismus, Materialismus, Atheismus – begann der mit Leidenschaft geführte Krieg gegen das eigene Volk.

Es waren zu nicht geringen Teilen Nichtrussen, die die Machtelite Lenins bildeten, beispielsweise die Letten Lazis, Eiduck, Eichmans, Peters oder Smilja, Polen wie Dshershinskij, Georgier wie Stalin und Berija, Juden wie Trotzki, Martow oder Sinowjew. Sie kamen aus der von GOTT abgefallenen Intelligenz der Nationalitäten und jenen russischen Intelligenzlern, die ihre Prägung während ihres jahrzehntelangen Exils in Zürich, Berlin und London erhalten hatten.

Lenin als unbeirrbarer Verfechter des Terrors begründete bereits am 07. Dezember 1917 die Tscheka („Kommission gegen die Konterrevolution") unter Führung von Felix Dserschinskij. Lenin schuf also die Institutionen und Voraussetzungen für die nachfolgenden Brutalisierungsmaßnahmen Stalins. Es wird angenommen, dass mehr Menschen durch die Tscheka ermordet wurden als in den Kämpfen des Bürgerkriegs umkamen.

In seinem wegweisenden Buch „Die Tragödie eines Volkes / Die Epoche der russischen Revolution 1891-1924" beschreibt Orlando Figes einige Foltermethoden der Tscheka: „Jede Tscheka-Dienststelle hatte ihre Spezialität. In Charkow beispielsweise betrieben sie die „Handschuhmethode" – sie verbrühten die Hände der Opfer mit kochendem Wasser, bis sich die blasenübersäte Haut abziehen ließ (…) Die Tscheka in Zarizyn zersägte ihren Opfern die Knochen von Armen und Beinen. In Woronesch rollten sie ihre nackten Opfer in nägelbewehrten Fässern. In Armawir zertrümmerten sie ihnen die Schädel, indem sie einen Lederriemen mit einem eisernen Bolzen um ihren Kopf zusammenschnürten. In Kiew befestigten sie einen Käfig voller Ratten am Körper des Opfers und erhitzten ihn, so dass die wütenden Ratten sich durch die Eingeweide der Opfer hindurchfraßen, um zu entkommen. In Odessa banden sie ihre Opfer auf Bretter und ließen sie langsam in einen Ofen oder Behälter mit kochendem Wasser gleiten. Eine beliebte Folter im Winter war es, die nackten Opfer mit Wasser zu übergießen, bis sie sich in lebende Eisstatuen verwandelt hatten (…) Einige Tschekisten zwangen ihre Opfer dabei zuzusehen, wie ihre nächsten Angehörigen gefoltert, vergewaltigt oder getötet wurden (…)" Orlando Figes stellt fest: „Es gibt außerdem Grund zu der Annahme, dass viele von ihnen (Tschekisten) keine Russen, sondern Polen, Letten, Armenier und Juden waren, da deren Anteil in der Tscheka hoch war. Auch Frauen verzichteten keineswegs auf die Anwendung sadistischer Gewalt."

Unter Lenin wurden die ersten Konzentrationslager auf europäischem Boden geschaffen, zur Ausrottung der Klassenfeinde. Nicht ob jemand schuldig oder unschuldig war, interessierte, sondern welcher Klasse er angehörte, welcher Abstammung er war, welche Bildung und welchen Beruf er hatte, entschieden über Leben und Tod des Angeklagten.

Mit besonderer Vorliebe wurden diese Konzentrationslager in ehemaligen Klöstern errichtet. Solschenizyn zitiert im „Archipel Gulag" aus der Petrograder Krasnaja Gaseta vom 06. September 1918, also ein Jahr nach dem Staatsstreich der Bolschewiki: „Das erste Konzentrationslager werde ‚im leerstehenden Frauenkloster von Nischnij Nowgorod errichtet. Zunächst ist beabsichtigt, in das Konzentrationslager 5.000 Personen zu verschicken.'"

Aber so richtig in Fahrt kam das System mit der Installierung des ersten großen sowjetischen Konzentrationslagers auf den Solowki, einer großen Klosteranlage im Weißen Meer. Hier lag die Geburtsstätte des GULAG (Glawnoje Uprawlenije Laagerej, d.h. Hauptverwaltung der Lager). Anfänglich stand über dem Eingangstor des Lagers „Solowki – den Arbeitern und Bauern", später „Lasst uns mit eiserner Hand die Menschheit ihrem Glück entgegentreiben."

Unter Stalin wurde Lenins Reich der Vernichtungslager metastasenförmig weiter ausgebaut. Die Solowki-Klosteranlage wurde zum „Musterkonzentrationslager" umfunktioniert. Die hier ausgedachten und betriebenen Folterungen und Grausamkeiten wurden dann auf alle Konzentrationslager der Sowjetunion übertragen. Millionen und Abermillionen Menschen wurden durch Arbeit, Hunger und Terror umgebracht.

Die französische Zeitung Figaro listete in einem Bericht vom November 1978 dokumentarisch die Zahl der Menschenopfer des Kommunismus in der UdSSR von 1917 bis 1959 mit 66.700.000 und für die Zeit von 1959 bis 1978 mit 3.000.000 auf.

Zum großen Teil landete auch Lenins mörderische intelligenzlerische Elite unter Stalin im GULAG.

Vernichtung des Glaubens und Ausrottung der Gläubigen

Lenin hatte ja eine neue Religion verkündet: den Marxismus, eine Religion ohne Liebe, die eine dämonisierte Verdrehung der biblischen Heilslehre darstellt. Ihr Gott ist die ewige allmächtige Materie, ihre Heilige Schrift sind die Werke von Marx, Engels und Lenin. Ihre Kirche ist die Partei, ihre Glaubenslehre ist der Marxismus-Leninismus, ihr Garten Eden die kommunistische Urgesellschaft, ihre Heilsgeschichte sind die Klassenkämpfe, ihr Jüngstes Gericht ist die Weltrevolution, ihr Neuer Himmel und ihre Neue Erde die klassenlose Gesellschaft.

Der Philosoph und ehemalige Marxist Boris Wyscheslawzew beschrieb diese Religion wie folgt: „Wenn der Rechenschaft fordernde GOTT gestürzt ist, besteigt den Thron der Mensch. Er verkündet eine neue Religion ohne Seele und Liebe, deren Hauptmerkmale Brutalität, Lüge und Inkonsequenz sind. Eine Wertskala hat sie nicht, dafür aber Propheten, Apostel, Kirchenväter, Märtyrer, Bibeln, Heiligenbilder, Reliquien, Hagiographen und Wallfahrtsorte. Sie hat ihre Häresie und ihre Rechtgläubigkeit. Auch die öffentliche Beichte mit dem weithin vernehmbaren Ruf ‚Mea culpa!'. Ihr Bann ist mit dem Tode identisch, ihr auserwähltes Volk ist das Proletariat und ihre Mission die weltweite Verbreitung der marxistisch-leninistischen Ideologie."

Ihre Heiligen sind deutscher Herkunft: Marx, Engels, Liebknecht, Feuerbach, Haeckel. An Stelle von Gut und Böse im Geist der Weisung vom Sinai wurden die ausgebeutete Klasse und die Ausbeuterklasse gesetzt. Die kommunistische Ethik machte die Pflicht, Böses zu tun, sogar zu höchsten Forderung. Dies war das größte Opfer, das die Revolution abverlangte. Der wahre Kommunist war davon überzeugt, dass sich das Böse durch die Dialektik der Geschichte in Gutes verwandelt. „Uns ist alles erlaubt, denn wir sind die ersten in der Welt, die Gewalt anwenden, um alle Gewalt für immer zu beseitigen", schrieb kurz nach ihrer Begründung eine Zeitung der Tscheka.

Erschreckend war die Forderung quasi an jeden Bürger zur Denunziation und die Verklärung dieses Verrats als Treuebekenntnis zur Sache. Dass sogar die eigenen Kinder zur Bespitzelung angehalten wurden, ist ein Charakteristikum des Bolschewismus.

Der christliche Glaube und seine Gläubigen mussten ausgerottet werden, denn für Lenin war „die verfeinertste Vorstellung von einem Göttlein" schlimmer als eine Million Sünden und bestialische Taten. Russland hatte 1917 über 50.000 Priester. Das orthodoxe Christentum und seine Gläubigen wurden nach der gewaltsamen Machtübernahme durch Lenin als erste blutig verfolgt.

Stalin führte dieses Vernichtungswerk lediglich konsequent fort. Bis zum 22. Juni 1941, dem Allerheiligentag der russischen Kirche, an dem Deutschland – so u. a. auch nach Meinung Alexander Solschenizyns – die sich noch in Angriffsvorbereitungen befindende Sowjetunion angriff, waren weit mehr als 80 v. H. aller Priester ermordet oder durch Zwangsarbeit wie z. B. am Weißmeer-Kanal umgebracht. Nach den neuesten russischen Erkenntnissen wurden zwischen 1917 und 1940 120.000 Priester, Diakone, Mönche, Nonnen und andere Kirchenleute verhaftet; 96.000 wurden erschossen. 1935 bereits waren 95 v. H. aller Kirchen zerstört oder in Lagerhallen oder Ställe für Schweine und Kühe umgewidmet worden.

Für die Bolschewiki war der militante Atheismus keine Randerscheinung, sondern ihre wichtigste Antriebskraft. Wer über Menschen herrschen will, muss vor allen ihre Religion und ihre Träger bekämpfen. Nur die Religion kann dem Menschen eine innere Unabhängigkeit gegenüber der Gesellschaft verleihen. Mit der Machtübernahme der Bolschewiki wurde die tiefe anarchische Sehnsucht nach der Befreiung von GOTT erfüllt und die menschliche Person zum Maß aller Dinge.

Es ist eben das Credo der vom Machbarkeitsglauben inspirierten pseudointellektuellen Eliten, sich über die Grenzen von Ethik, Tradition und Religion hinwegzusetzen und sich selbst zu Göttern aufzuwerfen. Eine entscheidende Rolle bei der Verfolgung und Ermordung einer Vielzahl von Gläubigen spielte Trotzki, der im Bürgerkrieg den Vorsitz der „Gottlosen" übernommen hatte. „Man muss für immer Schluss machen mit dem Popen- und Quäkergeschwätz über den heiligen Wert des menschlichen Lebens", sagte Trotzki.

Bereits am 13. (26.) Oktober 1918 schrieb der Patriarch Tychon an den Rat der Volkskommissare: „Das in Strömen vergossene Blut unserer Brüder, die auf euer Geheiß hingemordet sind, schreit gen Himmel". Immer wieder wies er hin auf Priestermorde, Schändung der Kirchen, Plünderung der Klöster, Verhöhnung der Gläubigen. Schließlich sprach er das Anathema gegen die Führer der Bolschewiki.

Mit seinem heute bekannten Geheimbrief vom 10. Februar 1922 ordnete Lenin die Vernichtung der Kirche und der Gläubigen an. In dem 1930 erschienenen Notbuch der russischen Christenheit werden Beispiele der Ausrottungsmaßnahmen beschrieben: „Die Bluttaten kannten keine Grenze und kein Ende, keine Form und keine Norm: Man mordete in den Häusern und auf den Straßen, man warf Geistliche aus dem Zug in den Fluss, riss sie aus dem Gottesdienst heraus und hackte ihnen den Kopf ab (so geschehen meinem Schüler, dem Bischof Nikodim Kononow in Belgorod); der Erzbischof Andronik (Nikolsky) soll, wie man in Russland mit Bestimmtheit behauptete, lebendig begraben worden sein; der hochwürdige Ambrosius (Gudko) von Tscheboksary wurden zwischen zwei Pferde gebunden und bei lebendigem Leibe in Teile gerissen (…)"

Die russische Kirche wurde zum großen Friedhof.

Vernichtung der Familie, Diebstahl des Eigentums, Tötung der Fleißigen

Lenin schaffte quasi durch die revolutionäre Änderung des Eherechts die Ehe ab und legalisierte – erstmals in der europäischen Kulturgeschichte – durch ein Gesetz zur Freigabe der Abtreibung das Töten der Kinder im Leib ihrer Mütter. Die Folgen waren so dramatisch, dass Stalin hier eine radikale Kehrtwendung machen musste, um dem durch die Auflösung von Ehe und Familie entstandenen totalen gesellschaftlichen Chaos zu begegnen.

Lenin führte Krippen und Horte für Kinder ab dem sechsten Lebensmonat ein und entzog die Kleinen damit der lebensnotwenigen, liebevollen Erziehung durch ihre Mütter und Väter. „Es gilt, die Kinder von dem rohen Einfluss der Familie zu befreien", sagte bereits 1918 die Frau Sinowjews, Slata Liliana. Die Kriminalisierung der russischen Gesellschaft ist auch auf die mehr als 70 Jahre kollektivistischer Betreuung der Kinder ab den ersten Lebensmonaten zurückzuführen.

Unter Lenin schon wurden die Bauern, deren Landhunger die Bolschewiki für ihre Zwecke ausgenutzt hatten, ersten Kollektivierungsmaßnahmen unterworfen, bevor er aufgrund des Widerstandswillens der Bauern und der erschreckenden Folgen der Kollektivierung (Hungersnöte im Wolgagebiet, Kannibalismus) vorerst mit der Neuen Ökonomischen Politik (NEP) zurückweichen musste.

Stalin dann gelang die totale Vernichtung der schaffensfreudigen russischen Bauernschaft mit der sogenannten Entkulakisierung. In der Sprache der Verbrecherwelt veröffentlichte die Iswestija am 06.01.1930 die entsprechende Entschließung: „Dieser Umstand (die Massenkollektivierung), der für die gesamte Volkswirtschaft der

Union der S.S.R. entscheidende Bedeutung besitzt, gab der Partei die volle Berechtigung, in ihrer praktischen Arbeit von der Beschränkung der Exploitationstendenzen des Kulakentums zur Politik der Liquidierung des Kulakentums als Klasse überzugehen."

Der größte gezielte Völkermord des vergangenen Jahrhunderts war dabei der Genozid an den Ukrainern, der 7 Millionen Menschen unter grauenhaften Umständen das Leben kostete, 3 Millionen davon waren Kinder. Millionen von entwurzelten Kindern, ihrer Eltern beraubt, bevölkerten die Landstraßen, schlossen sich zu Banden zusammen, raubten, mordeten, plünderten, vergrößerten von nun an das Heer der Kriminellen.

Die russische Bauernschaft stellte die letzte Kraft dar, die den Bolschewismus bremsen konnte. Mit ihr starb die orthodox-christlich geprägte bäuerliche Kultur Russlands. Zwischen 1930 und 1937 ließ der ehemalige Priesterzögling, Bankräuber und Ochranaspitzel durch die Kollektivierung 15 Millionen Bauern umbringen. Adel, Bourgeoisie und Unternehmer waren bereits in der Zeit von 1918 bis 1922 liquidiert worden.

Der freie Handel wurde durch Lenin unterbunden und Händler wurden als Spekulanten bestraft. So wie die Bauern so wurden auch sie ihres Eigentums beraubt – zur Gestaltung einer neuen Ordnung.

Stalin hatte das Terrorsystem Lenins übernommen und perfektioniert. Die Revolutionäre von 1917 landeten unter Stalin dort, wo sie die anderen hin haben wollten, auf dem Misthaufen der Geschichte – in der Periode des Großen Terrors 1937/38. Interessanterweise fiel der Höhepunkt der Massenverhaftungen 1937 auf die Feiertage zum 20. Jahrestag der Oktoberrevolution. Nach Lenin wurde Stalin der zweite moderne Parteiführer des 20. Jahrhunderts, der zum Status eines Gottes aufstieg.

Erst Gorbatschow, seit 1978 als ZK-Sekretär und als Politbüromitglied an allen Aktionen des Systems beteiligt, erkannte später, dass der entscheidende Grund für den Zusammenbruch des Sozialismus der Verlust jeglicher Moral unter den Menschen des sowjetischen Machtbereichs war. Er kam zu der Erkenntnis, dass nur die Religionsgemeinschaften sittliche Normen anzubieten hatten.

Die bolschewistische Herrschaft hat ihre Spuren hinterlassen in der Barbarisierung und Kriminalisierung von starken Teilen der russischen Gesellschaft. Die Kriminalität boomt. Es gibt kaum einen Bereich, ob in Behörden, Polizei, Armee, Wirtschaft, Justiz, Hochschule, Gesundheitswesen, der nicht von Bestechung und Korruption tangiert ist. In der Hauptstadt gibt es mindestens 100 organisierte Verbrecherbanden. Zwei bis drei Millionen verwahrloste Kinder (Besprizornye) bevölkern Städte und Straßen. Allein in Moskau sollen sich 50.000 dieser verwilderten Kinder und Jugendlichen befinden.

Der Antisemitismus blüht und gedeiht. Nicht nur nach Auffassung der Normalbürger unterstellt man den Juden, dass sie die Elite und die Gewinner der bolschewistischen Revolution waren und man unterstellt ihnen fernerhin, dass eine nicht gerade geringe Anzahl von ihnen in den Organen der Strafjustiz, in der Tscheka, in der GPU und im NKWD aktiv tätig war.

Erstaunlich, dass die heutigen Deutungseliten der Republik nichts aus der Geschichte gelernt haben. Hier stellt sich die Frage, ob das Unbildung, Desinteresse, ideologische Verbohrtheit oder Ignoranz ist. Ja, der bolschewistische Staatsterrorismus mit seinen zig Millionen Opfern findet Nachsicht und Verständnis bei diesen Deutungseliten. Und sie sehen nicht die von ihnen verursachten Gefahren, die sie hervorrufen bei der Vernichtung von Familie und Erziehung, bei der Aufgabe eines Glaubenskompasses, bei der Verachtung seiner Ahnen, bei der Verordnung von Fremdenliebe und Verbot der Liebe zum Nächsten, Allernächsten, zum Schützenswertesten.

Sie bereiten mit ihren Maßnahmen den Boden vor für Aufruhr und Gewalt.

Die deutsche Republik im Spiegel der Wertekatastrophe von 1917

„Diese Revolution und ihre Frucht stehen als Doktrin und als Modus Vivendi vor unserer im praktischen Atheismus und einem großen sittlichen Verfall lebenden, vom materialistischen Genuss- und Selbstverwirklichungsdenken beherrschten westlichen Gesellschaft nicht nur als Mahnmal sondern als potentielles Spiegelbild" schreibt Leonore Schumann in ihrem Buch „Die Stadt im Feuer / Nachdenken über Russland". Solschenizyn hatte in den USA ähnlich formuliert. Salcia Landmann ist der Meinung: „Allen Horrorzuständen im Ostblock zum Trotz hat der Marxismus semantisch und auch ideologisch in den Demokratien rund um die Welt gesiegt." (JF, 06.01.1995).

Wir schauen, wenn wir Russlands Geschichte von der Oktoberrevolution beginnend betrachten, in einen Spiegel. Russland hat – von jakobinischen, zu nicht geringen Teilen nichtrussischen Minderheiten initiiert – einen Weg gehen müssen, den wir ansatzweise desgleichen gehen: die Aufgabe des Glaubens (unterstützt selbst von Teilen der gut besoldeten Kultdiener in den Kirchen), die Abwertung der Familie, insbesondere die Verachtung von Mutter und Vater, die Verneinung der familiären Erziehung zu Gunsten kollektivistischer Betreuung, geistige Uniformierung, die Tötung der Kinder im Mutterleib als Menschenrecht, die staatlich angeordnete Propagierung des Gender-Mainstreaming, die Enteignung der Fleißigen und Sparsamen durch Umverteilung (in Deutschland zugunsten von Minderheiten, die weder durch das calvinistische noch durch das konfuzianische Arbeitsethos geprägt sind), die Verordnung von Geschichts- und Gleichheitslügen.

Mit der Vernichtung der Familie werden nunmehr auch die letzten Reste von Tradition, Sitte, Kultur und Menschenbildung vernichtet. Kollektivistische Konzepte und Träume enden im Totalitarismus. Darauf marschiert diese Republik mit Volldampf hin.

Das bolschewistische Programm beruhte auf den Idealen der Aufklärung. Das macht es bis zum heutigen Tage für viele im Westen so sympathisch. In der Bundesrepublik kommen erstaunlich viele Vertreter der Deutungseliten hinzu, auch in den Parteien, aber nicht nur dort, die – glaubenslos, wie sie in Wirklichkeit sind – mit ihrer Sympathie oder Verharmlosung gegenüber dem Kommunismus oder der 68er Linken meinen, sich von den Untaten ihrer Väter befreien zu können: Väter, die hohe Ränge, beispielsweise als Staatssekretäre, zusätzlich mit SS-Rängen, in den Ministerien bekleidet hatten, oder die als hohe Richter oder Staatsrechtler tätig waren, oder die als herausgehobene Pädagogen einen Primitivantisemitismus, mache sogar noch nach Kriegsende bis zu ihrem Tode, verkündet hatten. Sie stammen also aus Familien, die im Gegensatz zur Mehrheit des deutschen Volkes, auch der Mehrheit der Parteimitglieder, über Wissen, ja teilweise über Detailwissen der Ausrottungsmaßnahmen verfügten – angepasst und karrierebewusst. Saul Friedländer schreibt: „Derartige Informationen (über die Vernichtung der Juden im Osten) wurden im Oktober 1941 in interner Korrespondenz des Auswärtigen Amtes erwähnt, und sie wurden noch nicht einmal als ‚streng geheim‘ eingestuft" (Das Dritte Reich und die Juden).

Auch die beiden wesentlichen Initiatoren der sogenannten Wehrmachtsausstellung, also der Industriellensohn und der andere, ein Mitbegründer des SDS und späterer Anhänger der KPD der maoistischen Linie, stammen aus nationalsozialistischen Elternhäusern, wobei der Vater des Ersteren einen hohen Rang innerhalb der Wirtschaftsführung im Dritten Reich annahm.

Andere wiederum haben eine klare kommunistische Prägung im anderen Teil Deutschlands erhalten, haben hohe Stellen im Machtapparat der Staatspartei oder ihrer Satellitenparteien oder auch in der FDJ innegehabt mit allen Vorteilen der Privilegierung und sitzen nun in Spitzenpositionen der Republik und wirken dort, angepasst an die jeweiligen Machtstrukturen wie eh und je.

Wiederum andere haben eine kommunistische, teilweise maoistische Prägung in Westdeutschland in ihrer Jugend gehabt und wirken heute bei den Parteieliten mit.

Es wäre hier ein interessantes Aufgabenfeld für Psychologen, einmal zu untersuchen, warum man den Hass auf seine Familie und deren Geschichte oder warum man seinen Selbsthass zur persönlichen Selbstreinigung auf das ganze Volk ausdehnt.

Zudem stehen viele Bereiche der Soziologie, Pädagogik und Psychologie unter dem Einfluss einer materialistischen Welt- und Geschichtsauffassung. Dies ist zwangsläufig der verordnete Weg über die Charakterwäsche und die Besetzung der Lehrstühle gerade in der Soziologie durch die aus den USA zurückgekehrten marxistischen Philosophen der sogenannten Frankfurter Schule.

Die Gleichheitslüge – ein wesentlicher Baustein der Republik

Es war der Gleichheitswahn, der die Säkularreligion des Kommunismus kennzeichnete. Schon Dostojewski sah im Gleichheitswahn eindeutig die Ursache, nicht das Ergebnis der Tyrannis. Dieser Gleichheitswahn ist heute Staatsdoktrin der Republik. Ungleichheiten werden bewusst gleich gewertet. Gleiches gleich, Ungleiches aber ungleich zu behandeln weist uns die Gerechtigkeit an, ein Wertbegriff, von den Philosophen Platon und Aristoteles zur Kardinaltugend erhoben. Gerecht sein heißt, jedem das zu geben, was ihm gebührt. Schon der Prophet Isaias wusste, dass der Friede das Werk der Gerechtigkeit ist (32,17a). Aber darum geht es den Deutungseliten in der Republik nicht. Sie säen Unfrieden.

Es geht also mitnichten um die Rechtsgleichheit, die ein wesentliches Grundprinzip der europäischen Moderne ist und in Preußen bereits unter Friedrich dem Großen (1712-86) eingeführt wurde. Es geht um jene Gleichheitslüge, die die Jakobiner anwandten, als sie planten, die Elsässer ob ihres Andersseins über die Französische Republik zu verteilen oder die Kirchtürme zu stutzen, damit sie nicht aus dem Häusermeer herausragen konnten.

Niemand ist mehr vor parteipolitisch hörigen Staatsanwälten – auch diese nicht in ihrer Gesamtheit unbedingt historisch gebildet – sicher, wenn er beispielsweise behaupten würde, dass das konfuzianische Arbeitsethos eben nur bei Chinesen und anderen ostasiatischen Völkern, nicht jedoch bei anderen Bevölkerungsgruppen zu finden ist, niemand ist mehr sicher, wenn er behaupten würde, dass Mohammed als Krieger natürlich Menschen in großer Zahl hat töten lassen und gerade deswegen als Vorbild eine andere Wirkung ausübt als der MESSIAS der Christen, letzterer häufig missbraucht von den Pharisäern und Schriftgelehrten nicht nur gestern, sondern auch heute. Verfolgt werden würden sicherlich auch die, die behaupten würden, dass Intelligenz vererbt wird – das würde ja Auswirkungen haben für das auf Gleichheit ausgerichtete Schulsystem, verfolgt werden würde auch, wer behaupten würde, dass Erziehung in erster Linie der Familie bedarf. Das hätte ja Auswirkungen auf den gesamten Sozialapparat, der Unmengen der Umverteilung verschlingt und vielen Arbeit und Brot gibt.

Zwar gibt es keine Wissenschaft vom Egalitarismus, aber dennoch durchringt der Egalitarismus wie ein moralisches Gebot die praktizierte Politik nach innen und außen. Es gibt aber eine eindeutige wissenschaftliche Disziplin vom Ungleichsein, nämlich die Vererbungslehre im Bereich der Biologie, die von den Ideologen des nationalen Sozialismus in erschreckender Weise missbraucht wurde, nunmehr von der herrschenden Nomenklatura der Parteien gebannt, ignoriert, tabuisiert oder verworfen wird. Ungleichheiten werden nur insoweit durch diese atheistisch orientierten Ideologen akzeptiert, als diese Ungleichheiten durch den Glauben an die Machbarkeit aller Dinge beseitigt werden können. Dieses närrische Treiben umfasst heute sogar die von nicht geringen Teilen der Deutungseliten geleugnete Unterschiedlichkeit von Mann und Frau. Die Moschee macht diesen Unsinn nicht mit!

Schon aus biochemischer Sicht sind alle Menschen ungleich. Es gibt keine zwei absolut identischen Zellen. Jeder Mensch ist eine absolut einmalige Gestalt. Natürlich ignoriert der Ideologe, in welcher Partei auch immer, die Tatsache, dass der Mensch bereits als Embryo im Mutterleib, wissenschaftlich längst nachgewiesen, mit vollgültiger Individualität von seinen ersten Anfängen an ausgestattet ist. Für die Ideologen in den Parteien ist er nur ein Klumpen.

Die Aussagen der Deutungseliten lassen den Eindruck erwecken, als ob Gerechtigkeit gleich Gleichheit sei und die Förderung der Gleichheit der Gerechtigkeit diene. Ungleichheit gilt als verabscheuungswürdig und Gleichheit als wünschenswert. Für viele Politiker ist es eben opportun, den Wählern egalitäre Gesellschaften zu versprechen. Das nennen sie dann auch noch fortschrittlich, obwohl sie in Wirklichkeit nur ein dumpfes Neidempfinden ausnutzen und im Endergebnis die Diktatur der Unfähigen etablieren helfen.

Freiheit und Gleichheit zugleich versprechen uns also die bestimmenden Parteien. Teilweise tun sie das unter Leerformeln und Tarnbegriffen wie beispielsweise „soziale Gerechtigkeit". Natürlich sind sie es, die dann festlegen und entscheiden, was „soziale Gerechtigkeit" ist. André Kostolany hat wohl nicht gänzlich unrecht, wenn er behauptet: „Viele, die in der Politik die Gerechtigkeit beschwören, sprechen in Wahrheit aus Neid."

Dass es unmöglich ist, Freiheit und Gleichheit zugleich zu versprechen, stellte bereits Goethe in seinen Maximen (No. 953) fest, als er schrieb „Gesetzgeber oder Revolutionäre, die Gleichheit und Freiheit versprechen, sind Phantasten oder Charlatans." Wenn dasstimmt, dann wimmelt es in dieser Republik nur so von Phantasten und Charlatans, nicht nur in der Politik.

Was die Umsetzung der Ideologie des Egalitarismus betrifft, haben wir heute in Deutschland eine Nomenklatura von Parteibonzen, Bürokraten, Funktionären – austauschbar quer durch alle Parteien in ihrem Verhalten und Wortgeklingel. Diese Bonzokratie hat einen Umverteilungsstaat des Neides heraufbeschworen, vom dem sich, wie die Wahlenthaltungen zeigen, ein sehrgroßer Teil der Bürger voller Ekel abgewandt hat. Permanente Umverteilung führt nun einmal zwangsläufig zur verstärkten Macht der Bürokratie und Bonzokratie. Sie minimiert initiatives Handeln, schwächt folglich die Produktivität und bringt damit Arbeitslosigkeit und folglich Schlechterstellung der Ärmeren. Und da der Umverteilungsstaat wohl von nicht wenigen als Dieb empfunden wird, antworten die Bürger genauso. Steuerhinterziehung als Kavaliersdelikt in einem Staat, der selbst das von verantwortungsvoll handelnden Vorfahren für ihre Nachkommen hart Erarbeitete steuerlich für seine Umverteilungsaktionen belasten will.

Schon Friedrich von Hayek hatte nachgewiesen, dass die zusätzlichen Einnahmen aus „Neidsteuern", wie beispielsweise der Erbschaftssteuer, im Rahmen der Umverteilung letztlich weit hinter den vorgegaukelten Erwartungen zurückbleiben. So werden die Deutungseliten veranlasst werden, mittlere und kleinere Einkommen immer härter zu belasten. Nicht die viel zitierten Kapitalisten sondern die breiten Schichten, also der sogenannte kleine Mann, tragen doch die Hauptlast. Gerade die EU-Staaten mit ihren hohen Abgaben beweisen das ja. Umverteilung aufgrund des Kollektivneides schadet insbesondere den ärmeren Bevölkerungsschichten. Statt Güter zu erarbeiten, führt der diebische Ansatz der Umverteilung zu immer neuen Ansprüchen gegenüber dem Staat. Diese Anspruchsforderungen müssen dann über den Steuerkuchen befriedigt werden. Der sogenannte Sozialstaat Deutschland steht hier nur als Beispiel für andere ähnlich strukturierte Staaten in der Europäischen Union, wie u. a. Griechenland.

Interessant ist, dass das Wohlwollen des Neidgenossen gar nicht durch die von der politischen Nomenklatura erzwungene Umverteilung erkauft werden kann. Je mehr man sich dem Gleichheitsideal annähert, umso stärker werden die Unzufriedenheit und die Gier nach immer weiterer Gleichheit. Der Soziologe Helmut Schoeck (1922-1993) bezweifelt im Übrigen, dass durch eine egalitäre Sozialpolitik die Neidgenossen überhaupt von ihrem durch die Deutungseliten gepflegten Neidkomplex lassen können. Selbst im Sozialismus sei das ja wohl nicht gelungen.

Und die Initiatoren der Neidideologie selbst entziehen sich natürlich – wie ihre historischen Vorbilder – dem Anspruch der Egalität. Sie fordern beispielsweise als grün-rot-schwarz bewegte Theologen mit den Besoldungsgruppen des höheren Dienstes von der durch Umverteilung ohnehin gebeutelten Bevölkerung die Aufnahme aller möglichen Gruppierungen auf dem Globus in das längst sinkende

Boot, ohne selbst persönlich als Vorbild und Beispiel zu wirken. Sie fordern als Funktionäre von Parteien und Verbänden natürlich die Gesamtschule als Einheitsschule, während sie ihre Kinder zu nicht geringen Teilen in Privatschulen oder Schulen außerhalb von den als Bereicherung proklamierten Migrantenmajoritäten unterbringen. Sie fordern als Abgeordnete die Lebensarbeitszeit bis zum 67., morgen bis zum 70. Lebensjahr, selbst für den Maurer oder Dachdecker, während sie sich selbst in den Parlamenten für ihren frühen Lebensabend großzügig-üppig saturieren.

Wie schon erwähnt, gibt es in der physischen Welt, die ja energetisch hierarchisch und in fortwährender Bewegung ist, keine zwei absolut identische physischen Realitäten. Nur das Ungleichsein von Frau und Mann ist die Quelle nie versiegender Anziehung und Anregung. Beide Geschlechter sind eben die beiden verschiedenen und damit doch interessanten Offenbarungen des Menschlichen. Aber schon die biotypischen Unterschiede zwischen Mann und Frau sind den herrschenden und bestimmenden Deutungseliten ein besonderes Ärgernis. Die Erkenntnisse insbesondere der amerikanischen Hirnforschung in den letzten Jahrzehnten über die verschiedenen Dominanzen von Mann und Frau und ihre Bedeutung für die Erziehung von Kindern werden selbstverständlich bewusst nicht zur Kenntnis genommen. Das ist ein Tabu-Thema der babylonischen Turmbauer, denn das kann man ja eigentlich gar nicht ändern, es sei denn, man propagiert – was ja auch im nicht geringen Maße geschieht – die Homosexualität als progressive Patentlösung.

Die auch von sogenannten christlichen Parteien getragene Genderideologie, de facto ein auch ministeriell unterstützter Radikalfeminismus, verordnet Jedermann die Gleichartigkeit von Mann und Frau. Damit entfallen Begriffe wie „weiblich", „männlich", „Vater" oder „Mutter". Alles ist austauschbar.

Für die atheistisch orientierten Ideologen in allen Parteien ist der Egalitarismus am besten in der Krippenbetreuung und durch den Schulzwang zu verwirklichen. Homeschooling durch verantwortungsbewusste Eltern wird diesen nicht gestattet. Das alles geschieht unter dem Stichwort „Chancengleichheit". Das Fördern der Besten gilt als Sünde, und Elite ist ein faschistoider Schandbegriff. Auslese wird bekämpft. So besteht die Zielsetzung eines sehr großen Teils der häufig kinderlosen Vertreter der Deutungseliten darin, Auslese in der Schule zu verhindern, die Kinder so lange wie möglich zusammenzuzwingen – mindestens bis zum Abschluss der 10. Klasse und die Unterschiede zwischen Haupt- und Realschule einzuebnen.

Nun gibt es Chancengleichheit noch nicht einmal beim Start. Schon von Geburt an ist man ungleich allein schon durch die Bildungsbeflissenheit der Eltern oder durch die Gleichgültigkeit der Eltern Bildungsfragen gegenüber. Das Zusammenzwingen der Kinder unterschiedlicher Kulturkreise mit unterschiedlicher Einstellung zum Arbeits- und Bildungsethos wird nicht zu Unrecht durch verantwortungsvoll handelnde Eltern unterlaufen. Die Privatschulen boomen und schon schielen die Deutungseliten nach Quotenorientierungen auch bei Privatschulen.

Das einzige also, was eine solidarisch empfindende Gesellschaft zu tun hat, ist doch wohl, dass niemand aufgrund familiärer Gegebenheiten geringere Chancen für den Zugang zu irgendeiner gesellschaftlichen Stellung besitzen sollte. Danach greifen jedoch die unüberwindlichen Ungleichheiten der charakterlichen Strukturen und der geistigen und sittlichen Persönlichkeit. Alexander Rüstow, ein Mitstreiter Ludwig Erhards, hat dazu einmal festgestellt: „Gleichheit am Anfang (Startgleichheit) kann man in Namen der Gerechtigkeit fordern, Gleichheit am Ende nur im Namen des Neides. Jedem das Seine, fordert die Gerechtigkeit, jedem dasselbe, der Neid."

Eine egalitäre Schulpolitik und eine sich daran orientierende Pädagogik führen dazu, dass Qualität und Leistung immer mehr schwinden. Es kann doch keine gleichen Zielchancen geben und der Erfolg zur Erreichung des Zieles ist nun einmal auf eigene harte Arbeit und Anstrengung zurückzuführen.

Mit der planwirtschaftlichen Quoten-Politik der Deutungseliten geht es darum, immer mehr Schüler, wenn möglich die überwiegende Mehrzahl, mit dem Abitur auszustatten, einem Abitur also, das somit schon seit Jahrzehnten seinen Wert eingebüßt hat. Die egalitäre Schulpolitik konnte ihre angebliche Gleichheit nur durch Absenkung des Anspruchsniveaus erzielen. Folglich kann solch ein Abitur „light" kein ausreichender Nachweis für die Studierfähigkeit sein.

Den Deutungseliten in vielen Bundesländern haben auch unter dem Tarnwort „soziale Gerechtigkeit" das traditionelle Bildungssystem auf den Kopf gestellt, durch Relativierung von Prüfungen, Inflation von Bestnoten oder mit der Einführung des Kurssystems (sogenannte Oberstufenreform) und durch die Einführung der Gesamtschulen. Damit ist es zu einer enormen Intelligenz-Vermehrung der deutschen Schülerschaft gekommen. Von Bundesland zu Bundesland unterschiedlich besucht weit mehr als die Hälfte der Schülerschaft die Gymnasien bzw. Realschulen. Verlierer dieser ideologisch fixierten Schulpolitik sind die wenigen verbliebenen Hauptschüler, ohne jegliche Berufs- und damit Lebensperspektive. Um dieses Dilemma zu verschleiern, planen verschiedene Länder, die Hauptschule total abzuschaffen. Jeder soll zumindest eine mittlere Ausbildung bekommen. Nach dem Abitur „light" dann auch noch die Mittlere Reife „light". Verlierer ist letztlich auch das sich so ständig vermehrende akademische Proletariat, nach dem Studium auf der Massenuniversität beruflich auf dem Marsch nach Nirgendwo. Das so entstehende akademische Proletariat – häufig ohne familiäre Charaktererziehung – wird den kommenden Bürgerkrieg bereichern.

Die Gesamtschüler beispielsweise in Nordrhein-Westfalen liegen am Ende der zehnten Klasse im Vergleich mit Realschülern um zwei, im Vergleich mit Gymnasiasten um einige Jahre zurück. Die deutschen Länder mit Spitzenplätzen sind Sachsen, Baden-Württemberg und Bayern – noch! ohne den egalitären Ansatz der Gesamtschulen.

Also nicht die Gesamtschule ist anzupeilen, sondern der Ausbau und die Verbesserung des gegliederten Schulsystems, insbesondere durch zusätzliche Stunden für lernschwache Schüler und für besonders leistungsstarke Schüler.

Das immer wieder als Vorbild propagierte Finnland kann überhaupt nicht als Beispiel genommen werden. Die Finnen haben mit nur 1,2 Prozent Migrantenquote diese von den deutschen Deutungseliten als kulturelle Bereicherung ausgewiesene starke Minderheit nun einmal nicht.

Die Deutungseliten sprechen immer von bildungsfernen Schichten, gerade bei den Kindern von bestimmten Zuwandererschichten. Doch keiner stellt sich hier naheliegenden Fragen. Wer hält diese Zuwanderer eigentlich von der Bildung fern? Wer hindert sie daran, sich mit der Sprache und Kultur ihres neuen Vaterlandes zu beschäftigen? Hier haben wir den Dreh- und Angelpunkt der Fragen: die Dialektik von Freiheit und Gleichheit. Es geht bei der Freiheit immer um die Eigenverantwortung.

Die deutschen Deutungseliten betonen stets, dass alle Menschen von Natur aus gleich sind, nur die Gesellschaft mache sie ungleich. Also muss die Gesellschaft für die Vorgenannten per ordre de Mufti die Gleichheit künstlich herbeiführen, herbeibefehlen, von der Krippe bis zur Gesamtschule und zur Massenuniversität. Solche betreuten (nicht etwa erzogenen) jungen Menschen sind leicht zu führen, zu manipulieren. Sie unterstellen dem Schwachsinn der Medien oder den Parolen des Politischen einen Wahrheitsgehalt, den diese nicht haben.

Einer der frühen Vertreter des Gesamtschulgedankens erkannte bereits 1968: „Die Denkbegabung und das Denkbedürfnis bricht im zehnten / elften Lebensjahr in so verschiedenen Stärken durch, dass die Unterschiede (...) das Auffälligste sind, was man in diesem Alter betrachten kann. Die Unterschiede werden in diesem Alter so krass, dass eine Trennung nach dem Grad der Begabung in irgendeiner Form unerlässlich ist (...) Hier hilft keine romantisch-pädagogische Verbrämung! (…) Im Interesse der Höchstausbildung aller Begabungsgrade kommen wir um die Trennung nach dem Grad der Begabung im zehnten / elften Lebensjahr nicht herum."

Eine der ganz großen Lebenslügen der Egalitaristen in allen Parteien lautet, dass wir mehr Akademiker benötigen. Dabei wird dann immer die OECD mit ihren Statistiken hergenommen und auf jene Länder hingewiesen, die eine erheblich höhere Akademikerquote als Deutschland hätten. Bewusst ignoriert wird dabei, dass wir die besten ökonomischen Daten dort haben, wo bislang noch! die niedrigsten Abiturientenquoten sind, im Süden der Bundesrepublik, in Bayern und in Baden-Württemberg und ansonsten im übrigen Europa in der Schweiz und in Österreich. Die höheren Akademikerquoten in anderen Ländern sind darauf zurückzuführen, dass beispielsweise in Finnland, aber auch in bestimmten angelsächsischen Ländern die Ausbildung zur Krankenschwester oder zur Kindergartenerzieherin als Hochschulausbildung gilt. Das bedeutet folglich, wenn die Tochter eines Arbeiters in Finnland Krankenschwester wird, dann gilt das als das Beispiel für die vorbildliche Durchlässigkeit des dortigen Bildungswesens. Wenn in Deutschland die Tochter eines kurdischen Migranten Krankenschwester oder eines albanischen Migranten Kindergartenerzieherin wird, dann wird das als ein abschreckendes Beispiel für die mangelnde Durchlässigkeit des deutschen Bildungssystems propagiert.

Die fundamentalen Unterschiede im Charakter der Menschen und Völker, in ihren religiösen Auffassungen, in ihren Sitten- und Moralbegriffen, in ihrer Einstellung zu Leben und Tod oder nur zur Arbeit und zum Eigentum werden bewusst ignoriert. Wer da nicht mitheucheln will, wird durch Gesetze gezwungen, am neuen Turmbau zu Babel teilzunehmen, nämlich am Aufbau der mulikulturellen Gesellschaft. Nun wird eine solche den Tatsachen widersprechende Sichtweise zwangsläufig zu Irrwegen mit katastrophalen Folgen führen. Die bürgerkriegsähnlichen Unruhen in Frankreich und in den Niederlanden haben ansatzweise bereits ihre ersten Flammenzeichen auch in ganz bestimmten Bezirken der Bundesrepublik gezeigt. Das wird bald deutlicher werden nach dem erkennbar weiteren wirtschaftlichen Niedergang und dem dann folgenden Zusammenbruch der sozialen Sicherungssysteme. Die Zementierung der Gleichheit durch Umverteilung ist dann nicht mehr möglich. Es wird dann nichts mehr zum Umverteilen geben. Die deutschen Deutungseliten fördern den bereits im Ansatz erkennbaren Bürgerkrieg.

Die Französische Revolution mit ihren Idealvorstellungen von „Freiheit – Gleichheit – Brüderlichkeit" gibt uns einen interessanten Hinweis, den Bertrand Russell wie folgt formuliert: „Neid ist die Grundlage der Demokratie als Vorstufe der Diktatur." Sie führte in jene Despotie, in der Robespierre sogar die Kirchtürme wegen ihrer ungleichen Höhe niederreißen lassen und alle Französinnen und Franzosen in eine Uniform stecken lassen wollte. Die Elsässer, wegen ihres alemannischen Andersseins in Sprache und Kultur, sollten, wie schon festgestellt, über ganz Frankreich verteilt werden. Hier begegnen wir auch erstmals dem ethnischen Nationalismus als Mittel des Gleichmachens, der alles Unfranzösische auszurotten suchte. Mit dem „unreinen Blut" (sang impur) der Feinde Frankreichs sollten, wie in der Marseillaise besungen, die Ackerfurchen Frankreichs getränkt werden: Blut und Boden als frühe Götzen. Die Französische Revolution also nicht nur als Vorbote des internationalen Sozialismus.

Auch die deutsche Politik geht von der Gleichheit der Völker und Nationen aus, sonst könnte sie nicht die Forderung nach Demokratie in aller Welt aufstellen, auch wenn dort wie bei den Völkern in Afghanistan der Resonanzboden der Aufklärung völlig fehlt und die Wahlurnendemokratie, einhergehend mit der Zerstörung der gewachsenen Ordnungssysteme – wie im Irak zu sehen –, diese Völker ins Chaos stürzt und den Bürgerkrieg mit Europas Parallelgesellschaften vorbereitet. Der egalistische Ansatz einer Außenpolitik, die missionarisch die Demokratisierung der Welt als Allheilmittel zur Erreichung eines globalen Friedens will, ist, wie gerade in der islamischen Welt erkennbar, zum Scheitern verdammt. Interessant ist, dass hier Parlamentarier, die selbst zu großen Teilen nie den Dienst an der Waffe geleistet haben, deutsche Soldaten in Tod und Verwundung schicken und das damit rechtfertigen, dass dies der Verteidigung Deutschlands dient – am Hindukusch beispielsweise. Sie fördern damit die Initiierung eines Weltenbrandes bis in unsere Städte.

Am deutlichsten bei der Betrachtung der Gleichheit der Völker ist die Ungleichheit mit den Juden zu beweisen. Niemand ist in der Lage zu erklären, warum dieses Volk, trotz furchtbarer Vertreibungen und Bedrückungen über Tausende von Jahren hinweg, seinen Fortbestand und seinen eigenständigen Charakter bewahrt hat und dazu noch die vor Jahrtausenden von Hesekiel geweissagte Heimkehr im 20. Jahrhundert erfüllt hat. Keiner kann erklären, warum dieses winzige Volk, weniger als 0,33 Prozent der Weltbevölkerung, Schlüsselstellungen im politischen, wirtschaftlichen und kulturellen Leben vieler Länder innehat. Das weckt natürlich eine besondere Schwäche des Menschengeschlechts, den Neid, und führt zu den tollsten Verschwörungstheorien als Erklärungsversuch, denn solch eine Ungleichheit ist für den geistig und religiös wurzellosen Menschen nicht hinnehmbar.

Außer den Juden gibt es selbstverständlich auch noch andere Minderheiten, die sich durch besondere Talente oder durch besonderen Fleiß, Geschäftstüchtigkeit oder eine besondere arbeitsethische Haltung auszeichnen und sich damit von den großen Mehrheiten unterscheiden, wie beispielsweise die Chinesen in Südostasien, die Inder in Schwarzafrika, die Japaner in Brasilien und Peru. Trotz mangelnder Rohstoffe gibt es keine Dritte-Welt-Problematik in Ländern wie Japan, Korea, Singapur oder Taiwan, alles insgesamt Länder, in denen das konfuzianische Arbeitsethos, also der Fleiß, blüht.

Die Ungleichheit der Völker erkennen wir auch in Europa. Zwar sprechen wir vom lateinischen Charakter der Romanen und doch sind beispielsweise Spanier und Italiener grundverschieden. Der Absolutismus des Denkens und Handelns und die Verachtung für den Kompromiss – das ist der Spanier, deutlich erkennbar im Verhalten beider Seiten im Spanischen Bürgerkrieg. Für die Spanier trifft der Wahlspruch der Heiligen Therese von Avila zu „Dios o nada" (GOTT oder nichts!). Ganz anders dagegen der Italiener, weicher und kompromissbereiter.

Noch deutlicher konnte man das beim Zusammenbruch Jugoslawiens erkennen, eines Kunststaates von Großbritanniens Gnaden. Nichts haben die mitteleuropäisch geprägten Slowenen, die seit dem Hochmittelalter im Verband Österreichs lebten, mit den orthodoxen Serben gemein, die – soweit sie nicht in die habsburgische Monarchie geflüchtet waren – durch eine fast halbtausendjährige osmanische Herrschaft gänzlich anders geprägt waren.

Deutlich wird das auch in der Bundesrepublik Deutschland, in der Christen, Nichtgläubige, Moslems und Juden leben. Die Integration der Muslime ist mehrheitlich gescheitert, bedingt durch das Ungleichsein zwischen den einzelnen Gruppen. Der zu großen Teilen gläubige Moslem versucht Politik, Kultur, kurz alles aus dem Koran und anderen heiligen Schriften abzuleiten. Darüber hinaus kann er als Gläubiger keinen besonderen Wert im Kult um die Homosexualität oder den Feminismus sehen. Auch die Abtreibung als Quasi-Menschenrecht sieht er lediglich als Dekadenzerscheinung, nicht jedoch als progressives Menschenrecht. Er nimmt am verordneten Suizid nicht teil, sondern wartet auf seine Stunde!

Auch die christlichen Kirchen haben eine unterschiedliche Wirkung auf die ihnen zugehörigen Gläubigen. Die beiden Konfessionen, die katholisch und die protestantische, haben verschiedene Menschentypen mitgeprägt. Die katholische Kirche ist in ihrem Kern eine autoritär regierte Monarchie. In ihr finden sich besonders jene Völker, die einen ausgesprochen individualistischen Habitus haben, beispielsweise Iren, Polen, Kroaten oder Spanier. In den Reformationskirchen gibt es eine solche Lehrautorität nicht.

Hier finden wir die weniger individualistisch geprägten Völker, beispielsweise die Norweger, Schweden oder Letten. Alle Völker mit ihren unterschiedlichen Talenten und Begabungen sind ein einmaliges As im Ärmel GOTTES. Diese Vielfalt macht ja auch den eigentlichen Reichtum auf diesem Globus aus.

Es ist auch nicht so, dass alle Völker dieser Welt, ob in Süd- oder Mittelamerika oder in Afrika den Europäern nun unbedingt gleich sein wollen, indem sie sich in das eiserne Korsett der Disziplin der europäischen Zivilisation pressen lassen wollen. Im Gegenteil, ohne Verehrung für diese Zivilisation, eher mit Mitleid betrachten sie diese rational-technische Gesellschaft. Eine Entwicklungshilfepolitik, die diese Unterschiede einebnen will, ist genau so erkennbar zum Scheitern verdammt wie eine Außenpolitik, die anderen Kulturen die Demokratie als das Alpha und Omega überstülpen will wie die US-Amerikaner mit dem Missionsbefehl: „to make the world fit for democracy". Vor unseren Augen rollt das Drama des Scheiterns dieser Gleichschaltungsmission ab, ob in Afghanistan oder Irak oder wo auch immer auf dieser Welt – erneut mit hohen Blutopfern für diesen babylonischen Turmbau wie schon vorher mit noch größeren Opfern bei der bolschewistisch-kommunistischen Missionierung der Welt.

Allerdings hat diese Missionierung durchaus ihre Spuren hinterlassen. Den Deutschen heute ist Gleichheit wichtiger als Freiheit auch Dank der Kollektivierungs- und Uniformierungsorientierungen der Deutungseliten bis ins sogenannte bürgerliche Lager, dank der Machtübernahme der 68er auf allen Ebenen und in allen Parteien und Institutionen und in Verbindung mit den sozialistisch geprägten „Blockflöten". Noch 1976 gaben 2/3 der Westdeutschen der Freiheit den Vorrang vor der Gleichheit, 1997 waren es nur noch 45 v. H. und 2003 waren es nur noch 36 v. H. der Westdeutschen und 24 v. H. der Ostdeutschen. Politisch könnte das eventuell bedeuten, dass die Union von Christ- und Sozialdemokraten, Grünen und Linkssozialisten mithilft, die Machtübernahme durch die

Diktatur des moralischen Rigorismus einzuklingeln und eine neue – nunmehr atheistisch orientierte – Großinquisition vorzubereiten. Erste Flammenzeichen an der Wand sind für den Betrachter deutlich erkennbar: die zielgerichtete Umlügung der Aussagen der Fernsehmoderatorin Eva Hermann, die Verhinderung des Rechts auf Redefreiheit von Erika Steinbach an der Potsdamer Universität oder die Verhinderung des Rechts auf Ausübung einer genehmigten Demonstration durch den CDU-Oberbürgermeister von Köln – immer alles unter Assistenz von Claqueuren, auch hochrangigen, in Parteien, Kirchen und Medien.

Das Wirken dieser Union wurde schon deutlich mit dem „Allgemeinen Gleichbehandlungsgesetz (AGG)", im Volksmund „Antidiskriminisierungsgesetz" genannt, das die Freiheit zu Gunsten der Gleichheit weiter einschränkt. Gerade die Begründung dieses Gesetzes lässt erkennen, dass auch hier kräftig am babylonischen Turmbau mittels der gesellschaftsverändernden Wirkung des Gesetzes gearbeitet wurde. Die grundgesetzlich geschützte Privatautonomie, also die Freiheit in weiten Gebieten des Zivilrechts, ist in Frage gestellt.

Für die lauen sogenannten Volkskirchen, die sich mit der Macht vermählt haben, dämmert so langsam die Zeit herauf, in der sie – was sie ohnehin heute kaum noch tun – Sünde nicht mehr Sünde nennen dürfen und ihre Mitglieder irgendwann die im internationalen und nationalen Sozialismus gehandhabte Form des Berufsverbotes erleiden dürfen. Buttiglione war nur ein Anfang. Rocco Buttiglione, Katholik und Papstberater, wurde aufgrund seiner konservativen Einstellung zu Ehe und Familie und seiner Ablehnung der Homosexualität als Sünde nicht in die EU-Kommission gewählt, ohne dass hier ein Aufschrei gut besoldeter Kultdiener erfolgte.

Die verbürgerlichten Kirchen werden also eines wohl nicht mehr so fernen Tages den Preis für ihre Lau-, Lax- und Feigheit erhalten, nämlich die Verfolgung in einem sich schon jetzt abzeichnenden antichristlichen Europa. Bekennende Christen, das ist heute schon erkennbar, sind „Staatsbürger zweiter Klasse." Buttigliones Beispiel zeigt die Wiedereinführung der Inquisition, den Aufbau einer Moral- und Gewissenspolizei mit der interpretierbaren Keule des Rassismus. Einher geht das mit der aus dem Bolschewismus bekannten Möglichkeit der Kriminalisierung aller Untertanen, indem jeder jeden mit Hilfe dehnbarer Gesetze zum Verbrecher erklären kann. Stellen Sie sich einmal vor, dass ein Arbeitgeber im Rahmen seiner durch die Verfassung garantierten Meinungsfreiheit gegen die unkontrollierte Einwanderung von ganz bestimmten Gruppierungen in unsere Sozialsysteme oder gegen die Gleichwertigkeit der sogenannten Homo-Ehe ist. Damit wird er zum Ketzer, selbst im letzten Dorf. Hier ist der Europäische Haftbefehl eine wunderbare Hilfe für die atheistische Nomenklatura. Luther oder Spurgeon würden heute mit seiner Hilfe gesucht werden oder bereits eingekerkert sein. Vielleicht müssen sich morgen bekennende Christen unter das Dach der Moschee retten, um der Verfolgung zu entgehen und als Dhimmis zumindest einen Minimalschutz zu erhalten. Unter diesem Dach wären sie vielleicht einigermaßen sicher, denn an die Moschee wagen sich die Deutungseliten nicht heran.

Der von den atheistisch orientierten Deutungseliten alljährlich auf Feiern benutzte Widerstandskämpfer, der bekennende Christ Claus Graf Schenk von Stauffenberg, der heute aufgrund seiner Gesinnung wahrscheinlich selbst im Freistaat Bayern im öffentlichen Dienst keine Anstellung fände, von einer Karriere in der Bundeswehr ganz zu schweigen, hatte sich – wie aus seinem Nachlass zu erkennen – eindeutig gegen die „Gleichheitslüge" gewandt. Aber so ein Alleingang ist natürlich für den heutigen Nomenklaturisten immer Torheit. Er würde die vom Christentum getragenen Orientierungen – nur GOTT ist der, der Dich und Mich kennt – verwerfen. Hierin unterscheidet sich der Menschenkenner vom Ideologen. Die Ideologen sehen eben mit der Gleichmacherei nicht die Gesichter des einzelnen Menschen. Das Wichtigste für die christliche Religion, nämlich die Persönlichkeit des Menschen, ist ihnen unwichtig. Daher setzt die christliche Religion die Brüderlichkeit an die erste Stelle. Wo die Gleichheitsideologen das Wort führen, sterben Herzenswärme und Originalität. Und sie sterben erkennbar in Schulen, Universitäten, in den Streitkräften, in den Kirchen, von den Parteien ganz zu schweigen.

Letztlich versprich selbst die HEILIGE SCHRIFT keine Gleichheit. „Viele sind berufen, aber wenige auserwählt" (Matth. 22,14). Und im Jüngsten Gericht werden einige gerettet und andere verdammt. Die Ungleichheit ist absolut!

Wer aber glaubt noch an ein Gericht? Dabei ist es schon längst zu erkennen, im Aussterben einer lediglich konsumorientierten, geschichtslosen Gesellschaft, in der ihre Götzen mit dem ökonomischen Niedergang morgen im Rinnstein liegen werden, im sich anbahnenden Bürgerkrieg mit missionarisch bewegten kinderreichen Parallelgesellschaften, für die der Kult um andere Formen außerhalb der Familie ebenso Zeichen der Dekadenz ist, wie die Tötung des eigenen Nachwuchses, die Verhöhnung der Vorfahren, die Leugnung der Unterschiedlichkeit der Geschlechter, die Verachtung der eigenen religiösen Orientierung selbst aus dem Raum herzenskalter sogenannter Volkskirchen. Überall Irrungen und Wirrungen und immer neue Turmbauten zu Babel. Auch der Turm der Gleichschaltung wird einstürzen – alsbald!

Die Sehnsucht nach dem Sozialismus

Erstaunlich, kaum fassbar ist die heutige Verklärung des Kommunismus als Folge der 68er Kulturrevolution seit deren Machtübernahme in allen wesentlichen Institutionen der Bundesrepublik Deutschland, einschließlich der Kirchen. 1987 schrieb das damalige Mitglied des evangelischen Kirchentagspräsidiums, der ehemalige Ratsvorsitzende der EKD, auch er Spross einer bedeutenden nationalsozialistischen Familie: „Der Antikommunismus in Kirche und Gesellschaft ist eine Wurzel der Unversöhnlichkeit und ein Haupthindernis für Frieden und Verständigung mit der Sowjetunion". Die Bürgerrechtlerin Bärbel Bohley, Kämpferin gegen das SED-Regime, sagte einmal, dass die Kirche nie wirklich gegen das System gewesen sei und nach der Wende wieder versagt habe, als sie nicht mit den Spitzeln im eigenen Bereich aufgeräumt habe. Sie trat aus der evangelischen Kirche aus.

Wer sich heute als Antikommunist bezeichnet, wird von vielen Politikern – unterstützt von Theologen, Soziologen, Politologen, Pädagogen, Gewerkschaftern, Schriftstellern, Politikern – als Antidemokrat ausgewiesen. So weit ist inzwischen die Verwirrung in einem Volk gediehen, das über Charakterwäsche und permanenter, inzwischen von allen maßgeblichen Kräften getragener Kulturrevolution nicht wieder zu einem Kompass des Glaubens und der Vernunft hat zurückfinden dürfen.

In Russland dagegen, wie bereits festgestellt, plante Putin, ein ehemaliger KGB-Aufklärungsoffizier, das Hauptwerk Solschenizyns zur Pflichtlektüre für die russischen Schüler zu machen, also ein Werk, welches das unerbittliche Terror- und Vernichtungssystem der untergegangenen Sowjetunion detailgenau beschreibt. Er scheiterte, wie bereits erwähnt, am Einspruch der Witwe Solschenizyns, die hierfür eine eigene Kurzfassung vorbereitet (SZ, 30.07.2009).

Ein entscheidender Fehler der Siegermächte 1945 war zweifelsohne, dass das deutsche Volk die notwendige Selbstreinigung nicht hat selbst durchführen dürfen. Diese wäre ohne Zweifel äußerst blutig verlaufen, wenn die sich Irrenden, Missbrauchten und Verführten in allen Institutionen – auch in der Partei der nationalen Sozialisten und ihren Organisationen selbst – von dem eigentlichen verbrecherischen Gesindel hätten befreien können. Ein solcher, sicherlich nicht für Wenige erschreckender Weg wäre erfolgreicher gewesen, als die Umerziehung durch Immigranten und die Abrechnung der Revolutionäre von 1968 mit der gesamten Elterngeneration – bei gleichzeitiger erneuter Götzenanbetung von Massenmördern wie Mao Tse-tung und andere. Auch so manchen Vater von heute bedeutenden Vertretern der Deutungseliten wäre sicherlich der damals noch gültigen Todesstrafe verfallen. Die Kinder hätten aber nicht mehr die Möglichkeit gehabt, die Schuld beim gesamten deutschen Volk, bei seinen geschändeten Frauen, bei seinen durch Terrorangriffe verbrannten Frauen und Kindern, bei seinen vor und auf der Flucht häufig zu Tode drangsalierten Flüchtlingen, bei seinen gefallenen, verkrüppelten, geschundenen Soldaten zu suchen.

Nunmehr ist es denen, die für nichts einstehen und haften, gelungen, das gesamte deutsche Volk als Kollektiv in die Haft zu nehmen. Die Verordnung beispielsweise, die Wehrmacht in ihrer Gesamtheit als eine Bande von Mördern, die mordend und schändend über die Völker Europas herfiel, zu bezeichnen und den Deserteur als Modell des Widerstandes vorzustellen, getragen von allen Parteien, zeigt die Kollektivhaftung eines als verbrecherisch geltenden Volkes. Dass das natürlich auch getragen wird von dem einen oder anderen ehemaligen hohen Politiker, der die ihm anvertraute Truppe in Stich ließ, ist nachzuvollziehen. Ob er damit von seinen Gewissensqualen erlöst werden kann, ist zu bezweifeln. Allerdings hat das Volk diese Verordnung angenommen. Die Mehrzahl der formal gebildeten jungen Leute orientiert sich an dieser Leitorientierung. Sie sehen keinen Sinn darin, sich für diese Republik mit ihrem Leben einzusetzen, erst recht nicht bei der Unterdrückung von Menschen anderer Kulturkreise. Das ist kein „freundliches Desinteresse", das ist das Gericht, das die deutschen Jakobiner von links bis rechts herbeirufen haben und das sie irgendwann verschlingen wird.

Der Wert der Freiheit wird von immer weniger Menschen geschätzt. Die den Atheismus und Materialismus kennzeichnende Gleichheitsidee ist rein quantitativer Art und degradiert den einzelnen zur Nummer. Wer nicht über diesen Zahlenwert verfügt, wie beispielsweise die Kinder im Leib ihrer Mütter, ist uninteressant und landet bei Bedarf im Mülleimer. Das geschieht alljährlich in der Anzahl zweier Großstädte und ist die eigentliche Ursache unserer demographischen Katastrophe. Abgesegnet ist dies alles mit parlamentarischer Mehrheit, geduldet von den gut betuchten Kultdienern in den Kirchen. Für einen wahrhaft Gläubigen ist das die Kriegserklärung an GOTT. Diesen Krieg wird man verlieren. Die Moschee beteiligt sich im Gegensatz zu den Volkskirchen nicht an diesem Aufstand gegenüber dem Schöpfer. Auch hier ist das Gericht bereits deutlich erkennbar im Niedergang einer Republik, in dem die 68er Familien- und Kinderfeinde, die in den letzten 40 Jahren II. Weltkrieg gegen das eigene Volk geführt haben, morgen bitter allein in den Pflegeheimen dahindämmern werden, natürlich ohne die noch bestehende hervorragende medizinische Versorgung, die ist dann nicht mehr bezahlbar aufgrund ihrer Pfründen- und Umverteilungswirtschaft. Und ob die von ihnen gehätschelten Clans aus dem Nahen Osten ihnen fürsorgliche Pflege zukommen lassen werden, ist doch wohl sehr zweifelhaft. Da hofft man vielleicht eher auf Ablösung und Beute.

Man erstaunt und verschreckt und ängstigt sich über das Wachsen des muslimischen Bevölkerungsanteils, der wohl bis zur Mitte des Jahrhunderts die Machtfrage für sich entschieden haben wird. Sie, die Muslime, haben jedoch ein eindeutiges Sittengesetz, sie haben Glauben und sie haben Kinder. An diese Thematik trauen sich selbst die sogenannten christlichen Parteien nicht heran, voller Menschenangst vor Wählern und Medien und ohne Gottesfurcht.

Wie 1917 in Russland folgt auch bei uns, nunmehr unter der Flagge der Demokratie und der „Political Correctness", auf den Abbau der allerletzten Reste der christlich-abendländischen Orientierung von Gut und Böse der immer rasanter werdende Absturz in die Barbarei. Ist der Abbau dann total, dann ist der Bürgerkrieg das zu erwartende oder das letzte Hindernis auf dem Weg zu einem neuen Totalitarismus. Kein anderes Land als Deutschland war der Humus, aus dem die bolschewistischen Ideen hervorbrachen.

Während das geistig und materiell verwüstete Russland mühsam versucht, den Weg zurück zu finden zu den Grundlagen geistiger Orientierung im christlich-orthodoxen Gewande, geht Deutschland den umgekehrten Weg.

Mit dem Bolschewismus wurde die Marktwirtschaft durch die Planwirtschaft ersetzt, das Konkurrenzsystem durch das egalitäre Prinzip, damit stirbt die Kreativität. Es wird suggeriert, dass es perfekte Lösungen gebe statt offener Lernprozesse. Es gilt als politische Strategie das Neid-Syndrom. In Deutschland wurde die Marktwirtschaft zerstört durch die Gier der glaubenslosen und den Götzen Mammon anbetenden Deutungseliten, nicht nur im Banken- und Managerbereich, sondern insbesondere in der politischen Klasse, die ja, in all den Aufsichtsräten gut versorgt, wohl nicht gearbeitet, jedoch kassiert hat.

Neunzig Jahre nach der Oktoberrevolution sind vergangen, der Drang nach säkularer Erlösung, nach Gleichheit ist geblieben. Gerechtigkeit wird heute als soziale Gleichheit definiert und durchgesetzt.

Die Vernichtung der mosaischen Orientierung von Gut und Böse führt zum Verlust des Wertekompasses, zur Deformation und Kriminalisierung. Die Urkatastrophe von 1917 bleibt nicht ein russisches, sondern ist auch ein welthistorisches Phänomen.

Wer über Krieg und Frieden nachdenkt, sollte die geistliche Temperatur unserer Gesellschaft messen. Dort sieht es in der Tat verheerend aus. Lassen Sie uns das am Beispiel der Vernichtung der Familie, der Verachtung und Herabwürdigung der Soldaten der Wehrmacht etc. und den sich daraus ergebenden Folgen betrachten. Folgen, die bedeuten, dass im bereits im Ansatz zu erkennenden, von den Deutungseliten ignorierten Bürgerkrieg der Teil schlechte Karten hat, der über keinen Wertekompass, kein Selbstwertgefühl und keinen Selbstbehauptungswillen verfügt. Und das sind die durch die Charakterwäsche ihrer Deutungseliten gegangenen ethnischen Deutschen.

Die tabuisierte demografische Situation und ihre Auswirkung auf die Innere Sicherheit und Stabilität

Obwohl, so sagt es der Bevölkerungswissenschaftler Herwig Birg in einem Interview mit der WELT, „die demografische Entwicklung der Dreh- und Angelpunkt für unsere Zukunft ist", wagen sich die Deutungseliten an diese Thematik kaum heran, und wenn, dann setzen sie seit Jahrzehnten auf Zuwanderung. Diese bringt große gesellschaftliche, aber auch kulturell-geistige und politische Änderungen. Sie bringt vor allen Dingen, wenn wir die Zuwanderung aus dem islamischen Kulturkreis betrachten, innere Unstabilität und Verwerfungen, die aus dem Themenbereich der Inneren und Äußeren Sicherheit ausgeklammert sind. Wir nähern uns jedoch mit Riesenschritten dem Zeitpunkt, wo es nicht mehr möglich sein wird, bei der Benennung dieser Verwerfungen mit der permanenten Exhumierung der Leiche Hitlers zum Schweigen gebracht zu werden. Sowohl die zustimmenden Kommentare zu Ulfkottes Buch „Vorsicht Bürgerkrieg! Was lange gärt, wird endlich Wut" als auch die Flut von zustimmenden Leserbriefen zu den Äußerungen von Ralph Giordano („Der Islam ist das Problem") als auch zum Interview des ehemaligen Berliner Finanzsenators Thilo Sarrazin im LETTRE INTERNATIONAL über den Integrationsunwillen von Türken und Arabern zeigt ein Ansteigen des Zorns eines Volkes, dessen Deutungseliten per ordre de mufti, auch unter Assistenz von Staatsanwälten, Medien, Parteien und Kirchen bestimmte Themenbereiche gebannt haben. Dazu gehören Lagebeurteilungen zur demografischen Situation dieser Republik, insbesondere jene, die die Auswirkungen auf die Innere und Äußere Sicherheit und Stabilität einbeziehen.

Die Jakobiner der Gleichheitsideologie tabuisieren das Sterben eines Volkes und begrüßen als kulturelle Vielfalt das Ansteigen der islamischen Bevölkerung mit ihrem gänzlich anderen Wertekompass. Nur wenige halten dagegen. Zu diesen Wenigen gehört Dr. Michael Bertrams, der Präsident des Verfassungsgerichts in Nordrhein-Westfalen. Er hielt anlässlich des Jubiläums der „Barmer Erklärung" von 1934 in Münster einen Vortrag, in dem er sich konkret gegen eine Gleichstellung muslimischer Religionsgemeinschaften mit den großen Kirchen wandte. Obgleich, so der Richter, islamische Gruppen in der Regel öffentlich erklären, auf dem Boden des Grundgesetzes zu stehen, würden sie von „ihrem islamischen Selbstverständnis her" doch häufig Positionen besetzen, „die in offenem Widerspruch zu elementaren Grundwerten unserer Verfassung stehen." (PI, 08.10.2009)

In keinem Volk der Welt gibt es einen so hohen Anteil an Männern und Frauen, die kinderlos bleiben. Die jüngere Bevölkerung wird in allen Städten in den nächsten Jahren von der zugewanderten Population und ihren Nachfahren bestimmt. Ein mehrheitlich von Muslimen bewohnter Stadtteil ist kulturell nicht mehr zurückzuholen. Allerdings hat diese Bevölkerung etwas, was das deutsche Volk so nicht mehr hat: Glauben und folglich Kinder. Nicht die Masseneinwanderung führt zu unserer Vernichtung, sondern unsere Selbstaufgabe. Als Folge dieser Selbstaufgabe ist auch der Verlust des Interesses am Fortbestand unseres Gemeinwesens feststellbar und damit als weitere entscheidende Folge die nicht mehr reproduktive Geburtsrate.

Mit der allmählichen Übernahme dieses Staates durch Bevölkerungsgruppen mit islamischer Weltanschauung sterben nicht nur der kulturelle Reichtum, wie Galerien, Theater, Orchester und Chöre, ändert sich nicht nur das geistige Klima mit ansteigendem Antisemitismus, mit verändertem Geschichtsbild und à la longue veränderter außenpolitischen Orientierung, sondern fallen peu à peu ganze Bereiche und Stadtteile aus der Kontrolle dieses Staates. Nur noch unter hohem personellen Einsatz der Kräfte der Inneren Sicherheit kann der Staat hin und wieder dort sein Gesicht zeigen; eine permanente Präsenz der Polizei ist in einigen Bezirken schon lange nicht mehr vorhanden. Die angeblich durch Selbstmord aus dem Leben geschiedene Berliner Jugendrichterin Kirstin Heisig war der Meinung, dass bei der islamischen Bevölkerung das Kriminalitätsproblem nicht nur auf soziale Ursachen wie hohe Arbeitslosigkeit und mangelnde Schulbildung zurückzuführen sei. Kulturelle Faktoren spielen ebenfalls eine Rolle: „Der Männlichkeitswahn ist bei manchen Türken und Arabern besonders ausgeprägt, Ehre und Respekt sind so irrational entwickelt, dass es schnell zu Gewalt kommt." (JF, 12.10.2009)

Hier ist jedoch hinzuzufügen, dass auch durch eine 68er Schul-, Familien- und Justizpolitik der Anteil des gewalttätigen deutschen Gesindels, wie bei bestimmten Aufruhrexzessen beispielsweise in Berlin und Hamburg zu sehen, teilweise sogar im Bund mit ausländischen Kriminellen den Boden für bürgerkriegsähnliche Unruhen vorbereiten hilft. Nicht außer Betracht zu lassen ist auch der zunehmende Pöbel bei Spielen bestimmter Fußballvereine.

Die Lage ist nicht nur am Hindukusch dramatisch, sondern sie ist in Deutschland dramatisch und sie wird noch dramatischer, wenn die geburtenstarken 50er und 60er Jahrgänge in die Rente gehen. Unser umlagenfinanziertes Sozialsystem beruht auf einem halbwegs ausgewogenen Verhältnis der Generationen. Dann, nach dem Ausscheiden der sogenannten Babyboomer aus dem Erwerbsleben, steht die Pyramide endgültig Kopf. Die gewaltige Dimension der Alterslast wird den Verfall aller sozialen Sicherungssysteme zur Folge haben und zur Altersarmut und zu Verteilungskämpfen führen. Letztlich ahnen wir doch alle, dass die exorbitante Erhöhung der Staatsverschuldung einem Staatsbankrott entgegentreibt.

Lag 1964 die durchschnittliche Kinderzahl pro Frau noch bei 2,54, so sank sie bis Mitte der 70er Jahre auf durchschnittlich 1,3 Kinder. Auf diesem niedrigen Niveau von 1,3 Kindern hat sie sich stabilisiert. Seitdem ist in Deutschland die Zahl der Geburten niedriger als die Zahl der Sterbefälle; jährlich fehlen ungefähr 100.000 Geburten. Auch die Einführung des Elterngeldes konnte den Rückgang nicht stoppen, wie das Statistische Bundesamt bereits im April 2009 mitteilte.

Es ist im Laufe der letzten Jahrzehnte ein so dramatisches Defizit an Kindern entstanden, dass Prof. Bernd Raffelhüschen, der Direktor des Forschungszentrums Generationsverträge der Albert-Ludwigs-Universität Freiburg zu der Feststellung kommt: „Die Generation der heutigen Erwerbstätigen hat demografisch gesehen seit fast 40 Jahren 2. Weltkrieg gespielt." Bis zum Jahr 2050 wird Deutschland zu den ältesten Gesellschaften der Welt zählen. Genau genommen wird es dann die Deutschen nur noch als eine Minderheit, überwiegend im ländlichen Bereich, geben. Bereits ab 2010 wird in vielen Großstädten jeder zweite Einwohner ein Ausländer sein.

Schon Mitte 2003 hatte das Statistische Bundesamt in Wiesbaden unter dem Titel „Die Bevölkerung Deutschlands bis 2050; 10. Koordinierte Bevölkerungsvorausberechung" das „demografische Schicksal" der 82,4 Millionen Menschen in Deutschland präsentiert. Danach ist es kaum noch möglich, den Zünder der demografischen Bombe zu entschärfen. Aber, wie schon festgestellt, um das Thema „Sterben unseres Volkes" und seine erschreckenden Konsequenzen, auch sicherheitspolitischen Konsequenzen, machen die Deutungseliten insgesamt einen großen Bogen. Und das, obwohl, wie eingangs bemerkt, die demografische Entwicklung der Dreh- und Angelpunkt für die Zukunft der Republik ist. Erstaunlich, dass gerade die mammonistisch orientierten Eliten und ihre Gefolgschaft das Faktum nicht zur Kenntnis nehmen, dass es die Demografie ist, die die Ökonomie nach sich zieht.

Letztlich haben wir es aber mitnichten mit einer demografischen Katastrophe, sondern mit dem Suizid einer Gesellschaft ohne ethischen Kompass zu tun. Sollte sich die Gefahr der Konsum- und Spaßeinschränkung durch ein sich im Mutterleib ankündigendes

Kind erkennen lassen, gibt es die nach Auskunft von Lebensrechtlern pro Jahr mutmaßlich 300.000 mal vollzogene Kindstötung, verharmlosend „Schwangerschaftsunterbrechung" genannt und von vielen inzwischen, selbst im Raum der Kirchen, als „Menschenrecht" betrachtet – und per Zwangsabgabe zu bezahlen vom deutschen Staatsbürger.

Deutsche türkischer Herkunft schrieben im Jahre 2004 in einer Zeitung, dass die deutsche Spaßgesellschaft Opfer fordere, und sie erwähnten als erstes Opfer die im Mutterleib getöteten Kinder, für einen Gläubigen aus dem islamischen Kulturkreis genau so wenig fassbar und als ein Zeichen des fortschreitenden Verfalls eingestuft wie der von starken Teilen der politischen Klasse und ihren Götzen, den Medien, betriebene Kult um die Homosexualität.

Die islamische Bevölkerung macht hier nicht mit.

Die Ziele der 68er Revolution, wie die Liberalisierung aller Lebensbereiche, die Relativierung der Werte, die Propagierung des Spaß- und Egotrips, haben gegriffen. Diese Kulturrevolution wirkt unter Assistenz fast der gesamten Deutungselite weiter: Verfall des Ethos und verlorene Sittlichkeit, geistige Anarchie, Dekadenz und Utopie, Ablehnung von Ordnung und Hierarchie und, wie Gabriele Kuby schreibt, „Auflösung der Geschlechtsidentität von Mann und Frau, der sexuellen Normen und der sozialen Formen, die sich darauf gründen: Ehe, Familie, Mutterschaft und Vaterschaft."

In Medien und Politik sind die 68er überproportional vertreten. 30 v. H. von ihnen sollen kinderlos sein. Bei den Journalisten sind 70 v. H. kinderlos, schreibt Eva Herman. Wie sieht es bei der politischen Nomenklatura der Republik aus? Wir haben heute eine Singlegesellschaft von 36 v. H. mit den besonderen Singleschwerpunkten München (52 v. H.) und Berlin (51 v. H.).

Es ist so, dass der Anteil jüngerer Menschen wächst, die gar keine Ehe mehr eingehen wollen. In den Geburtsjahrgängen der 60er waren es 30 v. H. und in den Geburtsjahrgängen der 70er Jahre waren es etwa 40 v. H. Für die Generation der in den 80er Jahren

Geborenen ist ein noch höherer Anteil in Rechnung zu stellen. Gegenwärtig schließen noch etwa zwei Drittel der Frauen und etwa 60 v. H. der Männer mindestens einmal in ihrem Leben eine Ehe. Parallel zur sinkenden Heiratsneigung ist das Scheidungsrisiko gestiegen. 40 v. H. der Ehen werden wieder getrennt. Die Verlässlichkeit einer stabilen Ehe gehört für immer weniger Menschen zu den tragenden Erfahrungen im Leben. Auch das hat Auswirkungen auf die innere Stabilität eines Volkes.

Etwa 30 v. H. dieser Singles haben einen Partner außerhalb des Haushalts. Gerade diese Form der Partnerschaft, die sogenannte LAT-Partnerschaft („living apart together") ist in den letzten zwei Jahrzehnten häufiger geworden. Diese Form der Partnerschaft ist noch instabiler als die nichtehelichen Lebensgemeinschaften. Innerhalb eines Zeitraums von 6 Jahren wird die Hälfte – unabhängig vom Alter – von ihnen wieder getrennt. Bei den nichtehelichen Lebensgemeinschaften wird in diesem genannten Zeitraum jede fünfte durch Trennung aufgelöst. Allerdings münden die meisten nichtehelichen Lebensgemeinschaften durch Heirat in eine Ehe.

Das Risiko, kinderlos zu bleiben, besteht am häufigsten für die westdeutsche Akademikerin, die in einer Großstadt lebt. Im Jahre 2008 hatten 28 Prozent der westdeutschen Akademikerinnen im Alter zwischen 40 und 75 Jahren keine Kinder, im Osten lag der Anteil nur bei 11 Prozent.

Türkische Muslime holen sich ihre Braut überwiegend aus dem anatolischen Raum. Für diese Frauen, die aus traditionell-ländlichen Regionen kommen, ist es eine biografische Selbstverständlichkeit, Kinder zu bekommen.

„Wer aber die gesellschaftliche Dramatik des Kindermangels erkennt und dennoch die bestehende gesellschaftliche, finanzielle und wirtschaftliche Diskriminierung von Mutterschaft und Kinderreichtum fortsetzt, ist entweder ein gemeingefährlicher Ideologe oder ein Verbrecher", schrieb einmal „Die Tagespost".

Feindbild Familie

Dem historisch Interessierten ist durchaus bekannt, dass die feindselige Haltung zur Familie sich wie ein roter Faden durch die Politik der marxistischen und kommunistischen Eliten zieht.

Doch auch für die sogenannten bürgerlichen oder sich selbst als christlich bezeichnenden Parteien ist, jenseits ihrer Proklamationen, von ihren Handlungen her ähnliches nicht nur ansatzweise zu deuten. „Keine andere Regierung hat die Familie so hart geschröpft wie die Große Koalition" schreibt Jürgen Liminski (EiNS, September 2008) und fährt fort: „Eigenheimzulage gestrichen, Kindergeldzahlung um zwei Jahre gekürzt (von 27 auf 25 Jahre), Pendlerpauschale gekürzt, Mehrwertsteuer um drei Prozent erhöht etc.; alle Streichungen zusammen machen rund zehn Milliarden Euro aus." Wir haben es, was die Abschöpfung der Familien angeht, mit einem permanenten Verfassungsbruch zu tun, meint Prof. Paul Kirchhof, der ehemalige Richter am Bundesverfassungsgericht. Der bekannte Vorsitzende Richter am Landessozialgericht in Darmstadt Jürgen Borchert drückt sich da noch härter aus. Er sagt, dass die Familien von der Großen Koalition regelrecht „in die Armut" geprügelt werden. Ein asoziales Verhalten, wenn man bedenkt, dass der finanzielle Aufwand für die Erziehung, den die Eltern weitgehend alleine tragen, dass diese Erziehungsleistung kollektiviert wird. Schließlich müssen die Kinder mit ihren Beitragszahlungen für den Sozialaufwand auch derjenigen Beitragszahler aufkommen, die selber keine Kinder erzogen haben.

Härter formuliert, schenkt der Staat den kinderlosen Rentnern eine Rente und bezahlt auch noch ihre Pflegekosten!

Im Gegensatz zu den sogenannten christlichen Parteien stellte sich Christa Müller, Ehefrau des Linken-Chef Oskar Lafontaine, hinter die Aussage des damaligen Augsburger Bischofs Walter Mixa, der feststellt, dass die Familien der Ökonomie untergeordnet werden, und das macht die Familien kaputt. Christa Müller ist der Auffassung, dass Kinder am besten in jenen Familien aufgehoben sind, in denen Vater und Mutter Teilzeit arbeiten oder die Mutter Hausfrau ist.

Die schwedische Erfolgsautorin Anna Wahlgren, eine populäre Erziehungsratgeberin und Mutter von 9 Kindern, stößt in das gleiche Horn: „Mein Herzensanliegen sind die Bedürfnisse kleiner Kinder – nicht die Bedürfnisse von Frauen, Männern oder Betreuungsinstitutionen, die dem Arbeitsmarkt dienen."

Den Deutungseliten geht es jedoch weiter darum, die Emanzipation einzig und allein über Lohn- und Erwerbstätigkeit zu definieren und nicht über Erziehungsarbeit. Mit der Leugnung dieser Erziehungsarbeit in der Familie geht einher die Zerstörung von Tradition, Sitte, Sittlichkeit, Kultur- und Menschenbildung. Wo, wenn nicht in der Familie, erfahren die Kinder jene Werte, wie Zuverlässigkeit, Treue, Verantwortung oder Solidarität. Die Familie ist die Quelle der selbstlosen Liebe.

Die bayerische Sozialministerin, Angehörige einer sogenannten christlichen Partei, warnte dagegen vor einer „Idealisierung der Elternschaft". Ihre Partei rückte ja inzwischen auch von der bisherigen traditionellen CSU-Familienpolitik ab. Jürgen Liminski sagte dazu in einem Interview am 04.07.2009 mit der JF: „Die bayerische Sozialministerin offenbart sich hier als klassischer, um nicht zu sagen, reaktionärer Teil des politisch-medialen Establishment. Sie hat offenbar keine Ahnung von der vitalen Bedeutung der symbiotischen Mutter-Kind-Beziehung in den ersten Jahren noch von der Bindungswirkung für das spätere Leben. Sie denkt offensichtlich mehr in Kategorien von Arbeitsmarkt, Vereinbarkeit und Effizienz und nicht in den menschlichen Kategorien von Liebe, Solidarität und Freiheit. (…)"

Fairerweise muss man hier einfügen, dass die Fixierung einzig und allein auf den Arbeitsmarkt, auf die Erwerbstätigkeit, die Stabilitätsbedingungen für die Familie erheblich verringert. Frauen sollen also gegenüber ihrem Arbeitgeber absolute Flexibilität und Mobilität an den Tag legen und zugleich absolute Verlässlichkeit gegenüber ihrem Lebenspartner und ihrem Kind praktizieren. Ein solches Spannungsverhältnis ist mehrheitlich nicht durchzuhalten.

In Deutschland wurde das Feindbild Familie zum ersten Mal sehr deutlich in dem noch in der Regierungszeit von Helmut Schmidt veröffentlichten Zweiten Familienbericht, der seinerzeit unter Einfluss der Theorien und der revolutionären Ziele der 68er ausformuliert wurde. Darin wurde festgehalten, dass die bürgerliche Familie eine durch patriarchalische Gewalt zusammengehaltene Zwangsgemeinschaft darstelle, in der vor allen Dingen die Frau und die Kinder ausgebeutet und unterdrückt würden.

„Die Familie tradiert und stabilisiert das bestehende System sozialer Ungleichheit. Dies lässt sich nur in dem Maße durchbrechen, in dem der Sozialisationseinfluss der Familie zurückgedrängt wird." Die Eltern-Kind-Beziehung braucht nicht aufgegeben zu werden, „lässt sich aber aufbrechen", doch „nur die vollständige Preisgabe der Familie und damit einhergehend eine totale Kollektivierung der Erziehung würde die Chance schaffen, im Sozialisationsprozess den Kindern gleiche Entwicklungsmöglichkeiten anzubieten." Wie im Bolschewismus ist für die Ideologen in Deutschland die Familie mit ihrer generationenbedingten Ordnung der Feind schlechthin.

Dieses marxistische Gedankengut zündete an den Universitäten nicht nur zuhauf bei den Pädagogen, sondern auch bei den Theologen. Die Theologischen Fakultäten wurden zum eigentlichen ideologischen Zentrum, wie Joseph Kardinal Ratzinger in seinen „Erinnerungen" schreibt. Erstaunt dürfen gerade Pädagogen und Theologen, die heute wenig Anerkennung genießen, feststellen, was der Prophet Hosea vor Jahrtausenden sagte: „Sie säen Wind und ernten Sturm".

Es ist natürlich klar, dass, wenn man die bürgerliche Familie so sieht, es nur noch den Wunsch zur Befreiung von einem so verordneten Zwangsverhältnis geben kann. Hinzu kam noch die durch die studentische Revolte angefeuerte feministische Emanzipationsbewegung, die das über mehr als 2000 Jahre formierende Verständnis der Geschlechter und ihr Verhältnis zueinander so erfolgreich angriff, dass selbst sich christlich nennende Parteien keine Chance mehr sehen, wenn sie denn die Wahlen gewinnen wollen, von falsch beschrittenen Pfaden umzukehren. Verständlich, dass mindestens 30 v. H. der 68er kinderlos sind. Die können in dieser Republik erwarten, dass sie im Alter versorgt sind, da, wie bereits angedeutet, die Kindererziehung kostenmäßig privatisiert und die Alterssicherung sozialisiert wird. Die noch Kinder haben, müssen also, obwohl sie mit ihren eigenen Kindern für ihre Alterssicherung vorgesorgt haben, für alle Singles und kinderlosen Doppelverdiener die Altersversicherung mittragen.

Den Ideologen des Egalitarismus sind die biotypischen Unterschiede zwischen Mann und Frau ein besonderes Ärgernis, obwohl gerade nach den Erkenntnissen von Kinderärzten, Entwicklungspsychologen und Hirnforschern die verschiedenen Dominanzen von Mann und Frau und ihre Bedeutung für die Erziehung von Kindern schon seit langem wissenschaftlich erhärtet worden sind.

Feministinnen sind immer noch davon überzeugt, dass die Unterschiede zwischen den Geschlechtern nur kulturbedingt, d.h. anerzogen seien. Sie leugnen die biologischen Prägungen nicht nur; sie weigern sich, diese Unterschiede wahrzunehmen. Selbstverständlich gibt es Ausnahmen und Variationen bei den Geschlechtern. Wie alles im Leben gibt es auch hier nicht nur schwarz-weiß. Es gibt Männer, die das Private einer Karriere vorziehen, die Vollzeitväter sein wollen. Aber es ist eine Illusion zu glauben, dass das die Mehrzahl der Männer betrifft, und es ist eine Illusion zu glauben, dass man sie durch staatliche Pressionen oder Anreize dazu bringen kann.

Alle Studien, sagt die bekannte kanadische Psychologin Susan Pinker in ihrem Bestseller „Das Geschlechter-Paradox", beweisen, dass Frauen Erfolg anders definieren als Männer. Letztlich streben sie mehrere Ziele im Leben an: einen interessanten Beruf und ein zufriedenes Familienleben mit Kindern, Freunden und Kultur. Mehr als zwei Drittel aller Frauen sehnen sich eher nach Familie als nach einem mühsamen Aufstieg. Das ist für sie wichtiger als Gehalt und Beförderungen.

Männer dagegen, sagt Susan Pinker, nennen als ihr primäres Ziel eher Karriere, Macht und Status. Sie lieben die Konkurrenz, den Wettbewerb, das Risiko. Wie viele Männer würden auf eine Beförderung verzichten, um somit mehr Zeit für die Familie zu haben? Der Wettbewerb ist für sie nicht Stress, sondern eine durchaus angenehme psychologische Erfahrung.

Interessanterweise wirkt auch, so zumindest Susan Pinker, in der Liebe die biologische Vorcodierung. Frauen bevorzugen eben diese Männer, die ihnen Sicherheit bieten können, die also gut verdienen.

Statt einer nüchternen Lagebeurteilung träumen auch die CDU/CSU den sozialistisch-babylonischen Traum vom neuen Menschen, der sein Kind nach einer zehnmonatigen Karenzzeit anschließend an Kinderkrippen abgibt, die nun für Kleinstkinder überall ausgebaut werden sollen. Die bolschewistische Kollektivbetreuung, von Lenin zur Zerstörung der Familie eingeführt, als Modell der Zukunft! Das ist eine Katastrophe, denn schon seit langem haben Kinderpsychotherapeuten und Hirnforscher darauf hingewiesen, wie Christa Meves feststellt, dass es als Folge zu Beeinträchtigungen für das sich konstituierende Gehirn des Kleinstkindes kommen kann.

Gabriele Kuby, Soziologin und Mutter, schreibt: „Nach einem Jahrhundert der Tiefenpsychologie wissen wir, dass die ersten drei Lebensjahre von entscheidender Bedeutung für die Entwicklung der Persönlichkeit sind (…) Traumatische Erfahrungen, wie z. B. die frühe Trennung von der Mutter, werden in Leib und Seele gespeichert und können – verdrängt ins Unbewusste – neurotische Verwerfungen der Persönlichkeit bewirken (…) Um lieben zu können, muss ein Mensch die Erfahrung gemacht haben, dass er geliebt wird (…)

Die Gehirnforschung, die Bindungsforschung, die psychologische Forschung, die medizinische Forschung und die schlechten Erfahrungen mit den Großexperimenten in kommunistischen Ländern sprechen dafür, dass das Kind am besten gedeiht, wenn es in den ersten drei Jahren ganz in der Obhut der eigenen Mutter ist. Ersatzpersonen wechseln. Sie haben nicht das instinktive Sensorium für das Kind wie die Mutter (…)"

Der Psychotherapeut Wolfgang Bergmann schrieb in der Stuttgarter Zeitung: „Ihnen (den Jugendlichen) fehlt das allererste Vertrauen, das man als Kleinkind von Mutter und Vater empfängt, über das man mit den eigenen Empfindungen vertraut wird und diese zu bewussten Gefühlen heranreifen lässt, überhaupt das ganze Gefühlslernen der frühen Kindheit, das ohne Geborgenheit misslingt." Rein wissenschaftlich nachweisbar ist, dass die Stresshormone Adrenalin und Cortison ausgeschüttet werden, wenn das Kind zum Beispiel in seiner ersten Lebenszeit allzu oft und immer wieder von der Mutter getrennt wird. Wenn durch immer erneute Trennungen dieser Stresspegel chronisch erhöht bleibt, können später seelische und körperliche Beeinträchtigungen vielfältiger Art hervorgerufen werden. Wer Liebe nicht empfangen hat, wird sie nicht geben können. Das Potenzial der wenig geliebten Kinder und Jugendlichen steigt, damit steigt die Zahl der Instabilen mit erschreckenden Auswirkungen für den inneren Frieden.

Interessanterweise gibt es die meisten Kinder dort, wo solche pathologischen Narreteien nicht vorhanden sind, in der islamischen Parallelgesellschaft oder wo – wie beispielsweise im westniedersächsischen Cloppenburg – der christliche Glaube die wesentliche ethische Orientierung gibt.

Statt die Familie zu stärken, wird die ohne Zweifel steigende Zahl von Problem-Familien zum Argument für das staatliche Eingreifen. Die Betreuung in der Krippe weist angeblich mehr Kompetenz auf als die Erziehung in der tatsächlich mehr und mehr schmelzenden Mittelschicht. Friedrich August von Hayek hat einmal festgestellt, dass die beiden wesentlichen Institute einer freien Gesellschaft „das private Eigentum und die Familie" sind.

Nur etwa ein Drittel der Familien kann es sich jedoch heutzutage erlauben, dass ein Elternteil die Erziehung und das Familienmanagement übernimmt. Bei der Mehrheit der Eltern sind beide gezwungen, erwerbstätig zu sein, da die Kosten für die Lebenshaltung und die Steuern und Abgaben viele Familien in Bedrängnis bringen. Prof. Paul Kirchhof spricht, wie schon festgestellt, in Sachen Familiengerechtigkeit vom „permanenten Verfassungsbruch".

Viele Eltern werden folglich angehalten bzw. durch eine von allen Parteien getragene Politik gezwungen, ihre Kinder in Krippen und Horte abzuliefern, obwohl die Spätfolgen aus den Ländern des kommunistischen Machtbereichs mehr als bekannt sind. Der Psychotherapeut Hans-Joachim Maaß aus Halle hatte bereits 1980 in seinem Buch „Der Gefühlsstau" darüber berichtet, und Christa Meves folgert: „Je mehr Kollektivierung der Kinder vom Säuglingsalter ab, je mehr Fremdbetreuung, umso mehr steigt das Risiko der Antisozialität, unzureichender Arbeitsfähigkeit, Bindungslosigkeit, Kriminalität und Suchtanfälligkeit."

In der Tat wächst das Gewalt- und Aggressionspotential in unserer Gesellschaft enorm, weil die Quelle des Humanvermögens, die Grundlage für das Urvertrauen vernichtet wird und Erziehung nicht mehr stattfinden kann, da ja die Erzieher daheim nicht präsent sein können und der Ersatzbetreuer, das von den christlichen Parteien so sehr herbei gewünschte deutsche Privat- und Primitivfernsehen das Vakuum in den Kinder- und Jugendseelen einer Dauerberieselung von Gewalt, Pornografie und Asozialität unterwirft. Jeder jährliche Bericht von Landeskriminalämtern bestätigt das Ansteigen der Zahl orientierungsloser, nicht erzogener, jugendlicher Gewalttäter. Diese Betrachtung wird bei der Lagebeurteilung zur inneren Sicherheit ausgeklammert. In einer Zeit aufkommender Verteilungskämpfe und innerer bürgerkriegsähnlicher Aufruhrszenarien ist eine solche Betrachtung mit einzubeziehen.

Ein besonderer babylonischer Turmbau ist das sogenannte „Gender-Mainstreaming", Ende 2006 auf der vom Bundesministerium für Familie mitfinanzierten Website des „Gender-Kompetenz-Zentrums" propagiert. Gender-Mainstreaming bedeutet, dass die Unterschiede zwischen Knaben und Mädchen, Mann und Frau nur erlernte Rollen sind. Statt Geschlecht gibt es jetzt Gender, und jeder kann sein Gender auswechseln, wann immer er es will. Der biologische Unterschied ist ohne Bedeutung für die Identität des Menschen. Es gehört nunmehr zur Freiheit, sein Geschlecht selbst zu bestimmen. Hier haben wir den Triumph der Emanzipation, die Schaffung des „Neuen Menschen", des von der Schöpfung und seinem Schöpfer emanzipierten Menschen.

Propagierung und Privilegierung des
Neuen Menschen

Da andere Lebenspartnerschaften, deren Diskriminierung in der Vergangenheit zweifellos großes Leid angerichtet hat, heute der Dienst-, Schutz- und Liebesgemeinschaft von Ehe und Familie immer mehr gleichgestellt werden, wird nicht nur die von den Vätern der Verfassung hervorgehobene besondere Bedeutung von Ehe und Familie eliminiert, sondern auch die Schöpfungsordnung und damit die für Kinder notwendige Orientierung aufgelöst. Es ist doch letztlich ein verschwindend kleiner Teil der Menschen, der die Naturgesetze nach eignem Gusto auslegt. Dies hat der Staat zu tolerieren. Ihre Würde ist zu achten, ihre persönlichen Rechte zu sichern, und Diskriminierung ist zu unterbinden. Bei aller Tolerierung für homosexuell geprägte Personen ist zu konstatieren, dass homosexuelle Partnerschaften in keiner Weise die gleichen Leistungen und Opfer wie eine Familie auf der Grundlage der Ehe für die Entwicklung der Gesellschaft bringen. Ehe und gleichgeschlechtliche Partnerschaften sind nicht gleich, und Ungleiches kann nicht gleich behandelt werden. Die verschiedenen materiellen Anliegen homosexueller Paare können durchaus rechtsstaatlich ohne Gleichstellung mit der Ehe – beispielsweise auf notariellem Weg – befriedigt werden.

Nach dem Grundgesetz ist die Ehe die „Vereinigung eines Mannes und einer Frau zu einer grundsätzlich unauflösbaren Lebensgemeinschaft und Familie, also ist die umfassende Gemeinschaft von Eltern und Kindern, in der den Eltern vor allem Recht und Pflicht zur Pflege und Erziehung der Kinder erwachsen. Dieser Ordnungskern der Institute ist für das allgemeine Rechtsgefühl und Rechtsbewusstsein unantastbar." (BVerfGE 10, 59/66). Das war einmal

97

die Auffassung des Bundesverfassungsgerichts. Inzwischen hat sich auch das Bundesverfassungsgericht dem Geist der Zeit, jedoch nicht der Realität angepasst, indem es eine Benachteiligung der eingetragenen Lebenspartnerschaft gegenüber der Ehe untersagte, wenn es dafür keine „tragfähigen sachlichen Gründe" im Einzelfall gebe. Es sei eben verfassungsrechtlich nicht begründbar, dass andere Lebensgemeinschaften in einem Abstand zur Ehe ausgestaltet und mit geringeren Rechten versehen werden müssen. Das Gericht rechtfertigte eine weitgehende Gleichstellung von Ehe und Lebenspartnerschaft auch mit den veränderten Umständen. So gebe es einerseits viele Ehen ohne Kinder und andererseits viele Lebensgemeinschaften mit Kindern. Auch die Rollenverteilung und die Berufsorientierung in der Ehe haben sich geändert, sodass bei Eheleuten kein anderer Versorgungsbedarf bestehe als bei Lebenspartnern.

Für die ehemalige kinderlose Justizministerin, Brigitte Zypries (SPD), war der Richterspruch wegweisend, forderte sie doch anlässlich des 60. Geburtstages des Grundgesetzes – schreibt die JF – dass „das Grundgesetz ergänzt und neben der Ehe auch die eingetragene Lebenspartnerschaft geschützt" werden sollte. In der Tat hat das Bundesverfassungsgericht den Tod der traditionellen Ehe eingeläutet. Nunmehr werden Dinge folgen wie Abschaffung des Ehegattensplittings etc.

Die Realität sieht jedoch so aus, dass nachweislich drei Viertel der minderjährigen Kinder in Deutschland bei ihren leiblichen Eltern aufwachsen. Und bei mehr als 90 v. H. sind die beiden leiblichen Eltern miteinander verheiratet. Trotz des häufiger gewordenen Zerbrechens von Familien wachsen etwa zwei Drittel der Kinder in Deutschland in „traditionellen Kernfamilien" mit ihren leiblichen verheirateten Eltern auf. In Stief- bzw. Patchworkfamilien wachsen nur etwa 11 v. H. der Kinder in Deutschland auf. Selbst von diesen Stiefkindern leben etwa 80 v. H. bei verheirateten Paaren.

Benedikt XVI. stellt fest, dass „die Familie aus dem verantwortungsvollen und definitiven Ja eines Mannes und einer Frau hervorgeht und von dem bewussten Ja der Kinder lebt, die nach und nach dazukommen." Und er folgert: „Die Familie ist „die erste und unersetzliche Erzieherin zum Frieden." Die Neuorientierung des Bundesverfassungsgerichts mit dem Beginn der Abwertung der Ehe fördert folglich den Unfrieden.

Nur nebenbei sei vermerkt, dass europaweit vergleichende Analysen zeigen, dass unverheiratet zusammenlebende Paare verglichen mit Ehepaaren eine mehrfach höhere Trennungswahrscheinlichkeit aufweisen.

Nicht hinnehmbar ist jedoch die bis in die Schulen hineingetragene Propagierung, die Vergötzung dieser Lebensform. Es besteht hier kein besonderer Handlungsbedarf. Der Sexualkundeunterricht ignoriert zumeist die unaufhebbaren Unterschiede von männlichem und weiblichem Geschlecht, er ignoriert die wissenschaftlichen Erkenntnisse hierzu von Gehirnforschung, Psychologie und Soziologie. Wer Kinder hat, kennt die Werbe- und Schulungsmaßnahmen zur Homosexualität in den Schulen, in Berlin beispielsweise die „Handreichung für weiterführende Schulen" des Senats zum Thema „Lesbische und schwule Lebensweisen". Die muslimischen Schüler in unseren Schulen wehren sich standhaft gegen diese staatlicherseits verordnete Propagierung.

Die Unterstützung der Homosexuellen-Parade am „Christopher Street Day" am 19. August 2008 in Stuttgart durch schriftliche Grußworte der Bundeskanzlerin Angela Merkel, durch die baden-württembergische Sozialministerin Monika Stolz und den Oberbürgermeister Schuster hat der Generalsekretär der Deutschen Evangelischen Allianz, der bekennende Christ Hartmut Steeb (Stuttgart), scharf kritisiert. Wie weit die Verwirrung der Deutungseliten geht, zeigt das Verhalten des Berliner Polizeipräsidenten Norbert Glietsch, der – so die „Junge Freiheit" – untersagte, während der EM Polizeiautos mit der Deutschlandfahne zu bestücken und dagegen am Polizeipräsidium die Regenbogenflagge der Schwulenbewegung hissen ließ.

Das Europäische Parlament setzte mit seiner „Entschließung zur Homophobie in Europa (B6-0025/2006)" vom 11. Januar 2006 quasi die Aversion gegen Homosexualität und schwule, lesbische, bisexuelle und transsexuelle Menschen auf eine Stufe mit Rassismus, Xenophobie und Antisemitismus. Durch diese Entschließung wird ein Widerstand gegen die aktive Homosexualisierung der Gesellschaft kriminalisiert. Nun ist Phobie ein Begriff aus der Psychopathologie. Er beinhaltet das Angstverhalten eines Menschen, der vor etwas Angst hat, vor dem man sich normalerweise nicht fürchten muss, beispielsweise vor Spinnen oder vor der Schule. Phobiker sind also partiell psychisch kranke Menschen. Mit dem Staatsanwalt ist ihnen nicht beizukommen.

Die Moralvorstellungen, Konventionen und Familienstrukturen zu eliminieren greifen mit der 2. Kulturrevolution, dem Gender-Mainstreaming. Gender-Mainstreaming ist die logische Weiterführung der 68er Kulturrevolution, ein erneutes Aufbäumen gegen die Schöpfungsordnung mit einem so totalitären Anspruch, dass der Suizid des deutschen Volkes schneller erfolgen wird als errechnet. Die Kirchen hüllen sich überwiegend in Schweigen oder machen sogar partiell mit. Insbesondere evangelische Kirchen beteiligen sich offiziell am Gender-Mainstreaming, auf EKD-Ebene und in vielen Landeskirchen. Papst Johannes Paul II. dagegen hatte Gender-Mainstreaming als neue globale „Ideologie des Bösen" bezeichnet. Aber viele Kirchen haben die Sünde und die Rede von der Sünde abgeschafft – und damit haben sie das Christentum abgeschafft. Lediglich die Moschee hält stand und bietet Paroli.

Dabei wären gerade die Kirchen aufgerufen, ihre Freude über die Gleichwertigkeit und Unterschiedlichkeit der Menschen Ausdruck zu geben, kommen doch nur in der Familie Gleichwertigkeit, Unterschiedlichkeit und Einheit zusammen.

Letztlich liegt der Gender-Mainstreaming-Ideologie eine Verlogenheit inne. Im Rahmen dieser Ideologie wird behauptet, dass der Mensch seine sexuelle Orientierung nach individuellen Wünschen aussuchen, frei gestalten und verändern kann. Die Schwulen- und Lesbenverbände behaupten dagegen, dass die geschlechtliche Orientierung eines Menschen unveränderlich festgelegt sei. Wäre es anders, könnte ja auch ein Schwuler den Weg zurückfinden zur Orientierung der Norm.

Freud sprach vom psychodynamischen Ursprung der Homosexualität in der Kindheit. Ist es noch erlaubt, Adlers Schrift „Das Problem der Homosexualität" aus dem Jahre 1917 über den psychischen Ursprung und die Beobachtung des Minderwertigkeitskomplexes Homosexueller bezüglich ihrer Maskulinität wissenschaftlich zu verwerten? Es ist der Tag nicht mehr fern, wo solche Gedanken eines Freud oder eines Adler als Gedankengänge von Rechtsradikalen angeprangert werden und ihre diesbezüglichen Bücher auf dem Index stehen werden. Auch so bedeutende Theologen wie Barth, Brunner und Bonhoeffer war die radikale Ablehnung der Abtreibung, aber auch der Homosexualität eigen. Auch sie wären heute sicherlich dazu verdammt, zu den Rechtsradikalen gezählt zu werden.

Gender-Mainstreaming verstößt gegen alle wissenschaftlichen Erkenntnisse der Hirnforscher und der Psychologie. Die Identifikation des Jungen mit dem Vater und des Mädchens mit der Mutter bringt die Annahme des angeborenen Geschlechts, und am gegengeschlechtlichen Elternteil wird die Zuneigung zu einem gegengeschlechtlichen Partner vorbereitet. Mit solchen Binsenweisheiten darf man allerdings unseren Jakobinern nicht kommen. Es ist wohl so, wie Christa Meves seit Jahrzehnten immer und immer wieder beweisfähig feststellt, dass, wenn das heranwachsende Leben nicht die richtige Prägung durch Vater und Mutter erhält, Abnormalitäten die Folge sein können.

Dass Kinderseelen beide Eltern brauchen, verneint inzwischen auch der Europäische Gerichtshof für Menschenrechte. Er hat den Gleichgeschlechtlichen ein Adoptionsrecht zugesprochen. Die Straßburger Richter klagen letztlich damit den Schöpfer an, der der Diskriminierung bezichtigt wird, weil er den Menschen als Mann und Frau geschaffen hat und die Kinder so geschaffen hat, dass sie zur Identitätsfindung und für die spätere Partnerwahl Vater und Mutter benötigen.

Es war 1999 die rot-grüne Regierung, die Gender-Mainstreaming als zentrales Ziel ihrer Politik nahm. Sogenannte christliche Politiker der letzten Regierung förderten die sich aus dem neomarxistischen Feminismus und der radikalen Homosexuellenbewegung stammenden Ideologie, indem sie nach dem sog. „Top-down-Prinzip" alle staatlichen und gesellschaftlichen Ebenen zur Umsetzung nötigen. Damit versetzen sie der Familie den Todesstoß und läuten den geistig-kulturellen Zusammenbruch des Staates ein. Zugleich sind sie Verursacher weiterer gefährlicher innerer Instabilität.

Die permanente Diskriminierung der Familie

Eine Frau, die sich auf einer Gesellschaft als Mutter und Familienmanagerin vorstellt, steht verloren da, obwohl sich ohne ihre aufopferungsvolle erzieherische Tätigkeit keine Persönlichkeiten entwickeln können. Der Verfassungsrechtler Paul Kirchhof stellte einmal fest, dass ein Kind zu erziehen eine zentrale Kulturleistung sei, von der der Staat lebe. Während Eltern jedoch ihre Kinder lieben, wird in Krippen und Horten ein Job verrichtet. Statt den Beruf der Mutter als wesentliche Erzieherin der Kinder und Managerin ihrer Familie anzuerkennen und aufzuwerten, wurde erst mal die Prostitution anerkannt und die Puffmutter aufgewertet. Das passt in die Leitorientierung der Spaßgesellschaft.

Die jungen, modernen, gebildeten Frauen, die den Auftrag der Erzieherin und Familienmanagerin opfervoll wahrnehmen, haben es verdient, gesellschaftlich besonders geachtet zu werden. Dazu gehört auch ein Status finanzieller Unabhängigkeit. Es geht nicht um ein Zurück zu früheren Strukturen, die es nicht mehr gibt. Es geht um ein lebbares Miteinander von Mann und Frau, von Eltern und Kindern. Hier sind phantasievoll neue Wege zu beschreiten und Konzepte zu entwickeln.

Statt Achtung gegenüber der opfervollen Erziehungsarbeit daheim unterstellen die gesamten Deutungseliten, besonders die Funktionäre der Parteien, Wirtschaftsverbände und Gewerkschaften, dass Mütter daheim nicht arbeiten. Dieses Potential an Arbeitskräften sollte besser für die Produktion genutzt werden. Daher die permanente Forderung der schnellen Wiedereingliederung in eine berufliche Tätigkeit außerhalb der Familie und Fremdbetreuung der Kinder durch Dritte. Nur beim Anblick der Mutter empfindet – so schreiben amerikanische Neurologen – das neu geborene Kind Glücksgefühle, die sich als Strömungen im Hirn messen lassen. Nur der Herzschlag der Mutter beruhigt das Baby. Nur die Mutter ist es, die immer und immer wieder mit dem Baby spricht und damit dem Säugling die Muttersprache beibringt.

Was machen eigentlich diese Frauen den ganzen lieben Tag anstatt zu arbeiten? Erziehung, Betreuung bei den Hausaufgaben, Fürsorge, Herrichten der Mahlzeiten, Krankenpflege, mit Rufbereitschaft rund um die Uhr. Sie arbeiten härter und länger als die politische Klasse, allerdings ohne deren soziale Privilegierung. Aber nach Auffassung unserer Deutungseliten ist das keine Arbeit, obwohl die Mütter sicherlich nicht mit den Verdi-Normen auskommen.

Weder Krippe noch Hort noch die Schule kann die Erziehung im Elternhaus ersetzen. Erziehung ist eben mehr als Betreuung oder Wissensvermittlung. Der Mensch ist unbedingt auf liebevolle personale Betreuung insbesondere in den ersten Lebensjahren angewiesen, wenn er sich geistig-seelisch und körperlich gesund entfalten soll. Gerade die Hirnforschung in den USA stützt diese Erkenntnisse der Kinderpsychologie nachhaltig.

Im Übrigen ist der beklagte Bildungsnotstand die Folge des Erziehungsnotstandes. Mut zur Erziehung heißt auch Mut zur Disziplin; dem Kinde ist auch etwas abzuverlangen. Auch das Gefühl des Scheiterns muss gelernt werden. Auch Strafen gehören zum Erziehen – aus Liebe. Natürlich gehören auch Humor und Freundlichkeit dazu. Aber der Verzicht auf Durchsetzung der Disziplin trägt zur Verwahrlosung und seelischen Erkrankung von nicht geringen Teilen von Kindern und Jugendlichen und damit zur inneren Instabilität bei.

Geschieht dies in einem liebevollen Elternhaus nicht, kann die vom 68erGeist durchdrungene Schule mit ihrer Wohlfühl- und Diskussionspädagogik, mit ihrem Spaß- und Lustprinzip, mit dem Verzicht auf Strafen nur noch Zombies heranbilden. Das Verständnis für Leistungs- und Disziplinverweigerung, die Psychologisierung sind schwerwiegende Grundübel, die sich später in der Justiz fortsetzen, wenn der Täter mit Verständnis überhäuft wird. Eine Gesellschaft wird krankgeschrieben! Und eine so nicht ernst – und nicht angenommene Jugend wehrt sich im Plebejertum, in der Asozialität, in Gewalt und Aufruhr.

Als Ergebnis der Nichterziehung, als Ergebnis des Werteverfalls sieht der Studiendirektor Hans-Ulrich Hesse, wie er es in einem Interview der SZ vom 15.06.2000 deutlich formuliert, Folgendes: „Das Schülerverhalten hat sich gravierend verändert. Sie sind nicht mehr bereit, Pflichten zu übernehmen, sind unzuverlässiger, unpünktlicher und, sagen wir es ruhig mal, fauler. Sie glauben, mit Minimalaufwand ist alles machbar. Das gab es auch früher, aber nicht in der breiten Masse." Interessant ist auch seine Aussage, dass Lehrer heute ängstlicher sind, Angst haben gegen irgendeine Ordnung zu verstoßen, Freiräume nicht ausschöpfen, Angst haben, eine schlechte Beurteilung zu bekommen. Letztlich – und das ist wahrlich interessant – unterscheiden sie sich nicht von vielen Polizeibeamten im gehobenen oder höheren Dienst, von Offizieren der Streitkräfte, von Männern und Frauen in den Nachrichtendiensten, die desgleichen überängstlich die ihnen gegebenen Freiräume nicht ausschöpfen, sondern sich über die Rückfallversicherungsqualität und Entscheidungsfeigheit eine gute Beurteilung und Sicherung ihrer Pfründe verschaffen wollen. Interessant also wie unfrei sie sind in dieser Republik, trotz aller Betonung beispielsweise in den Streitkräften der einzigartigen Inneren Führung etc. Ihre Ahnen nach dem Kriege waren freier – in Wort und Tat. Nun ist das Verhalten der genannten Personengruppen insofern nicht ganz unverständlich, als ihnen Rückendeckung durch rückgratlose Politiker und bildungs- und orientierungslose Deutungseliten, insbesondere in den Medien, auch nicht sicher sein kann oder sogar verwehrt wird.

Die gesamte Deutungselite diskriminiert fortwährend die letztlich nicht zu bezahlende Leistung der Familie und verweigert aus ideologischen Gründen den Frauen die unbedingt notwendige Wahlmöglichkeit zwischen der vergötzten Erwerbstätigkeit und der wertvollen

Erziehungsarbeit. Darüber hinaus werden gerade Mütter mit ihren enormen Leistungen verächtlich gemacht durch Primitivschlagworte wie „Kinder, Küche, Kirche". Auch das ermuntert sicherlich nicht zur Elternschaft. Aber es zeigt den heimlichen, aber realen Krieg des Establishments der gewollt Kinderlosen gegen die Familien mit Kindern.

Als Ergebnis dieser Politik haben wir heute die immer dicker werdenden, kranken Kinder der Fast-Food-Küche, verdummt durch das sie nachmittags betreuende Unterschichtfernsehen oder Internet, häufig ohne Gewissenbindung, da ihnen die zur Gewissenschärfung in unserem Kulturkreis notwendige Kenntnis der Weisungen vom Sinai häufig selbst im Religionsunterricht unbekannt bleiben. Der Leiter des Instituts für Lebens- und Familienwissenschaften in Bonn, der Ethiker Thomas Schirrmacher, stellt zudem als Folge eine sich ausbreitende sexuelle Verwahrlosung und rapide abnehmende Beziehungsfähigkeit bei Kindern und Jugendlichen fest. Die Bilder, die sie sich tagtäglich „reinziehen", zeigen Frauen, die allzeit bereit sind und Männer, die sich nehmen, was sie wollen. Schirrmacher hat das in seinem 2008 veröffentlichten Buch „Internetpornographie" dokumentiert. Dass starker Medienkonsum sich negativ auf die Schulnoten ausweist, kommentiert der Institutsleiter des Kriminologischen Forschungsinstituts Niedersachsen, Christoph Pfeiffer, sehr plastisch: „Zu viel Medienkonsum macht dick, dumm, krank, traurig und vielleicht auch aggressiv." Auch das ist ein weiterer Markstein zur inneren Destabilisierung.

Der ethische Dammbruch: die Kindstötung

Heutzutage werden nach Berechnung von Lebensrechtlern jede Woche etwa fünftausend wehrlose Deutsche als „lebensunwert" liquidiert, weil sie ihrem sozialen Umfeld als nutzlos erscheinen. Es war eine sogenannte christliche Regierung, die die Beratungsschein-regelung eingeführt hat. Vorher schon hatten starke Elemente des protestantischen Bereichs den Weg dazu geebnet, im vorauseilenden Gehorsam. Selbst die katholischen Bischöfe, ausgenommen Erzbi-schof Dyba, sind ja erst nach eindeutigen Weisungen des polnischen Papstes aus dem staatlichen Tötungssystem ausgestiegen. Auch die katholischen Bischöfe haben sich in ihrer überwältigenden Mehrheit durch ihr duldsames Schweigen schuldig gemacht am orientierungs-losen Menschen. Auf dem Deutschen Katholikentag 2008, so der Salzburger Weihbischof Andreas Laun, wurden Pro-Life-Gruppen an den Rand gedrängt und gleichzeitig Homo-Gruppen viel Platz eingeräumt. Das zur geistigen Verfassung der Gemeinschaft der katholischen Gläubigen.

Ein bekennender Christ schrieb am 09.07.2009 in einem offe-nen Brief an den Bischof Prof. Dr. Wolfgang Huber, Rat der EKD u. a.: „Als Vorsitzender des kirchlichen Leitungsgremiums sind Sie maßgeblich verantwortlich für die kirchlichen Tötungslizenzen. Ihre Rechtfertigung, Kinder könne man nicht gegen den Willen ih-rer Mütter schützen, ist völlig haltlos. Selbstverständlich werden in Deutschland Kinder gegen Willkür ihrer Mütter geschützt." Und am 27.07. schrieb er: „Verwerflich ist es auch, dass Sie die Todesurteile über ungeborene Kinder nicht selbst unterschreiben, sondern dieses schmutzige Geschäft irgendwelchen Angestellten überlassen".

Dr. Klaus Röhl, ehemaliger 68er und damals auch Herausgeber der Zeitung „konkret" sagte im Juni 2004 auf einer Tagung des Vereins „Die Wende", dass das marxistische Gedankengut der „Kritischen Theorie" voll in die Kirchen eingedrungen sei und unübersehbar ihren geistigen Tod bewirke. Verständlich, dass nach einer Umfrage 38 v. H. der Deutschen gar kein Vertrauen in die Kirchen und 36 v. H. nicht viel Vertrauen in die Kirchen haben. Das Zeitalter der Volkskirchen geht zu Ende. Das Vakuum wird bei der Basisbevölkerung gefüllt von etwa 50.000 Wahrsagern, Hellsehern, Astrologen etc.

Das Strafrecht hat bekannterweise auch eine pädagogische Bedeutung. Die Straffreiheit rechtswidriger Handlungen zerstört nachweislich das Rechtsempfinden im Volk. Einer unserer klügsten Juristen, der frühere Oberlandesgerichtspräsident Wassermann, SPDGenosse, ist der Meinung, so stand es in der „Tagespost" zu lesen, dass, wenn es zulässig ist, dass ein Mensch einem anderen Menschen physische Gewalt antue, und das ist nach seiner Meinung bei der Tötung im Mutterleib der Fall, der Rechtsstaat aufgehoben sei. Abtreibung ist nun einmal Unrecht, aber straffrei gestellt. Hier ist allerdings eindeutig festzustellen, dass die Entscheidung für oder gegen das Kind zu 80 v. H. durch die Reaktion des Vaters bestimmt wird. Er wirft sich also im eigentlichen Sinne zum Herrn über Leben und Tod auf.

Interessant ist, dass dort, wo die Abtreibung erlaubt ist, die Zahl der „vorgeburtlichen Tötungen" nicht fällt, sondern steigt. Das hängt sicherlich damit zusammen, dass mit der Freigabe und Straffreiheit das Unrechtsbewusstsein zerstört wird. Ein exemplarisches Beispiel ist Russland, in dem Lenin nach seinem Staatsstreich den Kompass der Weisung vom Sinai verwarf und u. a. die Abtreibung erlaubte. Heute kämpft Russland seit der Präsidentschaft Putins darum, den christlichen Urgrund wieder zu gewinnen – in seiner orthodoxen Orientierung – und der Familie wieder ihre Würde und Autorität zurückzugeben. Ob es gelingt, das einmal zerstörte Unrechtsbewusstsein wieder herzustellen, ist jedoch mehr als fraglich.

Das alles wird gestützt und unterstützt durch die europäischen Deutungseliten, hat doch der Europarat ein Recht auf straffreie Abtreibung in allen Mitgliedsländern gefordert. Diese Entschließung verlangt, alle Vorschriften aufzuheben, die den Zugang zu sicherer und legaler Abtreibung verbieten.

Wo aber bleibt das Entsetzen über die geschätzten 300.000 Kinder, deren Weh nur noch der Schöpfer hört. Die größte Abtreibungsstätte in Bayern, eine der größten in Europa, steht im Westen der Landeshauptstadt München. Bisher hat weder der für München zuständige Kardinal noch der Landesbischof, beide ansonsten auf vielen Empfängen zu sehen, gegen diese Schinderstätte hörbar die Stimme erhoben, von der politischen Klasse, der CSU insbesondere, ganz zu schweigen. Das zur Werteorientierung in der Bundesrepublik Deutschland, deren Eliten jetzt anfangen, über die demografische Situation zu debattieren und den von ihnen initiierten und getragenen gesellschaftlichen Suizid nicht zur Kenntnis nehmen. Im Gegenteil, sie zwingen jeden Bürger dazu, dieses Unrecht auch noch zu finanzieren. In einer Broschüre des Bundesministeriums für Gesundheit stand unter dem Stichwort „Schwangerschaftsabbruch" u. a.: „Da es sich um Leistungen handelt, die im gesellschaftlichen Interesse sind, werden diese aus Steuermitteln bezahlt."

Und das alles in einer Zeit, in der durch moderne Genetik, insbesondere durch den berühmten Embryologen Erich Blechschmidt, seit langem nachgewiesen ist, dass das Ungeborene von Anfang an ein in seinen Anlagen vollständiges, unverwechselbares, unwiederholbares, einzigartiges, unersetzbares Individuum ist. Bereits in der 3. Woche arbeitet das Herz des kleinen Menschen, etwas später lassen sich Gehirnströme messen (das Kind verarbeitet erste Informationen seiner Umwelt), in der 8. Woche erhält das Kind seinen unverwechselbaren Fingerabdruck, es bewegt bereits Arme und Beine, alle Organe sind vorhanden, und in der 9.-10. Woche fängt der kleine Mensch an zu greifen. Bereits im Mutterleib beginnt der Lernprozess. So trinkt das kleine Wesen beispielsweise mehr Fruchtwasser, wenn seine Mutter Süßes zu sich nimmt.

Es hat doch wohl Beweiskraft, dass es gerade sehr bekannte Abtreibungsärzte sind, die zur Erkenntnis kamen, dass sie Verbrechen begingen. Beispielsweise der amerikanische Arzt Dr. Bernard Nathanson, der sich für 75.000 getötete Babys verantwortlich fühlt. Dieser jüdische Agnostiker erkannte 1973, als er zum ersten Mal ein Kind im Ultraschall sah, dass der Fötus ein Mensch ist. 1984 schnitt er Ultraschallbilder einer Abtreibung unter dem Titel „Der stumme Schrei" zu einem Film zusammen, in dem zu sehen ist, wie die Ungeborenen sich gegen die Tötungsinstrumente zu wehren versuchen. Dr. Nathanson erkannte sein Unrecht, bekehrte sich und trat in die katholische Kirche ein. Heute hält er weltweit Vorträge, in denen er feststellt: „Tatsächlich lässt sich das Leben klar definieren. Es beginnt mit der Empfängnis, der Befruchtung, und von da ab ist die empfangene Person ein menschliches Wesen. Es gibt keinen Punkt, an dem ein Wechsel stattfinden würde von einem Nichts zu einem Etwas, von einer Unperson zu einer Person."

Der serbische Abtreibungsarzt Dr. Stojan Adasevic, verantwortlich für die Tötung von mehr als 48.000 Ungeborenen, bekam erste Zweifel, als in den 80er Jahren der Ultraschall in den jugoslawischen Krankenhäusern eingeführt wurde. Von nun an plagten ihn erschreckende Träume, in denen Kinder vor ihm schreiend flüchteten und um ihr Leben liefen. Sein seltsamster Traum war, so schildert er, dass Thomas von Aquin ihm erschien – und er hatte vorher noch nie diesen Namen vernommen – und ihm erklärte, wer diese Kinder seien, die Nacht für Nacht auftauchten. Es seien die durch ihn umgebrachten Kinder. Adasevic erkannte seine Verbrechen. Inzwischen hat er ein Buch „Heiliges Leben" geschrieben.

Margarethe von Trotta, die bekannte Regisseurin und Drehbuchautorin sagte (42 chrismon 09.2009): „Ich habe abgetrieben, und heute frage ich mich oft, ob das richtig war. Damals habe ich gedacht: Es ist richtig. Wir glaubten, es finanziell nicht mehr zu schaffen, aber wir haben uns was vorgemacht, bei armen Menschen kommen auch Kinder auf die Welt."

Heute weiß man auch, dass das ungeborene Kind Schmerz empfinden kann. Manche Embryonen haben bei ihrer Abtreibung zwischen der 21. und 23. Woche hörbar geschrien, schreibt Martine Liminski (DER FELS, 5/2009).

Dass diese Fakten nicht zur Kenntnis genommen werden, ist das Ergebnis des Missbrauchs von Schule und Universität, insbesondere bei Theologen und Pädagogen. Konkretes Wissen und der Blick für die Zusammenhänge und Auswirkungen blieben auf der Strecke, feststellbar bei unseren Deutungseliten in Medien, Kirchen, Schulen, Universitäten und in der Politik.

Die Vereinigung der Orthodoxen Rabbiner der Vereinigten Staaten und Kanadas repräsentiert über 1.000 orthodoxe Rabbiner. Sie schrieb über ihren Sprecher, Rabbi Yehuda Levin, am 23. Januar 2005 einen Brief an den Präsidenten der Republik Polen Alexander Kwasniewki: „Sehr geehrter Herr, am 27. Januar 2005 sollen sich Regierungschefs und Überlebende des Konzentrationslagers Auschwitz aus der ganzen Welt beim berüchtigten Konzentrationslager Auschwitz versammeln, um des 60. Jahrestages seiner Befreiung zu gedenken. Frau Simone Veil, die frühere französische Gesundheitsministerin, welche eine jüdische Insassin von Auschwitz war, soll bei diesem Treffen sprechen. Frau Veil ist bekannt dafür, dass sie die Legalisierung der Abtreibung in Frankreich herbeiführt. Deswegen ist sie eine der Hauptverantwortlichen für die andauernde Zerstörung des menschlichen Lebens (…). Bei ihren Aktivitäten zugunsten der Abtreibung hat sie genau entgegengesetzt den jüdischen Lehren gehandelt. Aus dieser Sicht ist es äußerst unangemessen, dass Frau Veil beim Gedenken der Befreiung von Auschwitz spricht, und wir reichen deshalb unseren entschiedenen Protest ein. Hochachtungsvoll (…)" (Aktion Leben Rundbrief, 1/2005). Ein Deutscher oder anderer Europäer hätte so etwas nicht schreiben können. Er wäre der staatsanwaltlichen Vernichtung anheim gefallen. Es ist die Tragik, dass die Ungeheuerlichkeit der Verbrechen an den Europäern jüdischer Herkunft oder jüdischen Glaubens dazu missbraucht wird, andere Verbrechen klein zu reden. Oder anders ausgedrückt, die bildungs- und bindungslosen Deutungseliten haben statt der Thora mit der ausdrücklichen Weisung „Du sollst nicht morden" die Shoah gesetzt. Damit erheben sie das einzigartige Verbrechen der Shoah in den Rang einer göttlichen Weisung, die jedoch ansonsten nicht anzuwenden erlaubt ist.

Für einen Atheisten, sei er internationaler Sozialist, nationaler Sozialist, demokratischer Atheist oder Nihilist ist der Mensch eben nur Verbrauchsgut, Wegwerfartikel. Die Abtreibung ist Gewalt als Lösung, sie ist – im Ansatz schon jetzt erkennbar – der Einstieg zu weiteren Gewalttaten, wie beispielsweise Euthanasie. Mutter Teresa sagte, als sie den Friedensnobelpreises in Oslo am 11.12.1979 entgegennahm: „Der größte Zerstörer des Friedens ist heute der Schrei des unschuldigen, ungeborenen Kindes." Für den von den Kirchen ansonsten so viel und gerne zitierten Bonhoeffer war Abtreibung natürlich Mord, denn unschuldiges Blut zu vergießen ist nach der biblischen Botschaft Mord. Ist es nicht ein Rückfall in Barbarei, wenn soziale Konflikte durch Liquidierung des Sozialpartners gelöst werden und gesellschaftlich unerwünschte Personen für lebensunwert erklärt werden – bar aller wissenschaftlichen Erkenntnisse?

Selbst dem glaubenslosen Zeitgenossen muss doch klar sein, dass die in den letzten drei Jahrzehnten im Mutterleib getöteten Millionen Kinder – so der Osnabrücker Sozialwissenschaftler Manfred Spieker – als erwerbstätige Leistungserbringer fehlen. Ihnen steht nun gegenüber die wachsende Zahl der Leistungsempfänger, der Alten, Kranken und Pflegebedürftigen.

Nach einer Studie des Statistischen Bundesamtes haben die Bundesländer, die Landeserziehungsgeld an die Eltern bezahlen, die niedrigsten Abtreibungszahlen: Bayern, Baden-Württemberg, Sachsen und Thüringen.

Die Stadt mit der wahrscheinlich höchsten Anzahl der Abtreibungen in dieser Republik ist Berlin, einer Großstadt, mit über 200.000 Türken und Kurden. Dieser glaubensstarken muslimischen Minderheit stehen annähernd 3,5 Millionen Berliner gegenüber, überwiegend (mindestens 2,04 Millionen) ohne jegliche Glaubensbindung. Für den gläubigen Muslim zeigt das den erkennbaren moralischen Verfall unserer Gesellschaft und die offenkundige Überlegenheit seines Koordinatensystems. Die Kennzeichnung dieser Republik als „Berliner Republik" ist vom geistigen oder besser ungeistigen Zustand her durchaus nachzuvollziehen.

Aufgrund der durch die parlamentarisch abgesicherte Tötung der Kinder im Mutterleib bedingten demographischen Katastrophe sind die deutschen Sicherheitsorgane schon heute kaum noch in der Lage, adäquaten Nachwuchs für ihre Institutionen zu gewinnen. So schreibt die EUROPÄISCHE SICHERHEIT (7/2009): „Zur Erfüllung ihres politischen Auftrags ist die Bundeswehr auf qualifiziertes und motiviertes Personal angewiesen. Auf der Grundlage der idealtypischen Struktur des aktuellen Personalstrukturmodells der Bundeswehr (PSM 2010) benötigt sie jährlich ca. 20.000 Neueinstellungen der Soldaten auf Zeit (SaZ). Dieser einerseits hohe Bedarf sieht sich einem andererseits sinkenden Bewerberaufkommen gegenüber. Jedes Jahr zählt das Personalamt der Bundeswehr inzwischen weniger Bewerber für Zeit- und Berufssoldaten. Waren es 2002 noch knapp 56.000 Kandidaten, so sank diese Zahl im vergangenen Jahr auf 42.500. So hat sich beispielsweise die Zahl der Bewerbungen für die Laufbahn der Offiziere um mehr als 16 Prozent verringert. Bei den Unteroffizieren bewarben sich 15 Prozent weniger als noch 2006.

Der anatolische Bevölkerungsimport

Es hat immer Parallelgesellschaften gegeben. Preußen insbesondere kannte kein genetisches Volkstum, denn Preußen war ein Staat und keine Nation. Denken wir an die aus Frankreich geflohenen Hugenotten oder die aus den preußischen Ostprovinzen zugewanderten Polen und Masuren. In Berlin gehörte im Jahre 1700 von insgesamt 28.500 Einwohnern etwa jeder fünfte zu den geflüchteten Franzosen. Damals war Berlin eine durchaus christlich geprägte Stadt. Heute, so schreibt die katholische Zeitung „Tagespost": „Berlin, so der amerikanische Soziologe Peter Berger, sei die Welthauptstadt des Atheismus. Keine andere Großstadt steht dem Glauben und der Kirche so fern wie die Spree-Metropole. Rund zwei Drittel der Berliner sind konfessionslos, im Ostteil der Stadt liegt dieser Anteil noch deutlich höher." Ausgenommen sind hier die gläubigen Muslime.

Zwischen 1870 bis 1925 wanderten zwei Millionen polnisch sprechende Bürger aus den Ostgebieten in das Ruhrgebiet aus. 1905 beispielsweise sprachen in Bottrop etwa ein Drittel der Einwohner Polnisch. 1914 lebten 500.000 polnisch sprechende Reichsbürger aus Ostpreußen, Schlesien und Pommern im Ruhrgebiet. Im Ruhrpott ist wohl kaum ein Familienstammbaum zu finden, in dem nicht ein Hausname mit „ki" oder „czek" endet. Alle diese Zugewanderten zeichneten sich aus durch harte Arbeit, Fleiß, Disziplin und einen gemeinsamen Wertekompass, nämlich den christlichen Glauben in seiner katholischen oder bei den Hugenotten und Masuren in seinen verschiedenen protestantischen Ausprägungen. Das polnische Wort für „schuften" hat als „malochen" Eingang in unseren Sprachschatz erhalten. Alle jene haben wir willkommen geheißen, die sich unserem Volk und unserer Nation anschließen und loyale Staatsbürger sein wollten.

Die Juden in Deutschland haben sich nie als Parallelgesellschaft empfunden, sondern als Deutsche. Und sogar die Juden in Österreich-Ungarn haben sich als Angehörige des deutschen Kulturkreises empfunden und diesen ja auch bereichert, denken wir nur an so bekannte Schriftsteller wie Roth, Zweig oder Werfel, wobei letzterer besonders von den Armeniern geehrt wird, hat er doch mit seinem Buch „Die 40 Tage des Musa Dagh" der bürokratisch perfekten Ermordung der Armenier während des I. Weltkrieges ein Denkmal gesetzt. Das war der erste Völkermord des 20. Jahrhunderts. Danach folgten die Verbrechen der Internationalsozialisten und das bürokratisch perfekte Ausmerzen der Europäer jüdischen Glaubens oder jüdischer Herkunft durch die Nationalsozialisten und ihre europäischen Helfershelfer.

Die deutschsprachigen Nationen kennen mehrheitlich weder Fremdenhass noch Antisemitismus. Es sind doch diese deutschsprachigen Nationen gewesen, die den durch Völkermord bedrohten Muslimen aus Bosnien-Herzegowina und dem Kosovo zu Hunderttausenden Gastrecht gegeben haben – in guter christlicher Tradition –, und sie sind es doch, die die asylsuchenden Kurden aus der demokratischen Türkei aufnehmen. Die Juden aus Russland kommen zu Scharen nach Deutschland und weniger nach Israel. Und sie kommen sicherlich nicht deswegen, weil hier Fremdenfeindlichkeit und Antisemitismus herrschen.

Auch heute heißt die deutsche Bevölkerung all jene willkommen, die unabhängig von Volkszugehörigkeit und Religion bereit sind, sich durch harte Arbeit, Bildungsbeflissenheit, Fleiß und Loyalität den Gesetzen gegenüber einzufinden. Und so gibt es nur wenige Probleme mit all den Zuwanderern aus Osteuropa, der Ukraine, Weißrussland, Polen etc. Die Deutschrussen haben noch in der ersten Generation Probleme, teilweise auch in der zweiten Generation, und danach läuft es auch bei ihnen gut. Unproblematisch ist es auch bei den durch das konfuzianische Arbeitsethos geprägten Chinesen und Vietnamesen. Sie alle jedoch können den Schwund der autochthonen Bevölkerung nicht ausgleichen, ein Schwund, der – nach Auskunft von Lebensrechtlern – wesentlich auf die alljährliche Tötung von hunderttausenden Ungeborenen zurückzuführen ist.

Statt einer Umkehr sehen die Deutungseliten nur noch die Möglichkeit der kontrollierten Zuwanderung, wie sie im 6. Familienbericht (Berlin 2000, Familien ausländischer Herkunft, Leistungen, Belastungen, Herausforderungen) formuliert ist: „Das Humankapital der westlichen Industriegesellschaften entledigt sich seiner Reproduktionsaufgaben mittels Bevölkerungsimport und wählt den Weg der ‚lean (re)production‘." Nicht geringe Teile der Deutungseliten in den Parteien und Medien setzen hier insbesondere auf die Zuwanderung aus dem anatolischen Kulturkreis und plädieren ja auch sehr offensiv für die Aufnahme der immer fundamentalistischer werdenden Türkei in die EU. In der Hauptstadt der Republik kann man inzwischen so leben wie in Anatolien, letztlich sogar besser, weil die soziale Versorgung in Deutschland eine erheblich bessere Qualität hat.

Es ist anzunehmen, dass der heilige Augustinus oder der ehemalige Augustinermönch Martin Luther eine solche Haltung, seinen eigenen Nachwuchs zu töten und dafür die Einwanderung aus Kulturkreisen mit einem gänzlich anderen, mit dem Grundgesetz nicht unbedingt kompatiblen Wertekompass, zu fördern, wohl als satanisch bezeichnen würden. Beide würden heute sicherlich als Rechtsradikale abgestempelt werden. Die Deutungseliten jedoch bezeichnen die Zuwanderung aus diesen Kulturkreisen als Bereicherung. Und bestimmte Parteien suchen sich erkennbar mit Erfolg ein neues Wahlvolk.

Nun haben nicht nur Parteien ein Interesse sich so die erforderlichen Mehrheiten zu verschaffen. Auch ganze Berufsgruppen und -zweige leben vom Bevölkerungsimport. Der unter Polizeischutz stehende promovierte Orientalist Hans-Peter Raddatz schreibt in seinem Buch „Von Allah zum Terror?": „(...) ein Drittel des deutschen Bruttosozialprodukts besteht aus Sozialem; ein Drittel des Sozialbudgets nehmen die Kosten ein, die sich mit der Zuwanderung verbinden; ein Drittel der Verwaltung beschäftigt sich mit den Komplexen Zuwanderung und Ausländer." – bei knapp 10 v. H. Anteil der Ausländer.

Der Stern (Nr. 32/2008) hat unter dem Titel „Die vergrabene Bombe" die Zahlen der sogenannten Migranten benannt: Migranten in Deutschland: 15,3 Millionen; Anteil der Migrantenfamilien: 27 Prozent; Migrantenquote bei Kindern bis zwei Jahren: 34 Prozent; Migranten ohne Berufsabschluss: 44 Prozent; Migranten im Alter zwischen 22 und 24 Jahren ohne Berufsabschluss: 54 Prozent; türkische Migranten ohne Berufsabschluss: 72 Prozent; erwerbslose Migranten: 29 Prozent; einkommensschwache Migranten: 43,9 Prozent; Migranten im Armut: 28,2 Prozent; Migrantenkinder in Armut: 36,2 Prozent; türkische Migrantenkinder mit Misshandlungen und schweren Züchtigungen in den Familien: 44,5 Prozent; Berliner Migrantenkinder mit Förderbedarf in deutscher Sprache: 54,4 Prozent; Migrantenquote an der Eberhard-Klein-Schule, Berlin-Kreuzberg: 100 Prozent; Migrantenanteil bei Jugendlichen mit über zehn Straftaten in Berlin: 79 Prozent.

Fast unmöglich machen es die Deutungseliten, an Zahlen und Daten über die Ausländerkriminalität, insbesondere aus jenen Kulturkreisen, in denen der Gewaltbegriff andere Deutungen zulässt, zu kommen. Selten, dass ein Richter feststellt, dass auch kulturelle Faktoren eine Rolle bei der boomenden Kriminalität spielen, wie die Berliner Jugendrichterin Kirsten Heisig feststellt (JF, 12.10.09). Sie nimmt auch Stellung zu der tabuisierten Deutschenfeindlichkeit bei Ausländern. Hin und wieder erfährt man aus der Presse etwas über die gesetzesfreien Räume in der Hauptstadt der Republik, Räume, die natürlich inzwischen von der Polizei gemieden werden. Aber das ist ja nicht nur in der Hauptstadt der Fall. Interessant ist hier auch, dass es sowohl linker Pöbel, Unterschichtpöbel als auch die gewalt orientierten Clans aus den Parallelgesellschaften sind, die dafür Sorge tragen, dass die gewollte staatliche Ohnmacht hier vorgeführt wird.

Auf die Einhaltung von Regeln und Ordnungsvorschriften haben die 68er Revolutionäre bewusst verzichtet. Herwig Birg bringt es auf den Punkt: „Eine Demokratie, die kein Gesicht hat, die die Toleranz gegenüber der Intoleranz toleriert, lässt sich nicht wirklich verteidigen". Nun, diese Republik hat auch keine Verteidiger. Im Gegensatz zur Wehrmacht ist die Bundeswehr kein Volksheer. Insbesondere die formal Gebildeten ziehen den Zivildienst vor. Er genießt mehr Anerkennung, natürlich auch, was in dem Alter sehr wichtig ist, bei den jungen Mädchen. Dass mehrheitlich Zeit- und Berufssoldaten ihren Kindern empfehlen, nicht Soldat der Bundeswehr zu werden, zeigt doch eine unwahrscheinliche Hohlheit der immer wieder betonten wehrhaften Demokratie.

Deutschland verändert seinen Charakter schneller und schneller. Bereits heute liegt der Anteil „eingedeutschter" Erstklässler mit Migrationshintergrund in Deutschland bei über 30 v. H., in Großstädten ist er noch weit höher, schreibt die JF (30.01.08). Ab 2035 beginnend kann mit einer starken islamischen Bevölkerung, mit der Möglichkeit von islamischen Regierungen und mit der Einführung von islamischen Gesetzen gerechnet werden. Das wird schneller gehen, wenn der Beitritt der Türkei zur EU erfolgen sollte. Hier rechnen Experten wie Scholl-Latour oder Raddatz mit einem Einströmen von mindestens 10 Millionen Kurden und Türken.

Der frühere Vizepräsident des Bundesverfassungsgerichts Winfried Hassemer hat sich in einem Interview bereits jetzt dafür ausgesprochen, bei „Ehrenmorden" den kulturellen Hintergrund und die Sozialisation des Täters strafmildernd zu berücksichtigen. Eine (ehemalige) Verfassungsrichterin, so der Orientalist Raddatz, kann sich sogar Sharia-Elemente im Grundgesetz vorstellen. Das Oberverwaltungsgericht Münster gab türkischen Eltern Recht, die sich auf eine Fatwa (islamisches Rechtsgutachten) beriefen, dass Schülerinnen und Studentinnen ohne Begleitung eines männlichen Verwandten nicht an Klassen- bzw. Studienfahrten teilnehmen dürfen, wenn die Entfernung größer als 81 km ist, die Strecke, die ein Kamel in 24 Stunden zurücklegen kann.

Inzwischen haben ja bereits 15,3 Millionen Einwohner Deutschlands einen Migrationshintergrund. Wahlberechtigt sind wohl ca. 5,3 Millionen, also etwa 8,3 Prozent. Die Stimmen der Deutschen türkischer Herkunft hatten ja nachweisbar den Sieg Gerhard Schröders sichergestellt. 24 v. H. aller Neugeborenen im Jahre 2007 hatten ausländische Wurzeln. Die größte Gruppe waren die Kinder von Zuwanderern aus der Türkei. Bei diesen Zahlen sind diejenigen nicht berücksichtigt, die bereits die deutsche Staatsangehörigkeit erhalten haben.

Nach Untersuchungen von Bevölkerungswissenschaftlern werden Mitte des Jahrhunderts in allen deutschen Großstädten die Ausländer die Mehrheit haben. Nur noch in ländlichen Gebieten wird die Stammbevölkerung für eine gewisse Zeit überwiegen. Für das Ruhrgebiet errechnete Peter Strohmeier von der Universität Bochum bereits für das Jahr 2010 einen Ausländeranteil unter den Jugendlichen von über 40 v. H. Schon jetzt gibt es Bezirke, in denen die Deutschen zu Fremden im eigenen Land geworden sind, wo eine Verständigung in der Landessssprache nicht mehr möglich ist; in Schulen ohnehin nicht, da nur noch eine Minderheit unter den Kindern deutsche Eltern hat. Inzwischen kommt man in vielen Bezirken ohne Deutsch durchs Leben in Geschäften, bei Ärzten und Rechtsanwälten, in Reisebüros und Supermärkten. Von Zeitungen über Radio- und Fernsehprogrammen bis hin zu Moscheen; es ist alles vorhanden.

Die Frage, wer wen integrieren wird, ist somit längst beantwortet. Auch hier der Sieg der 68er Revolutionäre mit ihrem babylonischen Turmbau von der „multikulturellen Gesellschaft", nach Auffassung des SPD-Altkanzlers Schmidt eine ganz verrückte Idee. Der Vorsitzende der Türkischen Gemeinde in Deutschland, Kenan Kolat, will das Wort „Integration" sogar gestrichen wissen, denn das Wort sei, so die türkische Tageszeitung Sabah, nicht definiert. Stattdessen solle man besser das Wort „Partizipation" mit der Forderung nach gleichen Rechten benutzen.

Nun wird die Machtübergabe peu à peu ja vorbereitet. Berlin wird im Herbst rund doppelt so viele Polizisten ausländischer Herkunft einstellen wie im Jahr davor. Stark zugenommen hat der Anteil der arabisch- und türkischstämmigen Bewerber. Hessen warb kürzlich in der türkischen Tageszeitung Hürriyet für den Polizeidienst. Hessens Innenminister Volker Bouffier (CDU) braucht sie als „Vermittler der Kulturen", insbesondere im Rhein-Main-Gebiet. Und Niedersachsen will den Ausländeranteil unter seinen Polizisten von zurzeit 1,3 auf 10 v. H. erhöhen.

Ob das klug gedacht ist, ist zu hinterfragen auf Grund der auch wissenschaftlich erhärteten Erkenntnis über das gänzlich andere Menschenbild dieser sogenannten Zugewanderten. Die urdemokratische Schweiz ist hier skeptischer: In der Schweiz werden jährlich Zehntausende von Ausländern eingebürgert, von denen viele militärdienstpflichtig sind. Sie werden jedoch nicht zum Dienst herangezogen, sondern „aus psychiatrischen Gründen" ausgemustert, schreibt der Chefredakteur Ulrich Schlüter der schweizerzeit (07.12.2007). Mit diesem Grund ausgeschlossen, trotz körperlicher Gesundheit, werden sie, weil es die Musterungs-Verantwortlichen als zu riskant beurteilen, diesen frisch Eingebürgerten – als Sicherheitsrisiko eingestuft – eine Waffe zu überlassen. Weil man also annimmt, dass hier ein Gefahrenpotential entstehen könnte, werden sie vom Militärdienst ausgeschlossen.

In der deutschen Republik geht man den umgekehrten Weg. Hier wirbt man ganz gezielt bei den Migranten für den Dienst bei den Polizeien und bei den Streitkräften.

Und die ehemalige Justizministerin Brigitte Zypries (SPD) – so die JF – forderte das Ende „der fragwürdigen Unterscheidung zwischen Ausländern und Deutschen im Grundrechtsteil" und meint, dass das „ein Symbol der Integration sein" könnte. Bei einer entsprechenden Verfassungsänderung, so Zypries, könne dann auch gleich „Kommunalwahlrecht für alle" geschaffen werden, so dass auch Nicht-EU-Ausländer wahlberechtigt wären.

Nur wird das nicht mehr lange mit der Umverteilung von der Basis- zur Zuwandererbevölkerung klappen können – auf dem Hintergrund von Billionen Euro Schulden und des Ausscheidens der geburtenstarken Jahrgänge. Es steigt die Versorgungslast der Erwerbstätigen so drastisch an, dass die Wahrscheinlichkeit des Platzens der staatlichen Schuldenblase alsbald Realität werden muss. Das heutige Rentensystem ist ohnehin nicht mehr lange zu halten.

Was aber ist dann, wenn die wirtschaftliche Rahmensituation und milliardenschwere Alimentierung und weitere Umverteilung nicht mehr möglich ist? Werden sich dann die in Frankreich und den Niederlanden ansatzweise zu sehenden bürgerkriegsähnlichen Unruhen auch in Deutschland evtl. zu einem nicht mehr beherrschbaren Flächenbrand entwickeln können? Die sicherheitspolitische Dimension der demographischen Veränderung wird wohlweislich ausgeklammert. Dabei sind die Risiken für Staat und Gesellschaft nicht mehr kalkulierbar. Nach Forschungen des Kriminologischen Forschungsinstituts Niedersachsen schotten sich Subkulturen von Einwanderungsgruppen immer mehr ab und Gewalt verlaufe öfter entlang ethnischer Grenzen. „In Deutschland drohen bei der Jugendkriminalität langfristig holländische Verhältnisse", sagte der Leiter des Instituts, der ehemalige niedersächsische Innenminister Pfeiffer, der SZ.

Eine Integration ist für die Mehrheit sowieso nicht mehr möglich, es handelt sich bei Fortführung unserer jetzigen Politik um eine nicht mehr verhinderbare Stabübergabe an andere Bevölkerungsgruppen, die dann aber auch verantwortlich durchgeführt werden sollte. Es ist doch nicht zu verantworten, dass die zwischen der heimatlichen kulturellen Orientierung der Parallelgesellschaft und der deutschen pluralistischen Orientierung zerriebenen vielen Kinder- und Jugendlichen, häufig ohne Schulabschlüsse und berufliche Perspektive, zu einem neuen Proletariat werden zu lassen. Hier sollten besonders – auch finanziell – die in die Pflicht genommen werden, die dies zu verantworten haben, Parteien, Gewerkschaften, Kirchen, die großen Wirtschaftsverbände etc.

Das Vertrauen in die Demokratie schwindet; die Wahlenthaltungen nehmen zu, die Resignation, aber mehr noch auch die Wut steigt. Gute Voraussetzungen für die weitere Entfachung des sich bereits im Ansatz zeigenden Bürgerkriegs.

Vaterland und Patriotismus

Normalerweise erreicht uns das geistige Erbe, das uns von unserem Vaterland übergeben wurde, über unsere Eltern, denen wir Achtung – lateinisch Pietas – schulden. Da aber die Identitätsfindung des deutschen Volkes von den Deutungseliten allein durch eine nur auf die dunkelsten Seiten der Vergangenheit eingeschränkte Geschichtsbetrachtung verhindert wird, grundsätzlich die gesamte Eltern- oder Großelterngeneration mit den diabolischen Taten des nationalsozialistischen Systems identifiziert wird, kann es weder zur Achtung gegenüber Eltern und Großeltern noch zur Vaterlandsliebe und damit auch nicht zu einem tatkräftigen Leben voller Hoffung auf die Zukunft unseres Volkes kommen. Mit der Jedermann zugeordneten Schuld- und Schandlast gibt es kein Weiterleben. Aus einem solchen Volk möchte man aussteigen, mit dessen Institutionen identifiziert man sich nicht, in einem solchen Volk möchte man auch keine Kinder haben. Hier hat die Charakterwäsche über die durch die Frankfurter Schule und deren Zöglinge besetzten Lehrstühle insbesondere in der Politologie Nachhaltigkeit gezeigt.

Interessant ist, dass viele Kulturrevolutionäre, die die Elterngeneration insgesamt in die Verbrecherecke stellten, sich Mörder wie Mao Tse-Tung oder Pol Pot zum Vorbild nahmen, und es ist zu vermuten, dass das kleine rote Buch von Mao Tse-Tung von mehr jungen Menschen gelesen wurde als Hitlers „Mein Kampf" seinerzeit durch die junge Generation im sogenannten Dritten Reich.

Dass ein Massaker wie 1989 die blutige Niederschlagung des Studentenaufstands auf dem Platz des Himmlischen Friedens (Tian'anmenplatz) sogar den Beifall der antifaschistischen Deutungselite der DDR fand, sei hier noch angefügt. Hans Modrow und Egon Krenz besuchten China, um ihre Unterstützung zu dokumentieren.

Natürlich haben wir auch ein Versagen des wie immer nicht besonders tapferen Bürgertums festzustellen, dem es kein Anliegen war, die sicherlich notwendige geistige Auseinandersetzung mit der Geschichte Deutschlands unter dem Nationalsozialismus offensiv zu führen und den Mut zu haben, zu differenzieren zwischen jenen, die unschuldiges Blut vergossen haben und jenen, die im guten Glauben an der Front ihre vaterländische Pflicht taten oder sich in der Heimat für ihre Kinder in den Bombenkellern aufopferten. Dass sie missbraucht wurden von einem gottlosen System, konnten sie in ihrer überwiegenden Mehrheit nicht erkennen. Es ist ihnen nicht anzulasten.

Jedoch Vater und Mutter zu ehren, die die Verführung nicht durchschauen konnten und anständig geblieben sind – und das war die überwiegende Mehrheit –, die jedoch Bombenterror, Kriegselend und Flucht durchgestanden haben, auch dieses Gebot ist heute aus dem Dekalog gestrichen. Helmut Schmidt beispielsweise versichert glaubhaft, dass in seiner Batterie lediglich ein „echter" Nazi gewesen sei und er selbst bis zum Kriegsende nie etwas von Auschwitz gehört habe.

Das Letztere gilt sicherlich für die Mehrheit. Ohne den damals noch vorhandenen sittlichen Grund in den Familien, ohne das bei vielen noch vorhandene Glaubensfundament – in den Trümmern vegetierend, von Hunger, Kälte und Krankheiten geplagt, mit Millionen in den Gefangenenlagern, ob in der Sowjetunion, auf den Rheinwiesen oder in französischen Kohlengruben, im Osten jahrelang der Willkür durch Mord und Vergewaltigung einer trunkenen Soldateska ausgesetzt, desgleichen dem erlaubten Wüten der Kolonialtruppen Frankreichs im Westen –, und erstmalig in seiner Gänze konfrontiert mit den Verbrechen des nationalsozialistischen Regimes hätten die Deutschen nicht überlebt.

Die Zuwanderer in Deutschland, so meint zumindest die russisch-jüdische Autorin Sonja Margolina, treffen „auf eine Kultur, die sich der eigenen Nationalität schämt, Selbsthass für die Norm hält und sich als deutsch verleugnet und lieber ‚europäisch‘ nennt. Eine solche Kultur kann für Migranten nicht attraktiv sein." Wie sollen sie einem weitgehend kinderlosen Volk ohne wahre Geschichts- und Erinnerungskultur begegnen?

Die Fußballweltmeisterschaften hatten doch beispielhaft gezeigt, wie viele der Migranten sich mit Deutschland identifizierten, als die Nation sich selbst feierte. Diese Annahme seiner selbst als Nation ist zugleich die Voraussetzung für die Annahme des Nächsten und kommt vom Nächsten zurück, um teilzuhaben an der Selbstannahme und Identifikation.

Der 03.10. jedoch ist für die Mehrzahl ein freier Tag, jedoch kein Feiertag. Ausgenommen sind die Muslime, denn sie haben ihren Tag der Moschee just an diesem Tag. Klug!

Die Folgen der Verachtung der Ahnen kommen als Gericht in der Einstellung der Bevölkerung nicht nur zur Bundeswehr zurück, sondern trifft auch andere Institutionen; Institutionen, aus denen der Geist der revolutionären Veränderung in unser Volk getragen wurde und letztlich lediglich Entwurzelte und Entfremdete hinterlassen hat. Die emanzipatorische Pädagogik ist eben nur ein Wunschbild, aber nicht ein Produkt wissenschaftlicher Erkenntnis, ein von Pädagogen und Theologen beider sogenannter Volkskirchen vermitteltes Wunschbild. Hohe Kultur verlangt ein hohes Maß an Ordnung und Disziplin. Das wird einem erst recht in Notzeiten bewusst. Letztlich trifft die Verachtung der Ahnen den Staat selbst, mit dem man sich nicht identifiziert.

Eliten ohne Kinder und Werteorientierung

Die freiheitliche Demokratie der Väter des Grundgesetzes ist heute durchdrungen in all ihren Institutionen vom marxistisch-kollektivistisch inspirierten Gedankengut der 68er. Karl Steinbruch, der bekannte Karlsruher Kybernetiker, schrieb: „Ich wünsche diesem Kartell der Unverantwortlichen etwas Höllisches. Sie sollten einmal in einem Staat leben müssen, der ganz und gar nach ihren Ideen organisiert ist und dem kein Experte und Establishment einen Rest von Vernunft erhält." Das ist inzwischen wohl nicht nur ansatzweise der Fall. Die 68er sind überall angekommen, haben alle Institutionen durchdrungen und haben auf dem Weg dorthin unseren Staat ruiniert. Nur die islamische Parallelgesellschaft mit ihrem Glaubenskompass und ihrem Kinderreichtum macht diese Narreteien nicht mit. „Die 68er hatten zwei Ziele", meint der Demograf Herwig Birg (Schweizerische Weltwoche, Nr. 1/09), „Die Familie muss weg. Zweitens Deutschland muss weg. Beide Ziele wurden weitgehend erreicht."

Die Verwerfung der abendländischen Orientierung durch die 68er beschrieb schon Ratzinger in seinen Erinnerungen: „(…) Ich habe das grausame Antlitz dieser atheistischen Frömmigkeit unverhüllt gesehen, den Psychoterror, die Hemmungslosigkeit, mit der man fast jede moralische Überlegung als bürgerlichen Rest preisgeben konnte, wo es um das ideologische Ziel ging (…) Die blasphemische Art, in der nun das Kreuz als Sadomasochismus verhöhnt wurde, die Heuchelei, mit der man sich – wenn nützlich – weiterhin als gläubig ausgab, um die Instrumente für die eigenen Ziele nicht zu gefährden (…)"

Und Dagobert Lindlau folgert: „Unsere Politikerkaste habe schon längst die Logik des Mobs übernommen, nämlich die Verwerfung der traditionell abendländischen Orientierung von gut und böse zugunsten der sozialdarwinistischen von winner und loser." Und zu den losern gehören die Familien mit Kindern, insbesondere jene Eltern, die ihren Erziehungsauftrag ernst, und damit eigenverantwortlich, wahrnehmen wollen.

Christa Meves stellt fest: „Ich denke, dass die Zeit nicht mehr dazu taugt, sich behaglich ins Private zurückzuziehen. Es geht uns in der Tat in der Weise an den Kragen, wie ich es für den jetzigen Zeitabschnitt seit 35 Jahren vorausgesagt habe." Auch sie sieht den sich ankündigenden Niedergang im Zusammenhang mit dem Verwehen des christlichen Geistes. Auch sie ist der Meinung, dass alle unsere Probleme, ob in der Rentenversicherung, der Krankenversicherung oder beim Rückgang der Binnennachfrage im Kausalzusammenhang stehen mit dem Verlust unseres ethischen Kompasses, mit der Vernichtung der Familie.

Bei einem demografisch impotenten und finanziell bankrotten Land wie dieser Republik wird das erarbeitete Wirtschaftswachstum mit dem geringeren Steueraufkommen nicht mehr ausreichen, um die demografisch bedingten Verteilungskämpfe zwischen den Zugewanderten und den überalterten Ansässigen, zwischen den Bevölkerungsgruppen mit Kindern und ohne Kindern, zwischen gewalttätigen Müßiggängern aller politischen Spektren und arbeitsethisch orientierten Bürgern weiterhin mit Subventionen zu befriedigen. Die Deutungseliten werden nicht mehr über die Mittel verfügen, um die von ihnen zu verantwortenden Spannungen zu lösen. Unruhen, Aufruhr, Gewalt und Bürgerkrieg zeichnen sich am Firmament ab.

Nur wenige ziehen die entsprechenden Schlussfolgerungen, wenngleich natürlich in einer Sprache, die nicht angreifbar ist. So stellt Generalmajor a. D. Servatius Maeßen, vormals Amtschef Luftwaffenamt in Köln-Wahn und langjähriger Generalsekretär des Reservistenverbandes die Frage: „Wenn sich Deutschland heute vorrangig auf Auslandseinsätze einstellt, wie sieht es morgen mit der

Fähigkeit zur Landesverteidigung gegen das gesamte asymmetrische Bedrohungsspektrum und die Risiken des erweiterten Sicherheitsbegriffs aus?" (Reservistenreport, 11/2009).

Es ist weit nach Zwölf. Eine Umkehr zu den wissenschaftlich längst erwiesenen Grundwahrheiten könnte die berechenbare Katastrophe zwar noch etwas abfedern. Ob die sogenannten Volkskirchen diese Umkehr noch begleiten und unterstützen würden mit einer erforderlichen christlichen Kulturrevolution, mit einem eindeutig klaren ethischen Kompass, um der weiteren Zerstörung der Familie, der Tötung der Schützenswertesten, der Kollektivierung der wenigen Kinder, viele davon seelisch unterversorgt, traumatisiert, verhaltensauffällig – Paroli zu bieten, ist allerdings mehr als fraglich. Schon 1971 stellte der evangelische bayerische Landesbischof Dietzfelbinger fest: „Wenn nicht alles täuscht, so stehen wir heute in einem Glaubenskampf, gegenüber dem der Kirchenkampf des Dritten Reichs ein Vorhutgefecht war." Und dass der Geist Satans schon längst in den Tempel GOTTES eingedrungen ist, kann heute Jedermann erkennen. Für jeden bekennenden Christen ist gerade deshalb Widerstand gegen die Diktatur des Relativismus angesagt.

Schon vor etlichen Jahren schrieb die inzwischen verstorbene Herausgeberin der Wochenendzeitung „Die Zeit", Gräfin Dönhoff zu dem sittlichen Niedergang Deutschlands: „Vieles von dem, worunter wir heute leiden: zunehmende Kriminalität, Brutalisierung des Alltags, Korruption bis in die höchsten Stellen, hängt damit zusammen, dass es keine ethischen Normen und keine moralischen Barrieren mehr gibt." Mit diesem sittlichen Niedergang einher gehen bereits jetzt im Ansatz erkennbare bürgerkriegsähnliche Auseinandersetzungen nicht nur in und mit Teilen der Parallelgesellschaft sondern auch mit dem in Massen auftretenden Pöbel, nicht nur in Hamburg, Berlin oder Köln.

Nur die Moschee steht wie ein „rocher de bronze". Ihr könnte die Zukunft gehören, zumal es durchaus vorstellbar ist, dass junge antimaterialistisch eingestellte Deutsche in den muslimischen

Gemeinden das finden können, was ihnen die Republik und ihre Deutungseliten nicht geben kann: eine feste Burg mit Sinn, Sinn in einem Leben mit Kindern und damit mit Zukunft!

Zum Geschichtsbild einer Republik ohne Verteidiger

Nur noch wenige christliche Gläubige wissen ja und glauben, „dass Kriege und Kriegsgeschrei bleiben werden bis zum Ende aller Tage". Erst mit der Wiederkehr des MESSIAS hält – nach großen Gerichtskatastrophen – der Friede Einzug. Bis dahin gibt es den vollkommenen Frieden nicht, allenfalls Waffenstillstand, Rüstungsbeschränkungen, Rüstungskontrollen. Kriege und Streit kommen eben aus dem bösen Herzen des Menschen.

Dem modernen Menschen gerade in Europa ist es heute schier unmöglich, das Böse oder gar den Bösen im Sinne biblischer Aussagewerte als Tatsache anzuerkennen, denn das würde ja bedeuten, dass das Böse in Gestalt von Rache, Vergeltung, Neid oder Hass eine Realität wäre, die nicht wegzumanipulieren ist. Schon Schuld als moralisches Versagen wird bekanntlich ersetzt durch den behebbaren Fehler im Konstruieren des Lebens.

Die Deutungseliten gehen jedoch davon aus, dass Kriege grundsätzlich vermeidbar sind, dass sie zu eliminieren sind, dass sie in Europa nicht mehr vorkommen werden, dass alle Menschen die Friedenssehnsucht in sich tragen. Und unvorstellbar ist für sie, dass es Kulturen und Menschen gibt, die den Krieg, die Gewalt, den Aufruhr lieben, ja, die sogar den Kampf gegen Ungläubige als Auftrag ihres Gottes sehen und davon überzeugt sind, dass sie in das Paradies kommen, wenn sie in einem solchen Kampf fallen.

Der israelische Militärhistoriker Martin van Creveld bringt es auf den Punkt: „Krieg ist letztlich das Ergebnis menschlicher Emotionen wie etwa Furcht, Hass, Gier oder Rache. Ich stimme Friedrich Nietzsche zu, dessen Schriften ich am Schreibtisch als einzige immer in Reichweite habe, dass die Vernunft im Vergleich zur Emotion nur eine schwache Kraft ist." „Aber um den Krieg zu eliminieren, müssten wir die menschlichen Emotionen eliminieren." Natürlich ist es nicht so, dass alle Menschen sich in Europa den I. und II. Weltkrieg wünschten. Im Gegenteil wenn, was natürlich utopisch ist, der erste Weltkrieg in Russland bei dem Volk zur Abstimmung gestanden hätte, wäre er seitens Russlands nicht möglich gewesen. Der durch ein Attentat einen Tag nach dem Anschlag von Sarajewo schwerverletzte Rasputin vertritt eindeutig die Einstellung der russischen Bauernschaft, wenn er dem Zaren schreibt: „Lass Dich nicht zum Krieg hinreißen", und visionär fügt er hinzu: „Es ist das Ende Russlands und des Zaren". Die Mehrheit der US-Amerikaner wollte nichts von einer Beteiligung am I. Weltkrieg wissen, sondern wurde trickreich über die Lusitania-Lüge hinein geführt (siehe Anmerkung).

Auf den II. Weltkrieg projiziert bedeutet das, dass dieser nicht hätte stattfinden können, wenn das deutsche Volk selbst über den Eintritt in diesen Krieg hätte entscheiden können. Der Schrecken des I. Weltkrieges saß vielen noch in den Gliedern, als Hitler, um die Nation einzustimmen, eine Division, feldmarschmäßig ausgerüstet, durch Berlin marschieren ließ. Da gab es keinen Applaus, da gab es nur betretenes Schweigen und sich Abwenden. Das deutsche Volk wollte diesen Krieg nicht; es ist in den Krieg in raffinierter und skrupelloser Weise hineingeführt worden. Die Soldaten fühlten sich getragen vom Willen des deutschen Volkes und waren davon überzeugt, für eine gerechte Sache zu kämpfen. Die weit überwiegende Mehrheit im II. Weltkrieg kämpfte im guten Glauben, eine nationale Pflicht zu erfüllen.

Zur wahrhaftigen historischen Würdigung gehört eine faire Darstellung unserer Väter und Großväter, die in der Wehrmacht zu dienen hatten. Nie hatte es eine saubere Wehrmacht gegeben, aber ebenso wenig gab es eine unsaubere. Es gab eine Wehrmacht, im Gegensatz zur Bundeswehr ein Volksheer. Dass ein Krieg das Böse fördert, erkennen wir jeden Tag auf unserm Globus, und dennoch ist festzuhalten, dass sich in einem Heer von 18-10 Millionen etwa 2 v. H. an Verbrechen beteiligt haben und diese Verbrechen sind längst bekannt und mehrheitlich geahndet.

Die Moral und das Rechtsgefühl der meisten Soldaten waren damals noch durchweg hoch entwickelt. Im Gegensatz zu heute kamen sie aus soliden Schulen und intakten Elternhäusern und im Gegensatz zu heute war der eindeutige und saubere kirchliche Einfluss teils noch beträchtlich. Die Wehrmacht war, wie schon festgestellt, im Gegensatz zur Bundeswehr, ein Volksheer. Sie repräsentierte also das ganze deutsche Volk, denn es gab keine Familie, in der nicht der Sohn, der Ehemann, der Bruder, der Onkel oder Neffe Soldat war, verwundet wurde oder im Kriege fiel. Diesen unterstellen die heutigen Deutungseliten, dass sie plündernd, mordend und vergewaltigend über die europäischen Völker herfielen. Die europäischen Völker sehen das jedoch in ihrer großen Mehrheit anders. Wenn die Wehrmacht mordend, plündernd und zerstörend durch Russland zog, warum stellten sich dann hunderttausende von Russen für den Dienst in der Wehrmacht zur Verfügung? Und dies noch, als schon die großen Rückzugsbewegungen eingeleitet wurden.

„Der überwiegende Teil der Soldaten der Wehrmacht hat geglaubt, bona fide tapfer und ehrenhaft zu kämpfen. Sie konnten nicht erkennen und waren sich dessen nicht bewusst, für etwas gekämpft zu haben, was heute als schlechte Sache erkannt ist und bewertet werden muss", sagte einmal General a. D. Ulrich de Maizière. Wie sollten denn auch die einfachen Soldaten die Hintergründe der politischen Entwicklung unmittelbar vor Kriegsausbruch durchschauen können, woher sollten sie etwas wissen können über das geheime Protokoll zwischen Hitler und Stalin? Diejenigen, die am 20. Juli 1944 den Tyrannen gewaltsam zu beseitigen suchten, hatten im Gegensatz zur Mehrzahl unseres Volkes und seiner Soldaten entsprechende Einsichten und Informationen. Der

Soldat selbst dagegen hatte noch nicht einmal einen Überblick über den Verlauf der Feldzüge, lediglich die Verluste im eigenen Truppenteil waren ihm zur Kenntnis gekommen.

Für das gesamte Geschehen bestand Aufzeichnungspflicht (Kriegstagebuch). Verbrechen und Vergehen wurden gemeldet, vor Feldgerichten und Kriegsgerichten verhandelt, die Täter bestraft. Die Wehrmachtjustiz war nicht weisungsgebunden und im Vergleich zur zivilen Justiz unabhängig von den Einflüssen der NSDAP. Niemals wären in diesem Volksheer Massenvergewaltigungen wie durch die japanischen Truppen in China oder durch die Rote Armee in den eroberten Gebieten möglich gewesen. Allein in Berlin fielen dieser Vergewaltigungsorgie mehr als hunderttausend Frauen zum Opfer, einer von der politischen und militärischen Führung gewollten „Strategie des Terrors". Auch an der Ostfront wurden bei Sexualdelikten immer wieder hohe Strafen ausgesprochen, teilweise oder ausschließlich aufgrund der Aussagen einheimischer Opfer oder Zeugen. Die Berner Historikerin Birgit Beck stellt in ihrem Buch „Wehrmacht und sexuelle Gewalt" fest, dass bis 1944 durch die deutschen Militärgerichte 5.349 Männer wegen „Sittlichkeitsvergehen" verurteilt wurden. Dabei wurden sowohl Todesurteile als auch Frontbewährung ausgesprochen. Hunderttausende von Wehrmachtskindern, allein in Frankreich, waren nicht das Ergebnis von Vergewaltigungen, sondern von Zuneigung und Liebe junger Menschen.

Bei einem Heer von 18-20 Millionen Soldaten gibt es auch eine Minderheit, die Verbrechen begangen hat. In dieser Zahl von 18-20 Millionen sind auch die nichtdeutschen Soldaten mit einberechnet. Rolf-Dieter Müller rechnet in seinem Buch „An der Seite der Wehrmacht. Hitlers ausländische Helfer beim „Kreuzzug gegen den Bolschewismus" mit insgesamt 20 v. H. nichtdeutschen Soldaten, die innerhalb der Wehrmacht und der Waffen-SS gekämpft haben. Es waren zu großen Teilen Kinder von durch den Bolschewismus ausgerotteten Elternhäusern. Allein im letzten Kriegsjahr ist fast eine Million Freiwillige aus den osteuropäischen Völkern zu verzeichnen.

Dass auch Wehrmachtssoldaten befehlsgemäß an der Liquidierung von Unschuldigen im Stile der Einsatzkommandos beteiligt waren, insbesondere Truppen im rückwärtigen Gebiet, Sicherungsdivisionen und Sonderverbände zur Partisanenbekämpfung, ist wahr. Das gilt jedoch nicht für die bekannten Infanterie- und Panzerdivisionen. Auf deutscher Seite waren in der Partisanenbekämpfung nicht selten Einheiten eingesetzt, die als Strafbataillone galten, „Wehrunwürdige" mit Ehrverlust, Degradierte, aber auch Verbrecher. Dass das Handeln der Partisanen weitgehend von einem Sadismus ohnegleichen geprägt war, wird von den heutigen Deutungseliten nicht zur Kenntnis genommen. 1944 gab es im Bereich der Heeresgruppe Mitte allein 240.000 Partisanen. In solchen heimtückischen, blutigen Auseinandersetzungen wird in jeder Armee die Hemmschwelle für Rechtsbrüche gesenkt. Es ist Heuchelei der heutigen Deutungseliten, die nie gedient haben, aber andere für Interventionen global in der Welt einsetzen, sich der Illusion hinzugeben, dass ein „sauberer Krieg" garantiert werden kann. Jeder Krieg, vor allem bei längerer Dauer, führt zur Eskalation der menschlichen Leidenschaften.

Dass das Regime verbrecherische Befehle gab, den Kommissarbefehl vom 06. April 1941, den Kriegsgerichtsbarkeiterlass vom 13. Juni 1941, ist nicht zu leugnen. Es ist wohl anzunehmen, dass der gewöhnliche Landser mehrheitlich nie etwas von diesen beiden verbrecherischen Befehlen mitbekommen hat. Er war gehalten, sich im Kampfgeschehen an die in allen Soldbüchern der Wehrmacht festgeschriebenen – ohne Zweifel christlich begründeten – 10 Gebote zu halten. „Der deutsche Soldat kämpft ritterlich für den Sieg seines Volkes. Grausamkeiten und nutzlose Zerstörungen sind seiner unwürdig", stand im ersten der 10 Gebote.

Auf Druck der Frontkommandeure wurde der Kommissarbefehl 1942 aufgehoben, viele Generalstabsoffiziere und Kommandeure hatten ihn ohnehin nicht an die Truppe weitergegeben. So schreibt Guderian: „(…) habe ich die Ausgabe dieses Befehls an die Divisionen verboten. Ich habe die Nichtbefolgung dieses Befehls an den Oberbefehlshaber der Heeresgruppe gemeldet." Und der Ia der Heeresgruppe Mitte, Oberst i. G. von Tresckow: „Solange ich Ia der HGrp bin, wird kein Kommissar erschossen." Und dem Erlass über die Kriegsgerichtsbarkeit war ein Anschreiben des Oberbefehlshabers des Heeres folgenden Inhalts beigefügt: „Unter allen Umständen bleibt es Aufgabe aller Vorgesetzten, willkürliche Ausschreitungen einzelner Heeresangehöriger zu verhindern und einer Verwilderung der Truppe rechtzeitig vorzubeugen."

Hitler, wie viele Politiker ein Mann aus dem Nichts und frei von jeder Moral, missbrauchte und instrumentalisierte die traditionellen Werte für sein Mordbrennerregime. Es ist daher sicherlich kein Zufall, dass die meisten Männer und Frauen des 20. Juli 1944 Christen waren. Marion Gräfin Dönhoff, ehemalige Weggefährtin der Widerstandskämpfer, schrieb 1946: „Das ist der Geist ‚des geheimen Deutschlands‘ (…), die Absage an den Materialismus und die Überwindung des Nihilismus als Lebensform. Der Mensch sollte wieder hineingestellt werden in eine Welt christlicher Ordnung, die im Metaphysischen ihre Wurzeln hat (…)" Die Männer und Frauen des 20. Juli traten, wissend um die geringen Chancen, gegen das wahrlich diabolische Regime an. So schrieben sie in dem „Aufruf an das deutsche Volk": „Wir wollen Gottesfurcht an Stelle der Selbstvergottung, Recht und Freiheit an Stelle von Gewalt und Terror, Wahrheit und Sauberkeit an Stelle von Lüge und Eigennutz." Vorher war schon zu lesen: „Hitler aber hat die göttlichen Gebote verhöhnt, das Recht zerstört, (…) Zahllose Deutsche, aber auch Angehörige anderer Völker, schmachten seit Jahren in Konzentrationslagern, den größten Qualen ausgesetzt und häufig schrecklichen Foltern unterworfen (…) Durch grausame Massenmorde ist unser guter Name besudelt."

Das Regime sah es nach dem 20. Juli als vordringliche Aufgabe an, „nun endlich ein Offizierkorps zu schaffen, das vom nationalsozialistischem Geist durchdrungen sein" sollte. Es wurden nahezu

200 weitere an der Verschwörung Beteiligte hingerichtet, darunter allein 19 Generale und 26 Obristen, nach entwürdigenden Schauverhandlungen durch den Vorsitzenden des Volksgerichtshofes, Dr. Roland Freisler, einen ehemals überzeugten Kommunisten und bolschewistischen Kommissar. Die Angehörigen der Verschwörer verfielen der Sippenhaft. Hellsichtig schrieb Ernst Jünger bereits am 22.07.: „Welche Opfer hier wieder fallen, und gerade in den kleinen Kreisen der letzten ritterlichen Menschen, der freien Geister, der jenseits der dumpfen Leidenschaften Fühlenden und Denkenden. Und dennoch sind diese Opfer wichtig, weil sie inneren Raum schaffen und verhüten, dass die Nation als Ganzes, als Block in die entsetzlichen Tiefen des Schicksals fällt." „Gestern wurde der Anschlag bekannt. Der Attentäter soll ein Graf Stauffenberg sein. Das würde meine Meinung bestätigen, dass an solchen Wenden die älteste Aristokratie ins Treffen tritt", schrieb Ernst Jünger am 21. Juli 1944 in seinem Zweiten Pariser Tagebuch. In der Tat führte die aus schwäbischem Uradel stammende Familie Stauffenberg ihre Abkunft auf die Staufer zurück, und schon dem jungen Stauffenberg war Friedrich II. von Hohenstaufen Vor- und Leitbild eines gerechten christlichen Herrschers.

Je mehr der Umfang der Verschwörung bekannt wurde, umso offensichtlicher wurde das Versagen der Geheimen Staatspolizei. Immerhin war von Berlin bis Wien und Paris ein dichtes Netz geknüpft worden, mehr als 200 Personen waren eingeweiht, Tausende müssten es zumindest erahnt haben, dass die Kritik an der Führung nicht Selbstzweck war, sondern dass man Mittäter gewinnen wollte. Noch am Tag nach dem Attentat tappte die Gestapo im Dunkeln. Niemand hatte vorher Anzeige erstattet, nicht einer der direkt Angesprochenen, selbst wenn sie anderer Meinung waren. Das damalige Offizierkorps war mehrheitlich noch durchdrungen von gemeinsamen Ehrbegriffen und einem das Ganze tragenden Verhaltenskodex. Immerhin trafen sich die Verschwörer seit Jahren, fuhren trotz Rationierung mit Privat- und Dienstwagen zu Besprechungen, planten Stellenbesetzungen und verfassten Aufrufe und Erklärungen, die ganze Panzerschränke füllten.

In der Wehrmacht war sogar die Verfolgung der Deutschen jüdischer Herkunft durchlöchert. Hier wurde der gezüchtete Hass auf diese Deutschen nicht grundsätzlich geteilt, hier galt noch der Zusammenhalt unter dem Prinzip der Kameradschaft unter den Frontsoldaten. 20 Soldaten aus jüdischen Familien wurden, so schreibt Bryan Mark Rigg (Hitlers jüdische Soldaten) sogar mit dem Ritterkreuz des Eisernen Kreuzes ausgezeichnet, heute eine verachtete Spezies. Rigg, Ph.D., Freiwilliger der Israelischen Armee und Offizier im US-Marine-Corps, schätzt die Gesamtzahl der Soldaten jüdischer Herkunft, die in der Wehrmacht, einige sogar in der Waffen-SS gedient haben, auf 150.000. Das relativiert und negiert nicht die Barbarei des Regimes, aber es gibt einen kleinen Einblick in die geistige Verfassung der Armee, eines Volksheeres.

Dass der Wehrmacht in ihrer Gesamtheit ein verbrecherischer Charakter unterstellt wird, ist zielgerichtet und bedeutet, dass so das gesamte deutsche Volk als ein Volk von Verbrechern dargestellt werden kann. Dann hat es auch die mörderische Vertreibung von 15 Millionen Deutschen, die bis 1947 währenden Massenvergewaltigungen und Ausmordungen durch eine enthemmte sowjetische Soldateska genau so verdient wie das Schinden und Vergewaltigen durch französische Kolonialtruppen, das bewusste Verreckenlassen einer Vielzahl von deutschen Kriegsgefangenen, u. a. auf den Rheinwiesen durch die US-Army, oder den amerikanischen und britischen Bombenterror gegen Frauen und Kinder zur Brechung der Moral.

Wohlgemerkt, diese Feststellungen stammen nicht von unseren ehemaligen Feinden, sondern von der jetzigen Deutungselite Deutschlands. Also eine Bundeswehr, die von Verbrechern aufgebaut und infiziert wurde, wird heute von dieser Deutungselite, die zu nicht geringen Teilen selbst keinen Dienst geleistet hat, zu Interventionszwecken, also zu Angriffszwecken global eingesetzt.

Die heutigen Deutungseliten, die die Millionen deutschen Soldaten auf den Müllhaufen der Geschichte werfen, haben wohl folgende Kausalität im Sinn: die Wehrmacht war eine verbrecherische Organisation, die Angehörigen der Wehrmacht waren folglich Mitglieder dieser verbrecherischen Organisation, der Aufbau der Bundeswehr geschah durch ehemalige Angehörige dieser verbrecherischen Organisation. Es ist den Deutungseliten mit Unterstützung insbesondere der Medien und der protestantischen Kirchen gelungen, dieses Bild bei vielen jungen Menschen einzubrennen. Und nun kommt es als Gericht zurück. Heute müssen Rekruten bei ihrem öffentlichen Gelöbnis von Polizisten vor dem Mob geschützt werden, sind sie doch als Nachfolger der Wehrmacht rechtsradikal und nazistisch. Da insbesondere die protestantischen Kirchen die Soldaten aus dem Ganzen der Kirche ausgeklammert haben, erstaunt es sicherlich nicht, dass viele Soldaten, ehemalige und jetzige, mit einer solchen glaubensschwachen Institution nichts zu tun haben wollen, einer Institution, die wie der jüdische Religionsphilosoph Prof. Pinchas Lapide in seinen Vorträgen immer wieder feststellen konnte, die simpelsten Glaubensaussagen gerade Soldaten betreffend entweder ignorierte oder was wahrscheinlicher ist, bei nachweisbarem SPIEGEL-Wissen nicht kennt (Mt 10,34, Lk 22,36, Lk 3,14, Mt 8,5ff).

Prof. Bossl, Universität Würzburg, stellte einmal fest, dass der israelische Generalstab nach der Befragung von 1000 Militärspezialisten in aller Welt zu der Erkenntnis gekommen ist, dass die deutschen Soldaten im Vergleich zwischen den wesentlichen neun am Krieg beteiligten Nationen die tapfersten und diszipliniertesten waren. Für die Israelis ebenso wie für die Mehrzahl unserer Feinde ist es eine Tatsache, dass sich die überaus große Mehrheit von deutschen Soldaten aller Dienstgrade keiner Verbrechen oder Vergehen schuldig gemacht hat. Für die Franzosen beschreibt Raymond Cartier zutreffend das Erstaunen Vieler, als sie kurze Zeit nach der Besetzung durch die Alliierten Vergleiche zwischen dem Verhalten deutscher und alliierter Soldaten ziehen konnten; sie fielen negativ für die Alliierten aus.

Während selbst in Russland die verurteilten Soldaten der Wehrmacht in ihrer großen Mehrheit nach dem „Gesetz zur Rehabilitierung von Opfern politischer Unterdrückung" um der Gerechtigkeit willen rehabilitiert werden, werden sie von der gesamten Deutungselite von der Mitte bis links quasi als verbrecherisch-schuldig gewertet. Sie sind eben nicht desertiert. Dass jeder Deserteur quasi als Widerstandskämpfer gegen das Regime eingestuft wird, widerspricht allen uns vorliegenden Erkenntnissen, insbesondere des Auslandes. Nach den Akten des Stockholmer Reichsarchivs beispielsweise war die Hauptursache für Fahnenflucht deutscher Soldaten ein drohendes Kriegsgerichtsverfahren wegen Plünderung, Unterschlagung und Schwarzhandel. Die entsprechenden Akten der Schweiz sind ebenso eindeutig wie die Schwedens.

Zwei Drittel der wegen Fahnenflucht Angeklagten hatten weder eine abgeschlossene Schul- noch eine Berufsausbildung. Nahezu 50 v. H. waren vor ihrem Eintritt in die Wehrmacht strafrechtlich belangt worden. Nach ihrem Eintritt waren über die Hälfte disziplinarisch belangt worden. Ca. 25 v. H. waren schon einmal wegen eines schwerwiegenden Verbrechens oder Vergehens vor dem Kriegsgericht gestanden. Die von den Deutungseliten initiierte pauschale Glorifizierung schlägt als Gericht auf sie zurück. Diese Republik ist eine Republik der Verweigerer, nicht nur der Verweigerung des Waffendienstes für den Staat.

Deserteure und Fahnenflüchtige in ihrer Gesamtheit genießen heute den Beifall der Deutungselite der Republik, während beispielsweise die Piloten der Nachtjägerverbände, die sich jede Nacht dem Bomberströmen des Strategischen Bomberkommandos entgegen warfen, um zu verhindern, dass deutsche Frauen und Kinder als wesentliches Angriffziel lebendig verbrannten, oder jene Soldaten und Angehörigen der Kriegsmarine, die sich im Osten opferten, damit die Flüchtlingstrecks einer zügellosen, barbarischen Soldateska entkommen konnten, als Angehörige einer von unseren Deutungseliten als verbrecherisch dargestellten Institution aus dem Gedächtnis gestrichen wurden, ja sogar von den heutigen durch die sogenannte Innere Führung geprägten Offizieren der Bundeswehr.

Die Bundeswehr macht einen guten Job, sagt die Generalität der Berliner Republik. Van Crefeld sieht das nicht so. Erstens hat er eine besondere Meinung zur deutschen Generalität: „Ich erinnere mich an einen deutschen Offizier, der mir sagte, deutsche Generale seien die wohl feigste Bande überhaupt, ständig zittern sie nur um ihre Karriere." (JF, 16.08.09) Und er stellt fest, dass beispielsweise die deutschen Soldaten der UNiFIL-Mission eher als „Zuckerpüppchen" betrachtet werden, die besten Soldaten dort seien die Spanier und – überraschenderweise – die italienischen Fallschirmjäger. Letztlich sieht van Crefeld die Bundeswehr im Gegensatz zu der von ihm bewunderten Wehrmacht als „Verwaltung in Uniform". Er lobt die Kampfkraft und vorbildliche militärische Leistungsfähigkeit der Wehrmacht und führt sie wesentlich auf den kameradschaftlichen Zusammenhalt in den Einheiten zurück.

Es ist nicht von besonderem Interesse für die Mehrzahl der Bevölkerung, wenn Soldaten der Bundeswehr heute im Ausland fallen. Wofür fallen deutsche Soldaten im Ausland? Für Frieden, Recht und Freiheit? Für wessen Frieden, welches Recht, wessen Freiheit? Die werden ja nicht schlecht dafür bezahlt, wenn sie da hingehen, heißt es. In der Tat ist es so, dass der Auslandseinsatz mit der vorherigen Verpflichtung für viele Ostdeutsche die einzige Möglichkeit darstellt, nach dem Ausscheiden eine solide Berufsausbildung zu erhalten. Während die Westdeutschen – siehe auch ihre Deutungseliten – zuhauf den Dienst verweigern, stammen fast 50 v. H. der im Ausland eingesetzten Soldaten aus den östlichen Bundesländern. Bei den Berufs- und Zeitsoldaten stammen 39 v. H. der Mannschaften und 33 v. H. der Unteroffizierdienstgrade aus den sogenannten neuen Bundesländern.

Wenn die deutsche Bevölkerung über den Krieg der Bundeswehr in Afghanistan abstimmen dürfte, müssten die Soldaten sofort abgezogen werden. Vielleicht nicht uninteressant in diesem Zusammenhang, dass ein Großteil der jungen Männer, insbesondere der formal gebildeten, den heutigen deutschen Staat nicht verteidigen will also muss er für sie nicht verteidigungswürdig sein. Eine Armee des Volkes ist die Bundeswehr nicht, kann sie ja auch nicht sein. Erstens, weil die Mehrheit des formal intelligenteren Teils der Wehrpflichtigen den Dienst verweigert, zweitens die Söhne von Berufs- und Zeitsoldaten interessanterweise trotz der immer und immer wieder offiziell hoch gelobten Inneren Führung zu großen Teilen von ihren Vätern aufgefordert werden, nicht in dieser Armee zu dienen, und drittens diese Armee eine Armee ohne Wurzeln ist. Vom 10. Dezember 2006 bis zum 28. Februar 2007 führte der Deutsche Bundeswehrverband eine Befragung seiner Mitglieder durch. Die Gretchenfrage war die Frage 21. „Würden Sie den Ihnen nahe stehenden Personen (z. B. ihren Kindern) den Dienst in den Streitkräften empfehlen oder nicht empfehlen?" 55 v. H. der SaZ (Zeitsoldaten) und sogar 74 v. H. der Berufssoldaten antworteten unmissverständlich. Sie lehnten eine solche Empfehlung ab.

Wenn man auf seine Ahnen spuckt, gerade auf diejenigen, die nach Haltung und Leistung ihre Ehrenhaftigkeit und Unbescholtenheit trotz widriger Befehle und Umstände bewahrt haben, dann ist es für die Enkel dieser Geschmähten uninteressant, in der Bundeswehr zu dienen. Van Crefeld beschreibt seinen Besuch des Luftwaffenmuseums in Berlin-Gatow und er stellt dort fest, dass das Wort Helden für die Kampfflieger der Weltkriege dort in Anführungsstriche gesetzt ist. Sein Kommentar ist, dass dies „der Anfang vom Ende" sei. Er sagt in dem Interview mit der JF (16.08.09): „Ein Land, das diejenigen, die für es kämpften und starben, in einer solchen Art und Weise behandelt, kann nur beten, dass – um Clausewitz zu zitieren – niemand mit einem scharfen Schwert vorbeikommt und ihm den Kopf abschneidet. Denn ganz gewiss wird dann keiner für es kämpfen."

Ein heute 16jähriger kann nur zu dem Schluss kommen, dass seine Vorväter insgesamt entweder Verbrecher oder Dummköpfe waren. Das ist ein furchtbares Fazit. Unterstützt wird das inzwischen auch von einigen an den Bundeswehruniversitäten akademisch ausgebildeten Offizieren der Bundeswehr. So gab es laut JF vom 29.08.08 (S. 21) eine Ausstellung in Potsdam über die Erziehung zum Offizier. Oberstleutnant Dieter Kollmar vom Referat „Innere Führung" des Führungsstabes der Bundeswehr und zuständig für Militärgeschichte und die Traditionsbildung in den Streitkräften erklärte dort in einem Vortrag, „dass die Qualität der bundesdeutschen Offizierausbildung weit über diejenige der deutschen Heere zu Beginn des 20. Jahrhunderts, der Reichswehr und der Wehrmacht liege. Erst heute sei mit dem Hochschulstudium und dem Schritthalten mit der wissenschaftlichen und gesellschaftlichen Entwicklung sowie der politischen Bildung des Offiziers ein für den Dienst geeigneter Offizier herangebildet worden. Das Ausbildungsniveau früherer deutscher Streitkräfte verwarf der Referent denn auch rigoros, es sei unzeitgemäß und schlecht gewesen. Das deutsche Offizierkorps im Ersten Weltkrieg habe vollständig versagt. Auch in Reichswehr und Wehrmacht hätten praktisches Können, Charakter und nationale Gesinnung über Eignung gestanden. Probleme habe es auch in der früheren Bundeswehr mit den aus der Wehrmacht übernommenen Offizieren gegeben. Diese hätten zwar die Bundeswehr aufgebaut, doch hätten sie als Traditionalisten und reine Praktiker nicht die Distanz zur Inneren Führung aufgeben wollen. Erst mit dem zum Standard avancierten, eigentlich zivilen Hochschulstudium für jeden Offizieranwärter und nach Ausscheiden der früheren Wehrmachtsangehörigen aus der Bundeswehr Anfang der 1970er Jahre habe man den vollwertigen Offizier, Leutnant 70 heranziehen können. Gewissermaßen der Typus eines 68ers der Bundeswehr, wie sich der Vertreter des Ministeriums rückblickend fast anerkennend ausdrückte".

US-Botschafter Vernon Walters äußerte dagegen bereits 1984: „Vor den deutschen Soldaten ziehe ich den Hut. Ich habe bei Anzio und in der Normandie gegen Euch gekämpft und kann nur sagen: Eure Soldaten waren erstklassig! Was ihr Deutschen braucht, ist mehr Selbstachtung und Patriotismus! Ihr habt das Recht dazu.

Ihr seid ein großes Volk, das der Welt unermessliche Kulturschätze geschenkt hat. Ihr habt in der Wehrmacht eine Armee gehabt, welche die Welt bewundert."

In Bewunderung für Haltung und Disziplin äußerten sich Mitterand und vor ihm Charles de Gaulle.

Dass es nicht zum Besten um das Klima in den Streitkräften bestellt zu sein scheint, weniger kameradschaftlich, kälter, weniger rücksichtsvoll, bestätigen – nicht nur hinter der vorgehaltenen Hand – viele Soldaten. Ein Ergebnis der vielgelobten Inneren Führung, die jedoch bei vielen Vorgesetzten eine Rückfallversicherungsqualität in ihren Entscheidungen bewirkt hat? Das bewirkt Unselbständigkeit und Ängstlichkeit, wobei der Fisch natürlich am Kopf zu stinken anfängt. Originale, wie sie zuhauf unter den ehemaligen Soldaten der Wehrmacht zu finden waren, mit Rückgrat und Mut gegenüber Fürstenthrönen, sind nicht mehr zu finden. Es gilt das Prinzip der Anpassung und Resignation. Keiner traut den Deutungseliten, auch nicht den militärischen Führungskräften, den Mut und die Kraft zu, zu unterbinden, dass ihre Ahnen straffrei Mörder genannt werden können. Interessant ist auch, dass es im Sinne der Inneren Führung ausgebildete militärische Vorgesetzte sind, die es dulden, hinnehmen oder sogar noch im vorauseilenden Gehorsam initiieren, dass das Andenken an die Gefallenen des letzten Kriegs geschändet oder beseitigt wird. Das Gericht ist schon längst über sie; Vertrauen genießen sie bei ihresgleichen nicht. Die Mehrzahl der Soldaten denkt trotz permanenter Charakterwäsche gänzlich anders, kann das jedoch nicht äußern, weil sie dann hinsichtlich ihres Fortkommens chancenlos wäre.

Im Gegensatz zu den meist nicht gedienten heutigen Deutungseliten sehen ehemalige Soldaten wie Helmut Schmidt oder der inzwischen verstorbene ehemalige Inspekteur der Luftwaffe Günther Rall, im II. Weltkrieg mit 275 Abschüssen einer der erfolgreichsten Jagdflieger, den Auslandseinsatz der Bundeswehr sehr, sehr skeptisch. Rall sagte in einem Interview mit der Süddeutschen Zeitung am 4./5.

April 2009: „Dass wir uns jenseits der Nato-Grenzen militärisch engagieren, halte ich, wie der frühere Bundeskanzler Helmut Schmidt, unter dem ich einige Jahre gedient habe, für den falschen Weg." „Ich kann und will mir nicht mehr vorstellen, dass sich Deutschland noch einmal an einem Krieg beteiligt."

Typisch dagegen der Vertreter der heutigen Deutungseliten, der 2005 dem Jagdgeschwader 74 den Traditionsnamen „Mölders" entzog, aber als nichtgedienter Jurist 2002 erklärte „Die Sicherheit Deutschlands wird auch am Hindukusch verteidigt." Werner Mölders war ein untadeliger, mutiger Jagdflieger. Sein Auftrag in Spanien war, die Martin-Bomber der Roten Brigaden daran zu hindern, spanische Dörfer zu bombardieren. Das mit Billigung des damaligen Bundespräsidenten Gustav Heinemann nach Mölders 1973 benannte Geschwader hat ebenso wenig die Bevölkerung insgesamt erfahren, was Mölders konkret zur Last gelegt wird. Interessant ist, wie der vorgenannte Jurist den Eid des Soldaten umbiegen kann. Was ist da Neues unter der Sonne? Sie tragen auch – Widerspruch ist von ihnen nicht bekannt geworden – die Entscheidung der Großen Koalition mit, die gesetzlichen Grundlagen für eine pauschale Rehabilitierung von Kriegsverrätern im Zweiten Weltkrieg zu schaffen. Die Charakterwäsche, die Umerziehung hat gewirkt. Alle Soldaten der Wehrmacht waren Nazis, d.h. jene Soldaten, die sich pflichtbewusst und diszipliniert verhalten hatten, stehen nunmehr unter Pauschalverdacht: „Soldaten sind Mörder". Das Eintreten für Frauen und Kinder, das Eintreten für den Kameraden – alles ein Eintreten für die nationalsozialistische Ideologie. Einwandfrei haben sich nur Deserteure, Wehrkraftzersetzer u. a. verhalten. Dieser Auffassung sind die Politiker der Berliner Republik, nicht die ehemaligen Feinde, die höchste Anerkennung für die militärischen Leistungen der Soldaten der Wehrmacht bis heute äußern. Das wird Auswirkungen auf die Soldaten der Bundeswehr haben müssen, dienen sie doch in einer Armee eines Landes, das Verräter, Saboteure und Fahnenflüchtige als Vorbilder ehrt. Das alles weckt Verachtung und fördert die Wut.

Die Bundesregierung spricht immer von den verbrecherischen Taliban, ihrem hinterhältigen Kampf, verehrt aber zugleich die Partisanenkämpfer im II. Weltkrieg als Widerstandskämpfer. Ein Feind ist jedoch kein Verbrecher, ein Feind ist die existentielle Negation der eigenen politischen Existenzform. Es ist doch schiere Heuchelei, für Freiheit und Demokratie in aller Welt einzutreten, jedoch nicht im eigenen Vaterland. Hier haben wir die Selbstaufgabe der eigenen Werte.

Wo keine Gerechtigkeit ist, wo der Staat nicht mehr Wahrer des Rechts ist, sondern nur noch die Regulierung der Verteilung der Beute sicherstellt, kann dieser auch nicht verteidigt werden.

Von den heutigen Pazifisten, gerade auch im deutschen Protestantismus, wird das falsch übersetzte Gebot „Du sollst nicht töten" häufig zitiert. Es muss dem hebräischen Urtext folgend richtigerweise übersetzt werden mit „Du sollst nicht morden". Im 5. Mose-Buch ist eindeutig gesagt, wer ein Mörder ist, nämlich derjenige, der unschuldiges Blut vergießt. Tötung im Zuge einer kriegerischen Auseinandersetzung qualifiziert die Bibel daher nicht als Mord, sondern als Totschlag. Johannes der Täufer ruft die Soldaten nicht auf, die Waffen wegzuwerfen, sondern fordert: „Tut niemand Gewalt noch Unrecht an und lasst euch genügen an eurem Solde" (Luk 3,14)

Unschuldiges Blut, das seit Beginn des letzten Jahrhunderts in Strömen floss und weiterhin fließt, wie beispielsweise beim Genozid an den Armeniern, der Vernichtung der Kulaken, den gemordeten Europäern jüdischen Glaubens oder jüdischer Herkunft in der Hölle der Konzentrationslager, den von ihren „Befreiern" zu Tode vergewaltigten Frauen und Kindern im Osten des Reiches, den Geschatteten von Hiroshima, den Opfern in den UNO-Schutzzonen wie Srebrenica, den dahin geschlachteten Tutsi, den gefolterten, vergewaltigten und gemordeten Tschetschenen.

Die Wirklichkeit dieser gefallenen Welt zeigt, unabhängig vom permanenten Bau von Denkmälern und Erinnerungsreden, dass das Morden weitergeht, unter den Augen und unter Duldung der sogenannten zivilisierten Welt, die über die Medien heute über diese Geschehnisse bestens informiert ist – und dennoch wenig oder nichts tut.

Es ist eine Illusion von ungedienten Deutungseliten, dass man einen sauberen Krieg garantieren kann. Unvermeidbar führt jeder Krieg – vor allem bei längerer Dauer – zur Eskalation der menschlichen Leidenschaften. Jener zuchtlosen Soldateska jedoch, die mehr als zwei Millionen Frauen schändete, kreuzigte, verstümmelte, marterte, häufig zusammen mit ihren Kindern, vom Baltikum bis hin nach Berlin, von der Krim bis hin nach Serbien, fehlte eindeutig die wohltuende Fessel des christlichen Glaubens.

In den 10 Geboten für die Kriegsführung des deutschen Soldaten im II. Weltkrieg ist noch etwas von einer anderen Orientierung zu spüren: „Der deutsche Soldat kämpft ritterlich für den Sieg seines Volkes. Grausamkeiten und nutzlose Zerstörungen sind seiner unwürdig. Es darf kein Gegner getötet werden, der sich ergibt, auch nicht der Freischärler oder der Spion. Kriegsgefangene dürfen nicht misshandelt oder beleidigt werden. Verwundete Gegner sind menschlich zu behandeln. Die Zivilbevölkerung ist unverletzlich. Der Soldat darf nicht plündern oder mutwillig zerstören (...)"

Im kurz nach Ausbruch des Krieges herausgegebenen Merkblatt für Offizieranwärter des deutschen Heeres stand der Satz: „Bewahrt Euch bis zum letzten Atemzug den Glauben an GOTT!", und in der Forderung des Inspekteurs für Erziehungs- und Bildungswesen des Heeres, Oberst Frießner, von April 1940 heißt es, dass der Soldat „selbstbewusst und doch bescheiden, aufrecht und treu, gottesfürchtig und wahrhaft" zu sein habe.

Die kollektive Schmähung der Eltern- und Großelterngeneration durch die heutigen Deutungseliten dieser Republik findet ihre Antwort in der Enkelgeneration: diese Republik hat keine Verteidiger.

Das deutsche Vaterland erschöpft sich im Grundgesetz. Das wird zur säkularen Stätte der unerfüllten Religiosität. Kann man damit überleben? Stirbt man für das Grundgesetz oder für die deutsche Sozialversicherung oder für unser Migrationssystem? Krieg, auch

Bürgerkrieg ist kein Auslaufmodell. Ein realistisches Bedrohungsbild geht nicht von den auch von unseren militärischen Deutungseliten vertretenen Schabernack aus, dass eine Bedrohung sich im Voraus ankündigen wird, womit genügend Zeit für Aufwuchs in Form von Materialeinkäufen, Vergrößerung und Ausbildung von Mannschaften belassen würde. Abgesehen davon, dass auf einen Bürgerkrieg niemand vorbereitet ist bzw. vorbereitet werden darf.

Mehrheitlich können die Deutschen die von einer verbrecherischen Clique angeordnete Shoah bis zum heutigen Tage nicht fassen. Sie haben, soweit sie noch historische Bildung haben, und das sind recht wenige, bei den Deutungseliten besonders wenige, besondere Achtung für einsame, große Gestalten wie Ernst Jünger, der – wie erst jetzt bekannt wurde – der französischen Widerstandsbewegung einen Tipp gab über die geplante Abholung von Franzosen jüdischer Herkunft oder jüdischen Glaubens. Nach Ernst Jünger, der zuvor das Weinen und Klagen jüdischer Kinder, die von den Mordbuben zu ihren Schinderstätten geholt wurden, als Offizier nicht ertragen konnte, ist doch nach seiner Auffassung ein Offizier dafür da, Menschen zu schützen, wie er in seinem Pariser Tagebuch schreibt. Und die Weisung vom Horeb ist eindeutig: Morde nicht! Ebenso haben sie großen Respekt für Duckwitz, den deutschen Marineattache in Dänemark, der der dänischen Widerstandsbewegung desgleichen einen solchen Hinweis gab und dafür sorgte, dass die überwiegende Mehrheit der Dänen jüdischen Glaubens oder jüdischer Herkunft sich nach Schweden retten lassen konnte. Duckwitz' Bild im Auswärtigen Amt wurde auf Geheiß des Außenministers Fischer von Willfährigen abgehängt, denn Duckwitz war Mitglied der NSDAP. Mitglied der NSDAP war auch der Siemens-Beauftragte in Nanking, John Rabe. Er rettete 200.000 Chinesen vor dem Wüten der japanischen Soldateska.

Die Folgen der Verachtung der Ahnen kommen als Gericht in der Einstellung der Bevölkerung nicht nur zur Bundeswehr zurück. Dieser Staat hat keine Verteidiger!

Die Nomenklatura der Republik vor der Vernichtung ihres Götzen, dem permanenten Wohlstand und Wachstum

Wie der Tod aus dem modernen Leben verdrängt wurde, so auch der Gedanke, dass es in Zukunft wieder Notzeiten geben könnte. Der christliche Glaube an das Paradies im Jenseits wurde – wie im Marxismus – auf die Erfüllung im Diesseits umgelenkt. So wurden nicht geringe Teile der vorher zu großen Opfern bereit gewesenen deutschen Bevölkerung zu Materialisten und Egoisten erzogen. Dem Materialismus wurden Natur und Umwelt geopfert. Früher geübte Tugenden wie Sparsamkeit, Maßhalten, wirtschaftliches sich Beschränken auf das Notwendige galten als nicht mehr zeitgemäß.

Die Wirtschaftspolitik, die eigentlich ein untergeordneter und dienender Teil der ganzen Politik sein sollte, wurde in dieser zunehmend materialistisch orientierten Denkweise zum schließlich alles beherrschenden Bereich. Die dazu passende Ideologie wurde von den im Westen tonangebenden USA mitgeliefert, wo sich – aus der calvinistischen Tradition herrührend – das Ansehen eines Menschen nach seinem wirtschaftlichen Erfolg richtet.

Dauerndes Wirtschaftswachstum als Selbstzweck wurde zu einer Art fixen Idee von Politikern und Wirtschaftswissenschaftlern. Mit dieser Geisteshaltung drang jener Typ des Managers in die Firmen ein, der – nicht tangiert von sozialer Verantwortung – einzig und allein den Profit im Auge hatte. Auf der Arbeitnehmerseite wurde aus dem Beruf der Job, der schnell gewechselt werden konnte oder vielmehr musste. Die soziale Verantwortung, die vorher zu großen Teilen auch bei den Firmen lag, wurde gänzlich auf den Staat abgewälzt.

Schon vor etlichen Jahren hatte Marion Gräfin Dönhoff in der ZEIT geschrieben, dass das Streben nach Gewinnmaximierung die Solidarität zerstört. Sie stellte in ihrem Beitrag u. a. fest: „Ohne Selbstbeschränkung und Selbstdisziplin kann kein Gemeinwesen leben. Jede Gesellschaft braucht einen ethischen Minimalkonsens, ohne ihn zerbröselt sie. Das ungebremste Streben nach immer neuem Fortschritt, nach immer mehr Freiheit, nach Befriedigung ständig steigender Erwartungen führt schließlich zu anarchischen Zuständen. Die wichtigste Forderung an den einzelnen und an die Gesellschaft heißt Maßhalten, heute aber lautet die Losung: Maximierung – alles muss immer größer werden, es muss immer mehr Freiheit, Wachstum, Profit geben. Die Überbetonung von Leistung, Geldverdienen und Karriere – die das Wirtschaftliche in den Mittelpunkt des Lebens stellt – führt dazu, dass alles Geistige, Humane, Künstlerische an den Rand gedrängt wird. Vieles von dem, worunter wir leiden, zunehmende Kriminalität, Brutalisierung des Alltags, Korruption bis in die höchsten staatlichen Stellen, hängt damit zusammen, dass es keine ethischen Normen und keine moralischen Barrieren mehr gibt. Vor allem im Bereich der Wirtschaft herrscht bedenkenlose Maßlosigkeit. Niemand hat heute eine Vision. Wenn diese Entwicklung so weitergeht, dann kann ich mir vorstellen, dass in zehn Jahren der Kapitalismus ebenso zugrunde geht wie der Marxismus." Sie zitierte den damaligen Präsidenten des Bundeskriminalamtes, Hans-Ludwig Zachert, der von einer „erschreckenden Erosion des Rechtsbewusstseins" auf einer Tagung der Friedrich-Ebert-Stiftung gesprochen hatte. Genau genommen hatte Marion Gräfin Dönhoff hellsichtig den Weg in den Niedergang beschrieben. Sie schloss damals ihre Lagefeststellung mit dem Satz: „Notwendig ist, dass die Maßstäbe, das Klima, ja die Menschen selbst sich ändern. Das aber kann nicht durch Gesetz oder Anordnung veranlasst werden; das kann nur aufgrund von Sensibilisierung des Rechtsbewusstseins geschehen (…)" Das ist richtig, nur fehlen in der heutigen Deutungselite, ob in Parteien, Medien, Gewerkschaften, Kirchen etc. die prägenden Vorbilder. Schon der

Begriff „Vorleben" taucht im Sprachschatz der jetzigen Deutungseliten nicht mehr auf.

Wie aber soll es zur Sensibilisierung des Rechtsbewusstseins kommen, wenn Tugenden wie Disziplin, Ehrlichkeit, Fleiß, Sparsamkeit, Bescheidenheit verachtet wurden, wenn gnadenlose Selbstverwirklichung, Verachtung der Ahnen in ihrer Gesamtheit, Zerstörung der Familien, Menschenrecht auf Tötung der Ungeborenen als Zielvorstellungen missionarisch durch die Deutungseliten der Republik deklariert wurden. Nun kommt der Zahltag für diese Verachtung.

Vieles deutet darauf hin, dass die Globalisierungsblase platzt – mit dramatischen Folgen, wenn der Welthandel zusammenbricht. Es ist eben eine globale Krise im Gang, deren Ende nicht absehbar ist, eine Krise, die materiell und moralisch und mit voller Wucht auch uns trifft. Ein System, das sich dadurch auszeichnet, dass man die Zukunft in die Gegenwart holt, statt zu sparen konsumiert, sich Konsumentenkredite bei den Banken holt, Autos least, ein schönes Leben auf Pump führt, steht vor dem Zusammenbruch. Nicht nur Banken in den USA, auch die BayernLB, die SachsenLB, die halbstaatliche IKB, aber auch Privatbanken wie die HypoRealEstate (jetzt Unicredit), alle wollten mitmischen im globalen Wettbewerb.

Am tiefsten gefallen ist die BayernLB, die zur Hälfte dem Freistaat gehört, wo also die CSU auch im Verwaltungsrat das Sagen hatte und mitverantwortlich ist für den Offenbarungseid der BayernLB. Hier könnte die Verbindung von Gier, Arroganz und Großmannssucht den Absturz des Freistaates eingeklingelt haben Der Niedergang der CSU ist ohnehin erkennbar. Interessant, wie die herrschende CSU-Nomenklatura die Schuld einseitig auf die Manager der BayernLB schiebt. Der frühere Innenminister Bruno Merk, von 1977 bis 1985 geschäftsführender Präsident des bayerischen Sparkassen- und Giroverbandes stellte stattdessen laut SZ vom 20./21.11.08 fest: „Statt mit Schuldzuweisungen andere zu diskreditieren, hätte der Staat selbst allen Anlass, wegen seiner verfehlten Weichenstellung in Sack und Asche zu gehen und um Entschuldigung zu bitten." Der von der CSU beherrschte Freistaat Bayern hatte nämlich Ende der 70er Jahre im Verwaltungsrat gegen den Willen der Sparkassenseite durchgeboxt, dass die bis dato regional auf den Freistaat Bayern begrenzte Landesbank global zu agieren habe.

Schon 2005 wies der renommierte Wirtschaftswissenschaftler Max Otte auf die gravierenden Risiken hin. In Politik und Medien nahm man seine Argumente nicht wahr. Ein Mahner desgleichen ist seit vielen, vielen Jahren Prof. Dr. Eberhard Hamer, der Leiter des Mittelstandsinstituts Niedersachsen und Verfasser vieler diesbezüglicher Bücher. Er rechnet fest damit, dass nach dem Börsen-Crash und dem Banken-Crash der Real-Crash kommen wird mit dramatischen Folgen für uns alle, insbesondere auch für die Empfänger von Transfer-Leistungen, also Rentner oder Versorgungsempfänger.

Die Bankenaufsicht, bestehend aus Bundesbank und Bundesanstalt für Finanzdienstleistungsaufsicht hat geschehen lassen, was nunmehr geschehen ist. Sie hat zugelassen, dass die Banken ihre dubiosen Geschäfte an nicht zu kontrollierende Zweckgesellschaften, man nennt sie auch Zombiebanken, ausgelagert haben. Dort konnten sie, getrieben von der Gier nach Mehr, Wahnsinnsgewinne mit wenig Eigenkapital machen. Dort wurde verdient ohne Ende, jetzt zahlt die Allgemeinheit ohne Ende. Zwischen der Bundesbank und der Bundesanstalt für Finanzdienstleistungen besteht ein Spannungsverhältnis. Dazu spielt wohl auch Parteipolitik eine Rolle. Man rechnet die Bundesbank der CDU/CSU zu, die Bundesanstalt für Finanzdienstleistungen der SPD.

Leo Müller schreibt in seinem lesenswerten Buch „Bank-Räuber. Wie kriminelle Manager und unfähige Politiker uns in den Ruin treiben" (Econ 2010): „Die beiden wichtigsten Institutionen, Bundesbank und BaFin, scheiterten an ihrer gesetzlichen Aufgabe, ‚Missstände zu beseitigen' und für ein stabiles Finanzsystem Sorge zu tragen. Sie verfügten über alle erdenklichen Informationen, doch sie versagten, als es darum ging, unerfahrene und ehrgeizige Geldinstitute auf ihren Ausflügen in die Handelsräume der globalen Hochrisikogeschäfte kritisch zu begleiten und jene Geschäfte zu stoppen, die sich zur Gefahr für das gesamte Finanzsystem entwickelten. Sie kannten die Berichte der Ratingagenturen über die Conduits der Banken. Sie wussten, dass die Banken für diese Geschäfte vollständig hafteten, und dennoch ließen sie zu, dass diese Geschäfte in den Bankbilanzen nicht auftauchten. Sie erfüllten ihre Wächteraufgabe nicht."

„Die unglaubliche Geldschwemme haben viele Menschen für echten Wohlstand gehalten, dabei aber übersehen, dass sich das Volumen des monetären Bereichs in den letzten dreißig Jahren vervierzigfacht, das Volumen der Güterproduktion aber nur vervierfacht hat. Die Finanzwelt hat sich also von der Welt der realen Güter gelöst und Sumpfblüten getrieben, die nun unweigerlich verwelken werden", sagte Prof. Hamer in einem Interview mit der JF.

Es gab also durchaus Mahner, auf die aber weder die Wirtschaftsbosse noch die politische Klasse gehört haben. Sie alle waren eben durchdrungen von der Gier nach Mehr.

Allerdings ist kaum ein Mahner bekannt, der sich der Thematik gewidmet hat, was diese aufkommende Not für das überalterte deutsche Volk bedeutet, das ohne wirkliche Mitwirkungsmöglichkeit, geistlos, geschichtslos, glaubenslos, ohne Kinder, voller Selbsthass und kapitulationsbereit nunmehr mit einer Situation konfrontiert wird, die bedeutet, dass die seit Jahrzehnten angebeteten Götzen morgen in der Gosse liegen werden. Nun wird à la longue auch der 68er-Altrevolutionär, der grün-rote Studienrat oder Kirchenrat der sogenannten Volkskirchen oder der gesättigte linksliberale Staatsbeamte konfrontiert werden mit Gehaltskürzungen oder drastischen Kürzungen seiner Versorgungsbezüge und mit Steuererhöhungen, die für ihn heute noch gar nicht vorstellbar sind. Der Mittelstand wird seine Ersparnisse verlieren können und der Angestellte und Arbeiter seinen Arbeitsplatz. Max Otte rechnet sogar damit, dass Rentner oder Versorgungsempfänger künftig nur noch 50 v. H. ihrer Bezüge erhalten werden.

Was aber bedeutet das Kommende für nicht wenige, nur durch gute Sozialleistungen einigermaßen friedlich gestimmte Mitbürger aus aller Welt, wenn die Sozialsysteme kollabieren und der schrumpfende Mittelstand nicht weiter geschröpft werden kann?

Die von einer Unzahl von mündigen Bürgern täglich im Internet angeschaute Internetseite „Political Incorrect", eine wahre Fundgrube für die Betrachtung der sich ansammelnden Wut der ethnischen Deutschen, hatte im Dezember 2008 durch einen Gastbeitrag die realen Kosten der von der Nomenklatura als kulturelle Bereicherung bezeichneten Fremden aufgrund der Angaben des Statistischen Bundesamtes recherchiert und kommt dabei auf folgende Zahlen (Durchschnittswerte):

- „Sozialleistungen 2007 insgesamt: 707 Milliarden Euro, Pro Kopf: 8.593 Euro,
- Anzahl der Migranten und Personen mit Migrationshintergrund: 15,2 Millionen,
- Einkünfte ohne Sozialleistungen von Migranten: 53 Milliarden Euro, Pro Kopf: 3.486,21 Euro,
- Unterdeckung im Sozialsystem: 5.106,79,
- Wahre Kosten der Migration auf den Durchschnitt, somit 77,62 Milliarden Euro."

Hierzu kommen u. a. noch ganz andere, bisher nicht bekannt gemachte Kosten, wie beispielsweise die Kosten, die infolge der Inzucht in der Parallelgesellschaft entstehen. Unter den Arabern und Türken ist es Tradition, sich innerhalb seiner Verwandtschaft zu verheiraten. Da werden die Cousins und Cousinen aus dem Nahen Osten geholt. In einer Hochburg der Migration, nordrheinwestfälischen Hauptstadt Düsseldorf, wird jede fünfte Ehe zwischen Cousin und Cousine geschlossen. Yademine Yadigaruglu, eine Sozialwissenschaftlerin sagte in der JF (01.08.2008), dass in Duisburg „20 bis 30 Prozent der Migranten, auch in dritter und vierter Generation, immer noch untereinander heiraten." Dabei kommt es naturgemäß zu einer hohen Anzahl von Fehlbildungen bei Neugeborenen, doppelt so hoch – so ist in der JF zu lesen – wie bei den aussterbenden ethnischen Deutschen. Die Thematik wird sowohl von der Berliner Nomenklatura als auch von der Parallelgesellschaft selbst tabuisiert. In der Parallelgesellschaft werden die Kinder mehr oder weniger versteckt und den diesbezüglichen Heimen mit ihrem Heer von Sozialarbeitern und (noch!) Zivildienstleistenden übergeben.

Die Menschen in Deutschland verstehen schon seit langem nicht mehr die Milliarden- und Billionen-Zahlen, die ihnen alltäglich über die Medien bei der Schuldenbeschreibung vorgestellt werden. Werner Weimar schreibt (stern.de v. 14.04.2008): „Aller historischen Erfahrung nach drohen Kriege, Enteignungen oder Kapitalschnitte, wenn es nicht gelingt, die fiskalische Amokfahrt der Republik zu beenden (…)" Und der bekannte Philosoph Peter Sloterdijk schreibt (FAZ v. 10.06.2009): „Ob Abschreibung oder Insolvenz, ob Währungsreform, ob Inflation – die nächsten Großenteignungen sind unterwegs."

Härter formuliert Dr. Wolfgang Caspart (Das Gift des globalen Neoliberalismus, Amalthea Signum Verlag, Wien 2008): „Der Neoliberalismus wurde zu einer unehrlichen Erscheinungsform der Marktwirtschaft und zu einem bösen Zerrbild des Liberalismus. Er führt die Nationen nicht in den Wohlstand, sondern ins Elend. Seine Manipulationen und Tricks lassen die Völker in Abhängigkeit, Erniedrigung und Elend versinken. Einziger Nutznießer ist die betrügerische Pseudoelite eines verlogenen und unersättlichen Gangsterkapitalismus."

Ausnahmslos alle Parteien von rechts bis links tragen Verantwortung am Schuldenmachen, war doch das Schuldenmachen eine Voraussetzung dafür, dass die politische Nomenklatura sich an der Macht halten kann. Diese Nomenklatura hat ihre Pflichten nicht verantwortlich wahrgenommen, denn zu diesen Pflichten gehören auch vorbeugende Maßnahmen gegen Notzeiten. Ein nicht unerheblicher Teil der menschlichen Gesittung besteht nun einmal in der Bändigung des Chaos. Ich bin sicher, dass diese Gedankengänge nicht nur für die politische Klasse, welcher Couleur auch immer, gelten, sondern auch für andere Institutionen, wie beispielsweise die Streitkräfte, deren Führer uns seit etlichen Jahren erzählen, dass man für evtl. aufkommende Kriege in Europa mit jahrelangen Anlaufzeiten rechnen darf. Auch hier blitzt die vollkommene geschichtliche Unwissenheit und das Fehlen eines ethischen oder religiösen Kompasses durch, denn ansonsten wüssten sie über die Abgründe im Menschen und in Nationen, Abgründe, die nicht durch Sozialarbeiter, Psychologen, Psychiater, Soziologen und Politologen oder Konferenzen wegmanipulierbar sind.

Das Kommende trifft also ein deutsches Volk, das sich selbst verleugnen muss und folglich aussteigen möchte aus der Geschichte, das sich nicht mehr als eine Gemeinschaft empfindet, folglich auch nicht in Solidarität geübt ist, sondern in der Selbstverwirklichung, einem Volk, dem verordnet ist, alles Fremde zu lieben und als Bereicherung zu empfingen, sich selbst aber und seine sämtlichen Ahnen als vom Schöpfer für ewig verstoßenes Kollektiv anzusehen, ein Volk, dass seine Kinder nicht haben will, sondern alljährlich zu Hunderttausenden in den Mülleimer wirft. Es trifft ein Volk, dessen Glauben von der Macht und Möglichkeit eines dauerhaften Wohlstandes, also des Mammon, bestimmt ist. Und dieser Glaube stellt sich nun als Irrglaube heraus. Nur etwas anderes ist nicht mehr vorhanden.

Letztlich ist das alles auch der Preis, den ein wie üblich nicht besonders tapferes Bürgertum zu entrichten hat. Ein eindeutiges Résistez! war kaum oder selten zu hören. Im Gegenteil, auch wenn sogenannte christliche Parteien die Familie zerstörerischen Kollektivierungsorientierungen Lenins ebenso übernahmen wie seine – erstmals in der europäischen Rechtsgeschichte – staatlich erlaubte Tötung von Menschen im Mutterleib, man wählte sie doch, und wenn Kirchen unsere Vorfahren, die als Soldaten der Wehrmacht zu dienen hatten, in toto in die Verbrecherecke stellten, man blieb drin und zahlte seine Kirchensteuern und unterstützte den Apparat mit seinen gut besoldeten Kultdienern. Die Wohnung ist noch warm und der Kühlschrank ist gefüllt – noch!

Junge dynamische Menschen wollen aus einem solchen dekaden-ten Untergangsstaat heraus. Alle vier Minuten verlässt ein Deutscher sein Land. An jedem Tag verliert Deutschland ein ganzes Dorf, und die Zahl der Auswanderer erreicht Dimensionen, wie wir sie vor 120 Jahren hatten. Durchschnittsalter der auswandernden ethni-schen Deutschen: 32 Jahre. Es sind Ärzte, Ingenieure, Wissenschaft-ler, Facharbeiter, Handwerker, Techniker. Währenddessen wandern hunderttausende Unqualifizierter ein.

Nun aber kommt in Bälde die Stunde der Wahrheit, und die schö-nen Tage von Arajuez sind vorbei (Don Carlos zum Marquis von Posa, Schiller). Und diese Wahrheit trifft ein Land, in dem es ver-pönt ist, Patriot zu sein. Henrik Müller, Redakteur seit 2002 beim „manager magazin", hat hier bereits 2006 eine scharfsinnige Analyse der deutschen Probleme vorgelegt mit der Thematik: „Wirtschafts-faktor Patriotismus. Vaterlandsliebe in Zeiten der Globalisierung" (Frankfurt am Main). Es fehlt seiner Meinung nach gerade in der Ära der Globalisierung eine intakte nationale Identität.

Das hängt sicherlich auch damit zusammen, dass der wirkliche Souverän nicht das Volk ist, sondern die politische Klasse. Genau genommen sind es Berufspolitiker, die innerhalb der Parteien das Sagen haben und da geht es um Status, Posten und Geld, also um Pfründe. Das Volk wurde und wird weder zur europäischen Verfas-sung noch über die Erweiterungen der EU gefragt. Die Ablehnung unseres Volkes gegenüber globalen Einsätzen von Soldaten der Bundeswehr zur angeblichen Bekämpfung des Terrorismus wird von der herrschenden Nomenklatura nicht zur Kenntnis genommen. Die Terroristen in New York kamen aus Hamburg und nicht aus den Paschtunengebieten Afghanistans.

Trotz aller Tarnungsversuche stechen die Mängel unseres Systems nunmehr mehr und mehr ins Auge. Seitdem die Ressourcen knapper und die Gefahren größer werden, werden die Mängel des Systems, trotz aller Tarn- und Beschwichtigungsversuche, immer mehr offen-bar. Zwischen dem von den Deutungseliten vermittelten Bild und dem tatsächlichen Zustand der Republik besteht eine riesige Kluft. Dass Politiker eine solche Lagebeurteilung nicht zur Kenntnis nehmen wollen, hängt auch damit zusammen, dass sie – quer durch alle Parteien – hier zu ihrer Verantwortung zu stehen hätten. Es ist damit zu rechnen, dass Politiker und ihre Parteien, die diese kommende Entwicklung nicht verhindert haben und diese Lagebeurteilung nicht zur Kenntnis nehmen wollen, morgen verschwinden werden. Armut, Wut und Verzweiflung auf die politische Klasse insgesamt könnten bald sichtbarer werden. Es könnte auch aus dieser Wut und aus einem nur noch so zu artikulierenden Protestverhalten, mitinitiiert von den bürgerlichen Parteien bei der Zerstörung des hohen Wertes der Meinungsfreiheit, eine links-sozialistische Republik im Entstehen sein, denn die Gleichheit ist den Meisten heute mehr wert als die Freiheit. Dies alles allerdings nur solange, bis – berechenbar aufgrund der demographischen Situation – die Machtübergabe an den islamischen Kulturkreis erfolgt ist.

Die vielgerühmte, im Grundgesetz postulierte Gewaltenteilung existiert nicht überall. Das Grundgesetz verlangt, dass Beamten- und Richterstellungen nur nach persönlicher Qualifikation und fachlicher Leistung vergeben werden dürfen. Tatsächlich haben wir in vielen Bereichen Parteibuchwirtschaft. Ob öffentliche Sparkassen, Landesbanken, städtische Verkehrsbetriebe – ist nicht fast alles in der Hand der Parteien?

Das gilt sogar für hohe Gerichte, selbst für das Verfassungsgericht oder für die Rechnungshöfe. Staatrechtslehrer wie der 1987 verstorbene Wilhelm Karl Geck und Rainer Wahl haben die Besetzung des Verfassungsgerichts als verfassungswidrig bezeichnet, da die eine Hälfte der Richter von der CDU/CSU und die andere Hälfte von der SPD bestimmt wird, natürlich unter Ausschluss der Öffentlichkeit in einem Ausschuss des Bundestags.

Bei der Leitung der Rechnungshöfe oder bei der Stellenbesetzung der öffentlich-rechtlichen Anstalten stellt sich die Situation ähnlich dar. Fritz Schenk, der verstorbene Co-Moderator des ZDF-Magazins, stellte schon vor Jahren fest, dass die öffentlich-rechtlichen Anstalten nicht nur von den Parteien dominiert werden; sie gehören ihnen. Die Parteien leben im Schlaraffenland – noch!

Abgeordneter zu werden verlangt keine Ausbildung oder Berufserfahrung. Hier finden wir insbesondere eine gut besoldete Berufsgruppe, die sich nie der Wirklichkeit in Wirtschaft und Gesellschaft hat stellen müssen, die aber in Deutschland über immense Zeit verfügen kann: die Lehrer und andere Beamte. Lehrer waren auf der Schule, dann auf der Hochschule, dann wieder in der Schule und sprechen als Politiker mit Rousseauscher Inbrunst über das Leben. „Eine in der SPD viel diskutierte Studie", schreibt von Arnim, „zeigt, dass vornehmlich jene in der Politik Karriere machen, die immobil sind und außerdem viel Zeit haben." Also Bestenauslese ist das mit Sicherheit nicht!

Wahlen sind zum Teil inszenierter Schein, da die Abgeordneten zu nicht geringen Teilen gar nicht vom Volk gewählt werden. Wer von den Parteien auf sichere Plätze gesetzt wird, ist schon lange vor der Wahl gewählt, nur nicht von den Bürgern. Der Verfassungsrechtler Prof. Dr. Hans Herbert von Arnim nennt hier als Beispiel die Wahl des ehemaligen Verwaltungsrichters Dr. Dieter Wiefelspütz (SPD) mit 55 Prozent der Erststimmen im Wahlkreis. Laurenz Meyer (CDU) verlor die Wahl. Das musste Laurenz Meyer jedoch nicht kümmern, denn er war durch einen sicheren Listenplatz abgesichert.

Das hier Gesagte gilt selbstverständlich auch für die Europawahlen. Auch hier wissen die meisten Vorgeschlagenen schon lange vor der Wahl, dass sie als Abgeordnete ins Europäische Parlament einziehen werden. Die Europawahlen als Direktwahlen zu bezeichnen, ist ein böser Witz. Im Freistaat Bayern sehen wir, mit welchen Mitteln und Methoden die herrschende Nomenklatura Monika Hohlmeyer auf einen sicheren Listenplatz für die Europawahl hievte. Da hat weder das Volk noch das einfache Parteimitglied der CSU ein Mitspracherecht.

Auch infolgedessen sinkt die Beteiligung der Bürger an Wahlen, insbesondere die konservativen Bürger und die bekennenden Christen sehen sich kaum noch vertreten; sie verweigern sich folglich. So fehlten dem mit dem Geist der Zeit vermählten Bayern Stoiber gerade ihre Stimmen zum entscheidenden Sieg; der Niedersachse Schröder holte ihn sich mit den Stimmen der muslimischen Mitbürger. Ohnehin kann man von Volksparteien kaum noch sprechen. Nicht nur, dass ein nicht unerheblicher Teil des Volkes gar nicht mehr zur Wahl geht. Diese sogenannten Volksparteien verlieren erheblich an Mitgliedern. Der frühere Bundespräsident Herzog stellte einmal die Frage, ob man die Bundesrepublik Deutschland überhaupt noch als parlamentarische Demokratie bezeichnen kann.

Dass die meisten Gesetze von Brüssel vorgegeben sind, ist inzwischen bekannt. Da gibt es eine Verordnungswut, wie wir sie nur aus kommunistisch-sozialistischen Ländern kennen mit mehr als 130.000 Vorschriften. Allein 58 gibt es über landwirtschaftliche Zugmaschinen. Mecklenburg-Vorpommern, schreibt Prof. von Arnim, musste eine Seilbahnverordnung in Landesrecht umsetzen, weil sonst 700.000 Euro Strafe fällig gewesen wären. Die höchste Erhebung in Mecklenburg-Vorpommern ist der Helpter Berg mit 179 Meter Höhe.

Aufgabe der Europäischen Union ist die Umverteilung. Dafür hat sie eine bürokratische Superstruktur aufgebaut. Der Euro ist bekannterweise nicht aus wirtschaftlichen Überlegungen, sondern aus politischen geschaffen worden. Mit ihm wurde die deutsche Wiedervereinigung erkauft. Inzwischen hat diese EU in einer Blitzaktion zusammen mit dem Internationalen Währungsfonds (IWF) ein Hilfspaket in Höhe von 750 Milliarden Euro geschnürt, für jene maroden Mitgliedsstaaten, von denen man wusste, dass all ihre Bilanzen gefälscht sind. Zahlen darf der Steuerbürger.

Das System der EU ist absolut undemokratisch. Es kennt keine Gewaltenteilung. Zur Bekämpfung der Auswüchse der Bürokratie hat man unter Leitung eines bayerischen Superbürokraten eine Arbeitsgruppe zum Abbau der Bürokratie gebildet. Bürokratie wird

mit Hilfe von Bürokratie bekämpft. Hinsichtlich des Nutzens von bürokratisch organisierten Zentralisationen hatte der deutsche Wirtschaftsphilosoph Wilhelm Röpke bereits 1958 festgestellt: „Mit wenigen rühmlichen Ausnahmen steht der Nutzen dieser internationalen Zentralisation in einem geradezu phantastischen Missverhältnis zu ihren Kosten, von ihrem eindeutigen Schaden nicht zu reden."
Das Volk wird nicht gefragt; es hat zu zahlen.

Was der ehemals für den bayerischen Rundfunk tätige, längst verstorbene Publizist Winfried Martini bereits vor Jahrzehnten aufgezeigt hat: Demokratie und Rechtsstaat sind nicht immer identisch, obwohl das doch stets behauptet wird. So war z. B. das alte Preußen keine Demokratie, aber ein perfekter Rechtsstaat.

Und der bekannte Staatsrechtlehrer Prof. Dr. Karl Albrecht Schachtschneider stellt gar fest, dass die Bundesrepublik Deutschland keine Demokratie im freiheitlichen Sinne mehr ist. „Sie ist kein Rechtsstaat mehr, in dem durch Gewaltenteilung und Rechtsschutz die Grundrechte gesichert sind. Sie ist kein Sozialstaat mehr, sondern unselbständiger Teil einer Region des globalen Kapitalismus. Sie ist auch kein Bundesstaat mehr, weil Bund und Länder ihre existentielle Staatlichkeit eingebüßt haben."

Von Arnim schreibt in seinem Buch „Die Deutschlandakte": „Wenn Demokratie Herrschaft durch und für das Volk ist, haben wir in Wirklichkeit keine."

Die kommende Not und der sich abzeichnende Bürgerkrieg treffen auf ein Volk, dem die unablässige Beteuerung seiner Schuld abverlangt wird, und zwar von den eigenen Deutungseliten. Die aufkommende Not trifft also ein Volk ohne Selbstvertrauen und Selbstwertgefühl. Nun kann Schuld nur individuell begründet sein, eine kollektive Schuld ist eine contradictio in adjecto. Helmut Schmidt schreibt, dass er weder als junger Rekrut noch bei seiner Flakbatterie im Krieg auf „richtige Nazis" getroffen sei, außer einem. Die Wirklichkeit und das Ausmaß des Mordens, der Name Auschwitz seien ihm bis nach Kriegsende unbekannt geblieben. Mit der verordneten Erbsünde –

eigentlich ist so etwas ja nur in der christlichen Theologie bekannt – werden Kinder, Enkel und Urenkel belastet; in den Hauptschulen sogar in der Gegenwart von Urenkeln jener Gruppierung, die 1915 mit der Ausrottung der Armenier und der Ermordung von Assyrern den ersten großen Völkermord des letzten Jahrhunderts durchführte, dem – so sagte es der Abgeordnete Pflüger einmal vor dem Bundestag – Modell für Hitlers Shoah. Diese ununterbrochene angebliche Aufklärung, dieses permanente Trommelfeuer in den Medien, in Schulbüchern und auf Veranstaltungen führt zur ständigen Exhumierung Hitlers und hat bei vielen aufgrund der inflationären Tendenz einen Sättigungsgrad erreicht, der nichts Gutes verheißt und die Gefahr in sich birgt, dass das eigentlich durchaus zu Recht Gewollte ins Gegenteil umschlägt. Da gibt es natürlich auch Geschäftemacher, die damit Geld verdienen – in den Medien, durch Filme, Publikationen etc., und da gibt es diejenigen, die das nutzen, um andere mundtot zu machen oder sie und ihre Familien in den gesellschaftlichen Tod zu treiben.

Aber die Deutschen haben nicht einmal im Ansatz Verständnis dafür, in Unschuldigen Schuldgefühle zu züchten und sie unfähig zu machen für die heutigen und morgigen Aufgaben, sie also immer erneut in den Bann des 1945 durch Selbstmord seiner Verantwortung entzogenen Hitler zu zwingen. Doch eine so verordnete Vergangenheitsbewältigung mit der Zielsetzung, die Gebote vom Sinai auszuheben und die Shoa an ihre Stelle zu setzen, führt in die Irre. Geschichtliche Wirklichkeit ist umfassend darzustellen und es wäre hilfreich und sinnig, das intensiv mit dem Absturz Europas 1917 und seinen Folgen beginnen zu lassen. Jedes Ereignis ist ohne Zweifel ein singuläres. Das gilt für die Shoah mit den Millionen von ermordeten und geschundenen Europäern jüdischen Glaubens oder jüdischer Herkunft, das gilt für die Ermordung von Millionen Unschuldigen unter Lenin, das gilt für die Vernichtung von Millionen Bauern unter Stalin, das gilt für den Mord an Millionen Ukrainern, darunter Millionen Kinder, das gilt für die Auslieferung von Millionen Osteuropäern durch Briten und Amerikaner an ihren Freund „Uncle Joe", das gilt für das millionenfache Morden an den Deutschen im Osten und Südosten Europas, das gilt für die Ermordung von Armeniern und Assyrern unter Enver und Talaat Pascha. Das ganze 20. Jahrhundert war ein einziger großer Abfall von den Orientierungen vom Sinai und Horeb.

Die Wiedervereinigung brachte für viele insbesondere in der protestantischen Volkskirche ein Erschrecken ob des verlorenen Humanum, des Sozialismus. Kein „Nun danket alle GOTT", sondern eher Bestürzung, Ratlosigkeit. Keine Aufklärung bis zum heutigen Tag über die Spitzel in den eigenen Reihen – im Westen. Wie die sogenannten Volksparteien so verlieren auch die sogenannten Volkskirchen das Volk. Nach dem Bericht der Deutschen Bischofskonferenz ist in den letzen zwei Jahrzehnten allein die Zahl der Katholiken um 10 v. H. gesunken, in Köln um 12 v. H. und in München-Freising gar um 14 v. H. Allein 2007 sind 93.667 Gläubige aus der katholischen Kirche ausgetreten.

Dabei wäre es genau genommen gerade jetzt die Aufgabe der Kirche, in der sich abzeichnenden Zeit aufkommender großer Not den Mythos vom Fortschritt des modernen Menschen zu entzaubern und diese armen, irregeleiteten Menschenkinder zurückzuführen zu den eigentlichen Quellen unseres Daseins. Ohne diese Umkehr zu dem Grundgedanken, dass auch unser Volk ein einmaliges As im Ärmel GOTTES ist und ohne Rückbesinnung auf das familiäre Auffangnetz werden viele Single-Deutsche in seelisch katastrophale Situationen kommen.

Die Geschichte wird umgeschrieben. Die mörderische Austreibung der über 15 Millionen Deutschen, mindestens 3 Millionen dabei auf viehische Art ermordet oder zu Tode vergewaltigt, ist kein Thema. Die Vertreibung wird bagatellisiert; von der erzwungenen Wanderschaft sprach ein deutscher Bundespräsident. Der brit. Publizist und Verleger Victor Gollancz, ein Jude, dagegen: „Sofern das Gewissen der Menschheit jemals wieder empfindlich werden sollte, werden diese Vertreibungen als die unsterbliche Schande aller derer im Gedächtnis bleiben, die sie veranlasst oder sich damit abgefunden haben. (…) Die Deutschen wurden vertrieben, aber nicht einfach mit einem Mangel an übertriebener Rücksichtnahme, sondern mit dem denkbar höchsten Maß von Brutalität". „Aufbewahren für alle Zeit" heißt das Buch des russischen Majors und Germanisten, des Juden Kopelew, der dieses Grauen beschrieb und der sich als Offizier persönlich gegen diese Brutalität einsetzte und deshalb im GULAG landete.

Den geistigen Niedergang Deutschlands wird man ohne Kenntnis der Theorie der Frankfurter Schule nicht verstehen können. Was niemand für möglich gehalten hätte, gelang der Frankfurter Schule, nämlich den mit Millionen Ermordeten längst widerlegten Marxismus zur geistigen Mode zu erheben. Raymond Aaron, der bekannte jüdische Publizist, ehemaliger Marxist, hat daher zu Recht den Wirklichkeitsverlust als die eigentliche Krankheit Europas bezeichnet. Er sei das Ergebnis der „größten Mystifizierung des Jahrhunderts", des Marxismus-Leninismus.

Während des weiten Weltkrieges waren die Methoden der geistigen Umerziehung der Deutschen in den USA von Emigranten wie Horkheimer und Mitarbeitern vorbereitet worden. Wünschenswerte Persönlichkeitsmerkmale waren frühe sexuelle Betätigung, Konflikt zum Elternhaus, insbesondere zum Vater, Ablehnung von Traditionen und kritische Haltung zu den Werten. An den Universitäten in Westdeutschland wurde die Politologie – ein Treibriemen der Umerziehung – 1949 auf Drängen der US-Stäbe in den Bundesländern eingeführt (vorher schon in Hessen durch die linke Landesregierung). Zuerst wurden die Lehrstühle mit den genannten Emigranten aus den USA besetzt, damit wurde dann die Ausrichtung für die Folgezeit gesichert. Die Schüler dieser Schule besetzten anschließend die leitenden Posten in den Massenmedien und staatsbürgerlichen Vereinigungen und Volkshochschulen, und wie Ratzinger entsetzt feststellte, auch die theologischen Lehranstalten. Begriffe wie Ehre,

Tradition, Disziplin, Elite, Volk, Gemeinsinn, Pflichtbewusstsein galten als reaktionär. Marcuse schrieb in seinem Artikel über die „Repressive Toleranz": „Befreiende Toleranz würde mithin Intoleranz gegenüber Bewegungen von rechts bedeuten und Duldung von Bewegungen von links." Kaum fassbar, aber gefördert wurde dieses geistige Gift durch die sogenannten bürgerlichen Parteien. Der Marsch durch Massenmedien, Justiz, Bildungsbereiche, Parteien, letztlich durch alle Institutionen war erfolgreich. Die Kulturrevolution hat gegriffen.

Durch ihre Forderung nach Kritik aller bestehenden, als Unterdrückungsverhältnisse behaupteten Beziehungen, nach Demokratisierung und Emanzipation, nach Sexualisierung und Umwälzung aller politischen Verhältnisse gab diese Schule die theoretische Begründung und wurde dann der Wortführer für die Auflösungserscheinungen in Staat und Gesellschaft seit den 50er Jahren. Auch dieses wird sich in kommenden Zeiten als Gericht auswirken, weil Gemeingeist, Nächstenliebe und Solidarität nicht gelebt wurden, sondern die diabolischen Elemente Neid und – heute besonders erkennbar – Gier, welche die Grenzen des neuen Unethikkompasses bildeten.

Erst allmählich findet in Deutschland eine Annäherung zwischen politikwissenschaftlicher, sicherheitspolitischer und demografischer Forschung statt. Man versucht, die Risiken und Konsequenzen demografischer Verschiebungen für die deutsche Sicherheits- und Außenpolitik zu skizzieren. Dabei natürlich auch die Frage: Können demografische Entwicklungen die innere Sicherheit gefährden? Kann die veränderte Zusammensetzung der Bevölkerung zu politischen Konflikten führen? Stellt Migration ein Sicherheitsrisiko dar? Alles viel zu spät, um die Erkenntnisse noch umzusetzen, denn das würde erst einmal eine geistige Vorbereitung einer irregeführten Bevölkerung bedeuten. Und diese Zeit ist nicht mehr vorhanden.

Der deutsche Auslandsgeheimdienst (BND) hat sich – so schreibt es KOPP EXKLUSIV (26/09) – „in einer umfangreichen vertraulichen Studie mit der Frage befasst, was eigentlich auf Deutschland zukommt, wenn die optimistischen Verlautbarungen der Bundesregierung und mit gigantischen Schulden finanzierten Konjunkturprogramme nicht die erwünschte Wirkung zeigen werden." Kurz zusammengefasst sieht auch er die „Krisentendenzen innerhalb Deutschlands" und sieht natürlich auch die Gefahr eines neuen Weltkrieges. Mit dem Wohlstand wird es in Deutschland endgültig vorbei sein. Und die ganz interessante Frage wird sein, ob Russland seine desgleichen dramatische innere Situation dann nach außen lenkt, evtl. auch als Juniorpartner Chinas, oder ob es dem Westen gelingen wird, Russland an sich zu binden. Auf jeden Fall werden die USA ihre Vorherrschaftsrolle in der Welt verlieren.

Die von der Nomenklatura geförderte Unterschichteinwanderung wird für die ethnischen Deutschen beim Fortgang des wirtschaftlichen Niedergangs zur Falle. Bisher konnte es noch nicht zu den Spannungen flächendeckenden Ausmaßes kommen wie in den Vereinigten Staaten oder wie in Frankreich. Das wird sich jedoch mit fortschreitendem wirtschaftlichem Niedergang ändern. Das sogenannte Prekariat wächst, die Mittelschicht schmilzt. Vor neun Jahren gehörten noch etwa 62 v. H. der Mittelschicht an, heute sind es etwa 54 v. H., Tendenz fallend. Diese Förderung der als Bereicherung deklarierten Zuwanderung potenziert den Anteil der Transferempfänger und damit die Verteilungsproblematik. Die Migranten türkischer oder arabischer Herkunft werden nicht willens und in der Lage sein, der deutschen Rentner- und Pensionärgesellschaft einen angenehmen Lebensabend zu finanzieren. 44 v. H. der Menschen mit Migrationshintergrund bleiben ohne jegliche Berufsausbildung; gut 20 v. H. der männlichen Migrantenkinder verlassen die Schule ohne ein Abschlusszeugnis und ohne Perspektive auf einen Ausbildungsplatz. In der Lage können sie dazu nicht sein mit ihren zweistelligen Schulversager- und Sozialhilfequoten, und willens werden sie erst recht nicht dazu sein, vielleicht geduldete, aber verachtete Dhimmis zu unterstützen. Aber sicher werden sie in Notzeiten sich das holen, was ihnen als „Erwählten" zuzukommen dünkt. Die Eskalation ist nicht mehr verhinderbar.

Sie können also nicht verglichen werden mit den deutschen Einwanderern in die USA, die mithalfen die USA ökonomisch nach vorne zu bringen, oder den chinesischen Zuwanderern in Indonesien oder den zugewanderten Indern in bestimmten Regionen Afrikas. Sie alle waren ein Gewinn für diese Länder – das weckte natürlich den Neid. So etwas zu sagen ist allerdings in der Republik gefährlich, weil schon das den geschichtsunkundigen und hörigen Staatsanwalt hervorlocken könnte – wegen Verletzung der Gleichheitsideologie.

Im Münchner Merkur (03.12.07) sagte Prof. Hans–Werner Sinn, Präsident des Ifo-Instituts: „Während die klassischen Einwanderungsländer nur Hochqualifizierte und Fachkräfte, die sie brauchen, einwandern lassen, machten unsere Politiker Deutschland zum Einwanderer-Selbstbedienungsladen, und es kamen vor allem Ungelernte, die wir ab den 80er Jahren gar nicht mehr brauchten." Sinn schätzte 2004 bereits, dass durch unsinnige Migrationsmuster drei Millionen Arbeitslose entstanden sind. Der Sozialpädagogik-Professor Gunnar Heinson sagt es noch härter, dass nämlich die Bundesregierung zum großen Teil Menschen aufgenommen habe, „die auch in ihrer Heimat Schulversager waren."

Haften sollten für diese Situation die zu rund 30 v. H. kinderlosen 68er, in ihrer Ablehnung aller Ordnung und Hierarchien gedanklich stehengeblieben sind, das Allgemeinwohl mit „Mein Wohl" übersetzen und die Sozialsysteme aushöhlen; in Medien und Politik sind sie überproportional vorhanden. Die auch vom 68er-Geist durchdrungenen Kirchen schweigen – aber das ist auch nichts Neues. Ihnen mangelt es ohnehin an Glaubwürdigkeit, nachdem auch sie an ertragreichen Geldgeschäften beteiligt waren und nunmehr die Entwicklungen der Finanzmärkte – aber erst in jüngster Zeit – kritisieren.

Diese Nomenklatura bürdet den ethnischen Deutschen und fleißigen Zuwanderern die sozialen Folgekosten der neuen globalen

Herrschaftsstrategie in Gestalt von Zuwandererghettos, Parallelgesellschaften, Sozialmontage, höheren Abgabelasten auf.

Mit ihnen zusammen sind die ihnen parteipolitisch nahestehenden Sozialarbeiter, Betreuer, Flüchtlingshelfer, Psychologen, Dolmetscher, Juristen, Ärzte und ganze Hilfswerke daran interessiert, auch weiterhin eine gut alimentierte Existenzgrundlage zu haben.

Die kommenden Auseinandersetzungen sind unausweichlich.

Aufmarsch zum Bürgerkrieg

Die europäischen Deutungseliten insgesamt haben sich bislang geweigert, die Herausforderungen durch den zunehmenden Einfluss der muslimischen Gesellschaft wahrzunehmen. Sie weigern sich auch, die sicherheitspolitische Dimension der Infragestellung ihrer Lebensform zur Kenntnis zu nehmen. Das gilbt natürlich auch für die deutschen Deutungseliten. Immerhin sind es mindestens 18 Millionen Muslime, die in der EU leben, in Deutschland weitaus mehr als 4 Millionen. Wie viele es wirklich sind – auch im Untergrund der Großstädte –, ist nur zu raten.

Nun sind schon die ersten Ansätze des Bürgerkriegs in einzelnen Gebieten der Republik deutlich erkennbar, trotz aller Täuschungs- und Verharmlosungsversuche durch viele gleichgeschaltete Medien. Der Einfluss der geistlichen Führer, die sich natürlich wortgetreu am Koran und der Sunna orientieren, wächst. Desgleichen wächst die Anhängerschaft Osama bin Ladens und damit die Feindschaft nicht nur gegen die korrumpierten Eliten der Herkunftsländer, sondern auch gegen die Vereinigten Staaten und ihre Trabanten.

In der Augustausgabe 2009 der Zeitschrift der Gewerkschaft der Polizei wird ein Kollaps der inneren Sicherheit befürchtet, wenn nach der Bundestagswahl die Karten auf den Tisch gelegt werden. Der GdP Bundesvorsitzende Konrad Freiberg sagt: „Aber ich glaube, dass unsere Gesellschaft mit nachhaltigen Wohlstandsverlusten und Verteilungskonflikten rechnen muss."

Im Islam sind die Gesetze unmittelbar als Allahs Wille zu verstehen; ihre Befolgung ist folglich Gottesdienst im Wortsinne. Das Leben nach den Gesetzen Allahs ist Islam. Daraus ist zu folgern, dass Allahs Gesetz das gesamte Rechtswesen der islamischen Gemeinschaft diktiert. Insofern kann es nie eine Trennung von Staat und Moschee geben, nie einen so zu definierenden Euroislam. Der Euroislam ist eine typisch intellektuelle Wunschvorstellung. Mit der Realität hat das nichts zu tun. Interessant ist, wie die Deutungseliten es vermeiden, die klaren diesbezüglichen Aussagen eines Erdogan oder des Vorsitzenden des türkischen Religionsministeriums zur Kenntnis zu nehmen.

Ein Euroislam mit der Trennung von Staat und Moschee würde ja bedeuten, dass wesentliche Aussagen des Koran und der Prophetenüberlieferung für nicht mehr gültig erklärt werden, insbesondere die zahlreichen Koranstellen, die zur Gewaltanwendung gegen Ungläubige aufrufen.

Lukas Wick hat in seinem Buch „Islam und Verfassungsstaat. Theologische Versöhnung mit der politischen Moderne" (Ergon Verlag 2009) mit breiten Quellenmaterial auf wissenschaftlicher Basis sehr glaubwürdig die grundsätzlichen Zweifel dokumentiert, ob die islamische Theologie und Jurisprudenz ein konstitutionelles Modell mit Meinungs- und Glaubenspluralismus legitimieren können.

Der Konflikt zwischen dem missionarischen Universalitätsanspruch der Weltanschauung des Islam und dem gleichfalls missionarischen Universalitätsanspruch der USA und ihrer Trabanten mit dem Drängen zur Integration ist ein nicht zu lösender Konflikt, zumal die von den Deutungseliten der Republik vertretenen Orientierungen wie Selbstverwirklichung auf Kosten der Solidarität, Zerstörung der Familien, Tötung der Ungeborenen, Verachtung der Ahnen in ihrer Gesamtheit, Anbetung des Mammon, pornografisches Fernsehen etc. den Muslimen gegenüber als christliche Werte verkauft werden bzw. von diesen so gesehen werden müssen, zumindest ja auch von einer überwiegend lauen Christenheit samt ihren lauen, aber sehr gut besoldeten Hirten geduldet wird. Ein wirklicher geistiger Kampf, ein Widerstand ist nicht vorhanden. Daher muss auch ein solches Christentum als verachtenswert und, insoweit man hier eine Integration fordert, als tödliche Bedrohung der muslimischen Existenz angesehen werden. Es geht ihnen um den Erhalt ihrer Identität als

Halt in einer Welt ohne Identität, ohne Kompass, ohne ethische Orientierung, einer Welt der Dekadenz.

Zugleich sehen die Muslime die Früchte dieser Entwicklung, eine vergreisende, sich selbst tötende Republik, eben ohne Identität, nur zusammengehalten durch die gemeinsame Anbetung des Mammons und seiner Vorteile, als also eine Republik, die man berechenbar und ohne großen Widerstand in mittlerer Zukunft gänzlich übernehmen kann. Diese Übernahme hat schon längst begonnen, wie viele aus dem Bereich der Geheimdienste, der Polizei, der Schulen und der Justiz hinter vorgehaltener Hand berichten.

Noch nie wurden so viele Moscheen gebaut wie heute. Und dass sogar die sogenannten Volkskirchen die Moscheen mit den Kirchen vergleichen, zeigt entweder ihre Unbildung oder ihre Feigheit, Dinge anzusprechen, deren Ansprache für sie gefährlich werden könnte. In der Moschee werden hauptsächlich juristische und zivilrechtliche Abläufe abgewickelt. Die Moschee ist ein Ort der zur Schau gestellten Unterwerfung und des Gebets. Da der Islam drei territoriale Zustände unterscheidet, nämlich das Land der Unterwerfung (dort regiert er uneingeschränkt), das Land des Krieges (dort herrschen die Ungläubigen) und das Land des Waffenstillstands (dort ist der Islam noch in der Minderheit), kommt der Moschee im Land des Waffenstillstands die Aufgabe zu, dem Islam zum Sieg zu verhelfen. Hier werden die Moscheen zu vorgeschobenen Stützpunkten, in denen nur das islamische Gesetz gelten darf.

Die Deutungseliten wissen das wohl, leben aber mit ihren Pfründen nach der Devise „Nach uns die Sintflut!" Da nicht wenige von ihnen kinderlos sind, bei den Deutungseliten in den Medien wohl die Mehrzahl, empfinden sie abseits ihrer Lustgewinne auch nicht den Ansatz der Verantwortung für die nach ihnen kommenden Geschlechter. Sie wissen, dass die Sharia notorisch grundgesetzwidrig ist.

Interessant ist, dass die in Deutschland lebenden Muslime, soweit sie sich als Repräsentanten politisch äußern, meinen, was sie sagen. Auch ihre im Koran verankerte antijüdische Haltung, die sie auch immer wieder mit Parolen bei ihren Aufmärschen insbesondere in ihrer Großstadt Berlin offen zeigen, wird von den Deutungseliten geflissentlich ignoriert. Erstaunlicherweise auch von der jüdischen Gemeinschaft. Wenn man Rechtsextremismus am Hass auf die Juden festmacht, dann haben wir ihn – gehätschelt von der Nomenklatura und festgeschrieben in Allahs Wort – im Koran, wo wir eine Kennzeichnung der Juden als Affen bzw. Schweine finden.

In den kommenden Zeiten des wirtschaftlichen Niedergangs und des darauf folgenden Aufruhrs ist es nicht abwegig, davon auszugehen, dass sich diese antijüdische Haltung verbinden könnte mit der antisemitischen Haltung anderer, nicht nur des sogenannten rechtsradikalen Gesindels, zumal man gerade den Juden großen Einfluss auch im Banken- und Finanzbereich unterstellt. Die Christliche Mitte schreibt hierzu: „Nach einer Umfrage der ‚Anti-Defamation league‘ in sieben europäischen Staaten im Dezember 08 und Januar 09 macht fast ein Drittel der Befragten die Juden für die derzeitige Wirtschafts- und Finanzkrise verantwortlich. 40 % stimmten der Aussage zu ‚Juden haben zuviel Einfluss in der Geschäftswelt‘, in Spanien sind es sogar 74 %.“

Letztlich wissen alle Deutungseliten, dass der Islam weder den Status einer Privatreligion im Sinne der Verfasser des Grundgesetzes besitzt noch sich auf seine rituellen Aspekte beschränkt, also auf die fünf Grundsäulen (Beten, Fasten, Pilgerreise, Feiertage, Almosen). Der Islam ist eine ganzheitliche, alle Lebensbereiche umfassende Weltanschauung. Koran, Sunna (Vorbild des Propheten) und Sharia (hauptsächlich aus Koran, Sunna gewonnenes Recht) sind göttlich bestimmte Lebensregeln. Sie haben also eine höhere Geltungsmacht als von Menschen gemachtes Recht. Nur aus der Position der Schwäche heraus – also vorläufig – können säkulare Bestimmungen von glaubenstreuen Muslimen eingehalten werden.

Vorbild ist nun einmal Mohammed, Religionsstifter, Kriegsherr, Staatsgründer, Souverän und Eroberer mit einer ganz anderen Wirkung auf die Gläubigen des islamischen Kulturkreises als beispielsweise Gautama Buddha oder Kung Fu Tse oder der Messias der Christen.

Der Islam ist für seine Gläubigen die letztgültige und damit einzig wahre Religion, in Wirklichkeit eine umfassende Weltanschauung, politische Doktrin und Herrschaftsideologie, nicht geschützt durch Art 4 GG.

Inzwischen ist es in der Republik so, dass Richter den ethno-kulturellen Hintergrund von Tätern aus der islamischen Weltanschauung als strafmildernd werten. Das ist schon deswegen hochinteressant, weil trotz der ansonsten verordneten Gleichheitslüge hier faktisch ein wesentliches Grundprinzip Europas, nämlich die Rechtsgleichheit, außer Kraft gesetzt wird.

Die FAZ hatte in ihrem Frontseiten-Kommentar vom 15. Januar 2010 den Krieg der Ausländerjugendlichen gegen diese Republik sehr deutlich formuliert: „Denn dort, wo sie in der Mehrheit sind, werden die meisten und brutalsten Jugendverbrechen begangen. Die Tatsache, dass inzwischen achtzig Prozent der jungen Intensivtäter aus Migrantenfamilien stammen und arabische und türkische Jugendliche die Gewaltstatistik so überdeutlich anführen, hat viele wachgerüttelt. Doch werden Lehrer, Richter, Kriminalkommissare und Staatsanwälte, die darüber öffentlich reden, oft noch als Störenfriede abgekanzelt und nicht selten zum Schweigen gebracht."

Und der Herausgeber der FAZ, Frank Schirrmacher, schrieb in der gleichen Ausgabe einen Leitartikel unter dem Titel: „Junge Männer auf Feindfahrt": „Das Redeverbot, wonach über ausländische Jugendkriminalität oder solche mit Migrantenhintergrund nur im Zusammenhang mit Jugendkriminalität im Allgemeinen zu sprechen sei, ist Geschichte. Das hat nichts mit rechtsradikalen oder ausländerfeindlichen Tendenzen der Gesellschaft zu tun, sondern mit den Tätern selbst. Sie verrichten ihre Taten nämlich nicht mehr stumm. Sie reden dabei. Das heißt nicht, dass sie schon eine Ideologie hätten. Aber sie haben begonnen, einen Feind zu identifizieren. Sie vollziehen immer häufiger einen Schritt, der die angestaute, arbiträre, nach Zufallsopfern suchende Aggressivität an einen Gegner heftet. Das sind ‚die Deutschen'. Es steht so nicht in den Lehrbüchern. Uns war historisch unbekannt, dass eine Mehrheit zum rassistischen Hassobjekt einer Minderheit werden kann. Aber es gibt starke Signale dafür. (…)"

Den Deutschen ist es von ihren Deutungseliten mit dem Diktat der „Political Correctness" verboten, sich zu wehren. Tun sie es dennoch, wird die bekannte Leiche von Hitler aus dem Keller geholt und werden sie und ihre Familie in die neonazistische Ecke gestellt. Ralph Giordano, der ja aufgrund seiner Herkunft unerschrocken sein kann, sagt es, wie man das macht: „Wer gegen die Moschee ist und das laut sagt, besorgt die Sache der Nazis von heute."

Die Schweizerzeit (Nr. 30, 24. Oktober 2008) beschrieb die dem Islam innewohnende Systematik der globalen Islamisierung wie folgt „Solange der muslimische Bevölkerungsteil in einem Land um ein Prozent liegt, werden die Muslime als friedliebende Minderheit, welche niemanden bedroht, angesehen. Bei einem Anteil um zwei bis drei Prozent beginnen die Muslime bei anderen ethnischen Minderheiten und sich benachteiligt fühlenden Gruppen für den Islam zu werben. Wichtigste und fruchtbarste ‚Bekehrungsgebiete' sind hier oft Gefängnisse und ‚Strassen- und Jugendbanden', denen man einen neuen ‚Sinn ihres Lebens' offeriert. (…)

Ab fünf Prozent Bevölkerungsanteil beginnen die Muslime einen Einfluss auszuüben, welcher weit über demjenigen liegt, welche eine Bevölkerungsgruppe dieser Gruppe normalerweise ausüben würde. Sie beginnen auf die Einführung von ‚halal', nach islamischen Standards ‚reine' Nahrungsmittel zu drängen. Damit verschaffen sie Muslimen auch neue Arbeitsplätze in der Nahrungsmittelindustrie. Sie erhöhen den Druck auf Supermarkt-Ketten, solche Produkte in ihr Angebot zu nehmen, indem sie auch klare oder verhüllte Drohungen aussprechen, für den Fall, dass dies nicht geschieht (z. B. in den Vereinigten Staaten). In vielen Fällen, so auch in der Schweiz, kapitulieren sowohl Firmen wie öffentliche Einrichtungen schon ‚vorbeugend‘, in dem sie z. B. in Kantinen keine Gerichte mit Schweinefleisch mehr offerieren, oder indem z. B. in Schulen keine Hinweise auf christliche Grundwerte und Feiertage mehr erlaubt sind. (…) Von diesem Punkt an werden die Muslime versuchen, die Regierungen des Landes dazu zu bringen, dass sie sich unter der ‚Sharia‘ (den islamischen Gesetzen) selber regieren können. Das Endziel des Islams ist nicht die Konvertierung der Welt, sondern die Einführung der ‚Sharia‘ als einziges ‚Rechtssystem‘ in der ganzen Welt! Die Diskussionen in Großbritannien, ausgelöst durch Bemerkungen anglikanischer Bischöfe, aber auch von hohen Rechtsgelehrten, dass es ohne weiteres möglich sei, auch in Großbritannien schon jetzt Teile der Sharia einzuführen, zeigen, dass diese Gefahr kein Hirngespinst von islamophoben Fremdenhassern ist. (…)

Wenn die muslimische Bevölkerung einen Stand von zehn Prozent der Gesamtbevölkerung erreicht, erhöhen die islamischen Drahtzieher oft den Druck auf die bestehende Gesellschaft und Regierung, indem sie kriminelle Ausschreitungen als Ausdruck ihrer Unzufriedenheit mit den herrschenden Bedingungen auslösen und unterstützen (brennende Autos in den Vororten von Paris). Jede Aktion von Nichtmuslimen, welche angeblich den Islam ‚beleidigt‘, löst ebenfalls organisierte Drohungen und Aufstände oder sogar Morde aus (dänische Mohammed-Karrikaturen – Ermordung des Filmemachers von Gogh in Amsterdam).

Wenn ein Anteil von zwanzig Prozent erreicht ist, muss ein Land erfahrungsgemäß mit Unruhen und Aufständen bei der geringsten als ‚Provokation‘ empfundenen Aktion der Regierung oder anderen Bevölkerungsgruppen rechnen. Milizen werden gebildet und sporadische Morde und Brandstiftungen an Kirchen oder Synagogen sind nichts Außergewöhnliches mehr.

Bei vierzig Prozent findet man häufig Massaker, chronische Terror-Angriffe, Selbstmordattentate und zunehmende Gesetzlosigkeit mit Kriegshandlungen durch verschiedene sich teilweise bekriegende Milizen.

177

Ab sechzig Prozent kann man offene Verfolgung von ‚Ungläubigen' und Anhängern anderer Religionen erwarten, dazu sporadische ethnische Säuberungen (Genozid), die Ausübung der Sharia als Waffe und die Einführung der ‚Jizya' (spezielle Steuer für Mitglieder jüdischer und christlicher Religionen).

Nach achtzig Prozent kann man staatlich organisierte ethnische Säuberungen und Völkermord erwarten.

Hundert Prozent wird den Frieden von ‚Dar-es-Salaam' – das islamische Haus des Friedens – einläuten. Dann sollte Frieden herrschen, weil ja nun alle Bewohner Muslime sind. Natürlich ist die Wirklichkeit nicht so. Um ihren Blutdurst zu stillen, beginnen Muslime dann einander umzubringen aus einer Vielzahl von Gründen (…)"

Der Koran stimmt als gesellschaftliche und religiöse Norm für Muslime in zentralen Fragen nicht mit den allgemein in Deutschland anerkannten Menschenrechten und Grundfreiheiten überein. Aus der FAZ (11.04.82) war zu entnehmen, dass Christa Nickels in diplomatischer Vorsicht am 10. April 2002 vor der UN-Menschenrechtskommission einen Dialog darüber forderte, ob bestimmte Teile der Sharia mit internationalen Normen übereinstimmten. Daraufhin erklärte der Sprecher der Organisation islamischer Konferenz, die Sharia sei heilig und deswegen könne ihre zeitlose Gültigkeit nicht bestritten und den Normen „sündiger Menschen" untergeordnet werden. Aber unsere Deutungseliten ignorieren bewusst, dass der Koran für Muslime Verbalinspiration ist, unfehlbar ist, denn er ist übernatürlicher und übermenschlicher Herkunft.

Wenn unsere ungebildeten Deutungseliten immer und immer wieder auf die Gewalt von Christen im Laufe der Geschichte, auch der Jetztzeit hinweisen, so können all die, die diese Gewalt heute verursachen und sich wie George Walter Bush (Irak, Afghanistan) oder Angela Merkel (Kosovo, Afghanistan) auf das Christentum berufen, nicht einmal im Ansatz auf die Botschaft JESU berufen. Sollten sie das tun, lügen sie die Botschaft um und betreiben Götzendienst. Wie

Voltaire, sicherlich kein Verteidiger der Kirche, aufgrund seiner umfangreichen Studien zusammenfassend feststellte: „Mohammed starb als Herrscher und Feldherr. JESUS starb am Kreuz."

Was die Deutungseliten leugnen, ist, dass viele Türkischstämmigen aus dem Osten der Türkei kaum Bereitschaft zeigen, sich in die Gesellschaft einzugliedern. Zwar haben ca. 32 v. H. die deutsche Staatsangehörigkeit erhalten, aber sie unterscheiden sich doch sehr von den ethnischen Deutschen. Im Durchschnitt sind sie schlechter ausgebildet, schlechter bezahlt und häufiger arbeitslos. Gering ist der Anteil bikultureller Ehen; er liegt bei 5 v. H.

Schlechte Integrationsergebnisse gibt es zudem bei Afrikanern, Ex-Jugoslawen, den Menschen aus dem Nahen Osten (Libanon, Palästinenser-Gebiete, Iran, Irak), gut eingegliedert haben sich die Deutschen aus Russland, Kasachstan, Kirgisistan etc. Sie kommen zu nicht geringen Teilen mit einem relativ hohen Bildungsstand nach Deutschland. Die in Deutschland geborenen Kinder haben zu 28 v. H. die Hochschulreife, wobei mehr Mädchen als Jungen das Gymnasium besuchen und mehr Frauen als Männer das Abitur machen. Nur 3 v. H. von ihnen haben keinen Schulabschluss. Bei den Türkischstämmigen haben 14 v. H. das Abitur und 30 v. H. keinen Schulabschluss.

Es ist eine Lebenslüge der deutschen Deutungseliten zu glauben, dass Nächstenliebe gegenüber Jedermann Schutz vor Attentaten ist. Beim Attentat in Djerba starben auch Deutsche qualvoll in den Flammen, und zu der Zeit flog noch kein deutsches Kampfflugzeug über Afghanistan.

Es ist auch eine weitere Lebenslüge der Deutungseliten, dass wir Einwanderer brauchen, dass wir Einwanderungsland sein müssen. Die Einwanderer brauchen Deutschland, aber nicht Deutschland die Einwanderer. Deutschland braucht das Überleben seiner Kinder! Aber die landen bekanntlich zu Hunderttausenden im Mülleimer.

Die Eroberung Deutschlands geschieht durchaus planvoll und zwar durch „Diyanet Isleri Türk Islam Birgili", abgekürzt DITIB genannt; übersetzt bedeutet das etwa „Türkisch-Islamische Union des Amtes für religiöse Angelegenheiten". Nach Necla Kelek ist der Haushalt dieses Amtes nach dem Militärhaushalt der größte Posten im türkischen Etat. Rund 500 bis 600 Imame, von der Türkei bezahlt, für ihre Tätigkeiten in Deutschland angeleitet und überwacht, sind regelmäßig in Deutschland. Sie sprechen kaum Deutsch und verbreiten ihre Lehren in türkisch und arabisch. In der FAZ (12.08.07) behauptet Ralph Giordano, dass die DITIB -Imame geschult würden, den Völkermord an den Armeniern als „Mythos" zu erklären. An der Spitze der DITIB in Deutschland steht ein Botschaftsrat der türkischen Botschaft in Berlin.

Die deutschen Deutungseliten nehmen es hin, dass die Türkei, eine ausländische Macht, mit Hilfe ihrer Botschaft auf deutschem Boden „staatskirchliche Prinzipien" durchsetzt. Deutschland wird von der Türkei als eine Kolonie betrachtet, deren fortschreitende Eroberung nicht nur religiöse, sondern auch politische Priorität hat. Dieter Wellershoff spricht hier von einer Religion, die „kriegführende Macht" geworden sei.

Die politische Klasse steht dem wohlwollend gegenüber. So verwandelt sich Deutschland in absehbarer Zeit in ein Land, in dem der Islam, die Sharia und das Türkentum dominieren. Beim EU-Beitritt der Türkei und dem Hereinströmen von Millionen jungen Türken in die vergreisende Republik wird das noch schneller geschehen. Toleranz, nein – aber Troja lässt grüßen!

In einer ARD-Sendung „hart aber fair" warnte der DGB-Vorsitzende Sommer angesichts der tiefen Rezession vor sozialen Unruhen wie in den 1930er Jahren. Einige der Wenigen, die den Mut haben, auf solche Gefahren hinzuweisen, war auch die SPD-Bundespräsidentschaftskandidatin Gesine Schwan. KOPP EXKLUSIV hatte bereits am 03. April 2008 über eine geheime Studie der CIA berichtet, nach der die CIA spätestens um das Jahr 2020 herum in vielen europäischen Ballungsgebieten Bürgerkriege erwartet. Für Deutschland sieht sie das in Teilen des Ruhrgebietes, Teile der Hauptstadt

Berlin, im Rhein-Main-Gebiet, Teilen Stuttgarts, Stadtteilen von Ulm sowie Vororten von Hamburg.

Die CIA ordnet die bisherigen schweren Jugendunruhen als Vorboten des Bürgerkriegs ein. Nach Meinung der CIA würde die Kriminalität unbeschäftigter Kinder von Zuwanderern steigen, die steigenden Sozialausgaben der europäischen Staaten würden nicht reichen, um diese Bevölkerungsgruppe dauerhaft ruhig zu halten. In der Tat gibt es diese Vorboten des Bürgerkriegs auch in Deutschland.

Bereits in Kindergärten werden die Erzieher durch Kulturkonflikte mit muslimischen Kindern überfordert. Dürfen christliche Feste noch gefeiert werden, oder fühlen sich muslimische Kinder ausgegrenzt? Hierzu gibt es bereits eine Studie der Universität Tübingen (Mein Gott, dein Gott; interkulturelle und interreligiöse Bildung in Kindertagesstätten).

In Duisburg wurde Ende Oktober 2008 die größte Moschee Deutschlands im Stadtteil Marxloh in Besitz genommen – in Anwesenheit des CDU-Ministerpräsidenten Jürgen Rüttgers, des katholischen Bischofs Felix Glenn und des Präses der evangelischen Kirche im Rheinland, Nikolaus Schneider. Der Stadtteil Duisburg-Marxloh, so war in der CM 1/2009 zu lesen, ist durch die Gewerkschaft der Polizei wie folgt beschrieben worden: „Pisser, Penner, Scheißbulle sind die geläufigsten Schimpfwörter, die neuerdings hinter den Kolleginnen und Kollegen hergerufen werden, wenn sie durchs Viertel gehen. Erstklässler, die in Gruppen auf dem Schulweg einzelne Viertklässler verprügeln und erpressen; Heranwachsende, die Obdachlosen Geld und Schnaps stehlen, Omas die mit ‚alte Fotze', ‚Schlampe' angesprochen werden – die Hemmschwelle für Respektlosigkeit und Gewalttätigkeit sinkt ständig. Hatten wir es vor fünf Jahren noch viel mit Diebstählen zu tun, ist es jetzt Raub mit dem Vorhalt des Messers (…)"

Aber auch in der Düsseldorfer Altstadt sieht es nicht viel anders aus, wie der in der Westdeutschen Zeitung / Lokales Düsseldorf abgedruckte öffentliche Brief eines Dienstgruppenleiters der Polizei vom 28. November 2008 unter der Überschrift „Höchste Aggression und Gewaltbereitschaft" über den Alltag der Polizei in der Altstadt berichtet. Hier handelt es sich um gewaltbereite Fußballfans, Migranten libanesischer Abstammung (darunter mutmaßliche Straftäter, wie die Redaktion anmerkt), einen auffällig hohen Anteil von heranwachsenden Migranten, größtenteils marokkanischer oder türkischer Abstammung. Es sei bei jugendlichen und heranwachsenden Migranten das neue, aktuelle Hobby, die „Bullen aufzumischen." Straftäter konnten entkommen, als bei dem Versuch der Festnahme 200 Migranten den Abtransport verhindern konnten.

Das neue Gerichtsgebäude des OLG Düsseldorf trägt dem Bürgerkrieg bereits Rechnung. In den Boden eingelassene, kniehohe Betonkübel sollen selbst dann vor Selbstmordattentätern schützen, wenn diese sich mit sprengstoffbeladenen Fahrzeugen nähern. Ein Hubschrauberlandeplatz auf Nordrhein-Westfalens Hochsicherheitsgericht sorgt dafür, dass Angeklagte direkt auf das Dach geflogen werden können. Geheime Zugänge führen in das Innere. Auf den Toiletten sind Fußwaschbecken für Muslime.

Berlin, eine türkische Großstadt außerhalb der Türkei, steht solchen bürgerkriegsähnlichen Unruhen natürlich nicht nach. So griffen in der Sylvesternacht 2008/2009 hunderte oder gar tausende von Menschen die Polizeiwache im Berliner Bezirk Prenzlauer Berg an. Ähnliche Aufstände des überwiegend deutschen Gesindels gab es auch in Hamburg, in Dresden und Leipzig – häufig unter starkem Alkoholeinfluss (spiegel.de/panorama).

Die Junge Freiheit (04.07.2009) berichtet, dass Linksextremisten in einem Pamphlet offen zur Gewalt gegenüber Bundeswehrsoldaten aufgerufen haben. „Nicht zögern, Reinhauen. Und zwar richtig", zitierte der Tagesspiegel aus dem sechs Seiten starken Heft mit dem Titel „Feindererkennung. Eine Gebrauchsanweisung für den Alltag." Letztlich können Feierliche Gelöbnisse selbst in Bayern nur noch unter dem Schutz eines starken Polizeiaufgebots stattfinden.

80 v. H. der Serientäter in Berlin sind nichtdeutscher Herkunft, hatte der Berliner Oberstaatsanwalt Roman Reusch festgestellt. Das

muss man aushalten, sagen die Deutungseliten, und erklären damit dem eigenen Volk den Krieg. Im Focus (15.01.08) war so ein Beispiel zu lesen: In „Hart aber fair" fragt Moderator Plasberg die Bundesjustizministerin Zypries, was sie älteren Menschen empfehle, die sich von Rowdys in der U-Bahn bedroht fühlen. Ihre Antwort: „Ich würde ihnen raten, den Wagen zu wechseln." Ansonsten werden bestimmte Daten der Kriminalstatistik verschwiegen.

Gerald Center, der Gründer und Geschäftsführer des in den USA ansässigen renommierten Trends Research Instituts sagt für die kommenden Jahre den völligen Zusammenbruch der Weltwirtschaft voraus. Massenarbeitslosigkeit, Armut, Verelendung weiter Bevölkerungsschichten, Revolten und bürgerkriegsähnliche Zustände seien die Folge. Die Wirtschaft stellt sich schon auf ihre neue Klientel ein. In fast 40 Filialen der Deutschen Bank spricht man türkisch, serviert gesüßten Tee.

In der Nacht zum Ostersonntag 2008 taufte und firmte Papst Benedikt XVI. Magdi Allam und spendete ihm die Eucharistie; Allam war ein prominenter, in Ägypten geborener Muslim. Er ist einer der Top-Redakteure der Zeitung Corriere della Sera und ein bekannter Autor. Allam ließ seinem Übertritt eine scharfe Erklärung folgen, in der er argumentierte, über „das Phänomen des islamischen auf globaler Ebene agierenden Extremismus und Terrorismus hinaus ist die Wurzel des Bösen einem Islam innewohnend, der physiologisch gewalttätig und historisch konfliktträchtig ist". D.h. mit anderen Worten, das Problem ist nicht der Islamismus, sondern der Islam selbst, denn die Gewalt wird durch den Koran legitimiert.

„Es kann nicht sein", schreibt Necla Kelek in der FAZ (14.03.2008), „dass von Moscheen unterstützt und Behörden gebilligt, in deutschen Städten Scharia-Richter sich anmaßen, zivil- und strafrechtliche Belange zu regeln, die eindeutig dem Gewaltmonopol des Staates vorbehalten sind." Und sie fährt nach weiteren Ausführungen fort: „Warum sagen uns die Islamverbände nicht einfach, was wir schon immer wussten: Sie lehnen letztlich die Werteordnung Deutschlands ab."

Dass die Ausländerkriminalität extrem hoch ist, insbesondere die der Türken, ist ja längst durch die Statistiken erhärtet. Allerdings verraten uns diese Statistiken nicht das ganze Ausmaß, weil die Eingebürgerten als Deutsche ausgewertet werden. Würden sie mit einberechnet, wäre das Ausmaß noch dramatischer, als es ohnehin schon ist.

„Der organisierte Islam in Deutschland steht unter dem Einfluss der islamistisch-politischen Bewegung, sogar die DITIB", sagte Herbert Landolin Müller, Leiter der Abteilung für Islamismus beim Baden-Württembergischen Verfassungsschutz (CM Nr. 10, Okt. 2007).

Nach einer Studie des Bundesinnenministeriums, schreibt die JF (30.01.2008), sind etwa 40 v. H. der jungen Muslime der Gewalt zugeneigt. Die Auffassung einer „göttlichen Belohnung für Gotteskämpfer" wird von mehr als 40 v. H. dieser Jugendlichen geteilt.

Im Bayernkurier (Nr. 07, 16. Februar 2008) nimmt die nach allen Seiten offene CSU, die ja, von ihren Spitzenvertretern ausgehend, die Muslime so integrieren will wie es mit den Sudetendeutschen geschehen ist, eine erstaunlich andere Einstellung ein: „Viele Türken haben ein Problem mit Inländern."

Stellen wir uns vor, in Ludwigshafen wären bei einem Brand neun Italiener umgekommen, neun Polen oder neun Amerikaner. Es hätte Entsetzen geherrscht und Trauer.

Aber das Unglück hätte keine Diskussionen über Ausländer und Integration ausgelöst.

Ludwigshafen zeigt deshalb vor allem eines: Wir haben in diesem Land keine generelles „Ausländerproblem". Viele Türken haben vielmehr ein Problem mit den „Inländern". Viele von ihnen leben bewusst in einer Parallelgesellschaft, schotten sich ganz gezielt von den Deutschen ab, verweigern jede Form der Integration. Zur deutschen Außenwelt nehmen sie nur Kontakt auf, wenn dies unumgänglich ist: Arbeitsplatz, Schule, Sozialamt.

Dies alles wäre noch hinnehmbar, wenn sich in „Klein-Türkei" nicht zunehmend etwas entwickelt hätte, was unter den meisten anderen ethnischen Gruppen nicht feststellbar ist: eine ausgesprochene Deutschen-Feindlichkeit, ja teilweise ein unverhüllter Hass auf alles Deutsche und alle Deutschen. Dies wird gefördert von aggressiven Imamen und türkischen Medien. Die sehen in ihren hier lebenden Landsleuten offenbar einen Vorposten für die Ausbreitung des Islams und Mitglieder einer türkischen Kolonie.

Nur so ist zu erklären, was sich nach der Ludwigshafener Brandkatastrophe abgespielt hat: Dass der Feuerwehr und der Polizei sofort vorgeworfen wurde, sie hätten sich mit den Rettungsarbeiten Zeit gelassen, weil keine Deutschen unter den Opfern waren; dass Rettungskräfte beschimpft, bespuckt und geschlagen wurden; dass sich ohne jeden konkreten Hinweis sofort das Gerücht breit machte, hier hätten Neonazis einen Anschlag auf Ausländer verübt.

Dass dies alles kein Zufall ist, zeigte der Auftritt des türkischen Ministerpräsidenten Erdogan. Wer türkische Schulen fordert, in denen türkische Lehrer ihre Landsleute auf Türkisch unterrichten, der fördert die Abschottung der Türken. Und wer Assimilation als „Verbrechen gegen die Menschlichkeit" brandmarkt, der will jenen türkischstämmigen Deutschen ein schlechtes Gewissen einreden, die sich den Lebensstil und die Werteordnung des Landes ihrer Wahl zu eigen machen, ohne deshalb ihre Herkunft zu verleugnen oder zu vergessen.

Die deutsche Diskussion dreht sich noch immer um die Frage, ob wir eine mulikulturelle Gesellschaft sind oder eine christlich-abendländische, ob wir uns als Einwanderungsland verstehen oder als Integrationsland. Das alles lässt sich auf Akademie-Tagungen theoretisch erörtern. Die viel wichtigere Frage ist aber eine andere: Wie gehen wir mit den türkischen Zuwanderern um, die eine neue deutsche Teilung wollen – in einen deutschen und einen türkischen Teil?

Erwin Huber jedoch hatte vorher – so die CM 2008 – in einem Interview mit der FAZ (25.11.07) erklärt: „Auch ein Muslim kann natürlich CSU-Mitglied werden. Er muss aber unsere Grundwerte anerkennen (…) Mir ist jeder lieb, der glaubt und betet." Noch naiver und unverantwortlicher – so die CM – der nordrhein-westfälische Ministerpräsident Jürgen Rüttgers, der die Kirchen auffordert, in allen Schulen Islamunterricht einzuführen, und den Bau von Moscheen „mit ordentlicher Architektur" fördert.

Nur wenige haben den Mut zu sagen, dass die Integration nicht stattgefunden hat. „Ich bin entsetzt über Politiker der 68er-Generation, die in meinen Augen blauäugig und in falschem weich gespülten Toleranzgebaren einer hoch aggressiven Religion die Hand reicht, ohne die Dynamik dieser Glaubensgemeinschaft einschätzen zu können", schrieb eine Leserin in Cicero exklusiv (29.09.2007).

Die Kräfteverhältnisse im aufkommenden Bürgerkrieg sprechen zugunsten der Täter. Hier ist die geschichtsphilosophische Orientierung der Deutungseliten aufgegangen. Den Deutschen werden eine geduckte Haltung und ein gesenkter Blick abverlangt, und ausländische Gewalttäter werden gehätschelt als Bereicherung dieser Republik. Die wehrhafte Demokratie – zum Lachen!

Die Phrase, dass Ausländer nicht krimineller seien als Deutsche, ist natürlich eine Lüge. Laut Bundesregierung waren am 31. März 2007 64.512 Strafgefangene beziehungsweise Sicherungsverwahrte inhaftiert. Hiervon waren 14.026 Ausländer oder Staatenlose (21,74 v. H.). Nicht bekannt ist die Anzahl der einsitzenden eingedeutschten Ausländer. Diese zählen in der Kriminalstatistik als Deutsche. Jährliche Kosten fallen in Höhe von 431 Millionen Euro an. Bei Mord und Totschlag sind 28 v. H. Ausländer, bei gefährlicher und schwerer Körperverletzung 24 v. H. und bei den Raubdelikten 28 v. H. (JF, 24.01.08). Der Berliner Oberstaatsanwalt Roman Reusch sagte gegenüber der JF (14.01.2008), dass 80 v. H. der Serientäter in Berlin nichtdeutscher Herkunft sind. Es werde bei diesen Familien als völlig normale Gegebenheit vorausgesetzt, dass ihre Männer früher oder später Haftstrafen zu verbüßen haben; dies sei Teil des „Geschäftskonzepts".

Die Deutschen sind in ihrer Heimat von Ausländern bedroht und von den Deutungseliten in Stich gelassen.

In der Hauptstadt dieser Republik sind folgende Stadtteile durch die Polizei Berlin (Gewerkschaft und Polizeisprecher) als „verloren" aufgegeben: Wedding, Tiergarten-Mitte, Neukölln (E-Mail vom 15. Jan. 2008).

Das Amt für religiöse Angelegenheiten Diyanet in Ankara – DITIB ist nur der verlängert Arm – hat ein klare Strategie, meint Ralph Giordano: „Dort, in dieser autoritär geführten Staatsbehörde, ist das Projekt ausgeheckt worden, wie all die anderen Großmoscheen, die in Deutschland mit Namen von osmanischen Eroberern wie Pilze aus dem Boden schießen – sakrale Großbauten, Symbole einer Land-nahme auf fremdem Territorium, Strategie einer türkischen Außenpo-litik, die längst dabei ist, in Deutschland mitzuregieren."(Zeitzeichen Nr. 80/3. Quartal 2008).

Die Neigung zur Gewalt nimmt proportional zur islamischen Religiosität zu; dagegen scheint es, dass die Gewaltbefürwortung bei christlich orientierten Jugendlichen durch die Religion im Sinne eines Schutzfaktors gesenkt wird, lässt sich aus einer dem Innenmi-nisterium vorliegenden Studie der Kriminologen Katrin Brettfeld und Peter Wetzels aus Hamburg erkennen.

Die zunehmend grassierende Deutschfeindlichkeit ist das Mene-tekel des sich im Ansatz bereits abzeichnenden Bürgerkriegs, letztlich von den Deutungseliten, die den Deutschen eine eigene Identität absprechen und gleichzeitig von den Zugewanderten verlangen, in dieser Nichtidentität aufzugehen.

Natürlich haben wir auch den Bürgerkrieg in der muslimischen Gemeinschaft selbst. Die Versklavung und Züchtigung der Frauen, das Zwangsverheiraten, das Morden aus Gründen der Ehre – all das ist von den Deutungseliten geduldeter Krieg.

Die Kapitulation findet inzwischen in vielfacher Hinsicht statt. Da werden dann Deutsche von Deutschen aufgefordert, Türkisch zu ler-nen. So fordert das, laut CM Sept. 2007, der Revierleiter der Polizei in Heilbronn Andreas Mayer. Die ersten 15 Polizisten haben diesen Kurs, der speziell für Polizisten organisiert wurde, schon abgeschlos-sen. Es gibt also wie in vergangenen Zeiten Quislinge und Karrieris-ten, die in das Lager der künftigen Mächtigen überlaufen, eloquente

Konvertiten, Vorzeige-Imame oder Verband funktionäre mit Rene-gatenfanatismus. Das zeigt sich bei Richtern und Staatsanwälten, bei einer Extrawurst beim Kantinenspeiseplan, beim Frauenschwimmen und Mädchensport, bei abgesagten Theateraufführungen oder Weih-nachtsfeiern, bei Respektierung von weltanschaulichen Besonderhei-ten wie Ehrenmord, Zwangsehen mit shariakonformen milden Ur-teilen etc. Da die Deutschen bereit sind zum kollektiven Aussterben, geht es nur noch um die Stabübergabe. Die Landnahme und Macht-ergreifung wird in Islamverbänden und Moscheegemeinde, also in den Schaltstellen dieser Weltanschauung, vorbereitet.

Ein auch im Ausland hochangesehener, glaubensfester Naturwis-senschaftler, der seinen Namen aus Sicherheitsgründen nicht veröf-fentlicht sehen möchte, schrieb an einen hohen Geistlichen: „Wenn die islamische Bevölkerung, die ja bekanntlich viele Kinder hat, in Deutschland einmal die Mehrheit bekommen sollte, dann bleibt unseren Kindeskindern nur noch die Wahl, unseren HERRN JESUS CHRISTUS zu verraten oder aber Verfolgung und Martyrium auf sich zu nehmen. Das leider viel zu wenig beachtete Schicksal unserer christlichen Brüder und Schwestern in den islamischen Ländern lässt hieran wohl kaum einen Zweifel."

Wenn man die Studie „Muslime in Deutschland" von Katrin Brettfeld und Peter Wetzels analysiert, kann man zu folgenden Erkenntnissen kommen. Die Studie ordnet 40 v. H. der Muslime, das sind mindestens 1,6 Millionen Personen, als religiös konservativ bis fundamental orientiert ein, mit klaren islamischen Orientierungs-mustern und Moralvorstellungen. 12 v. H. der Muslime in Deutsch-land – das sind geschätzte 480.000 Personen, von denen knapp 40 v. H. einen deutschen Pass haben – identifizieren sich mit einer stark religiös getönten, autoritären Kritik an westlichen Gesellschaften. Sie sind antidemokratisch, anti-westlich und antisemitisch eingestellt. Ihren Hauptfeind erkennen sie in der liberalen Demokratie des Wes-tens, dem Judentum, dem Zionismus (Israel) und den USA als Pro-tagonisten des liberalen Westens, den sie hassen.

Sechs Prozent (das sind geschätzte 240.000) erklären sich zur Gewaltanwendung gegen die Verteidiger der westlichen Lebensform bereit. Sie sind „gewaltaffin", wie es in der Studie heißt. Das ist der Nährboden für den militanten Djihad-Islamismus.

Verstärkt wird das militante Potential – auch, aber eben nur auch – aus der schlechten sozialen Lage der muslimischen Mitbürger: 18 v. H. der Kinder aus Einwandererfamilien brechen die Schule vorzeitig ab. Nur 23 v. H. von ihnen absolvieren eine Berufsausbildung (Deutsche: 57 v. H.). Rund 40 v. H. der Migranten haben keinen Berufsabschluss, bei den in Deutschland lebenden Migranten aus der Türkei sind es 72 v. H. ohne berufliche Qualifikation (Migranten aus Griechenland: 61 v. H., Einwanderer aus Italien: 56 v. H., Deutsche: 12 v. H.). Damit ist die Arbeitslosigkeit von Migranten doppelt so hoch wie bei den Deutschen.

Sämtliche Anzeichen der bedrohlichen Entwicklung werden aus ideologischen Gründen verdrängt. Die meisten Politiker müssen wissen, dass die Behauptung von dem friedlichen multikulturellen Nebeneinander nicht stimmt. Systematisch wird jedoch durch alle Medien behauptet, dass lediglich 1 v. H. aller Muslime in Deutschland antidemokratisch eingestellt sei. Hierbei hat man sich nur auf jene Personen beschränkt, die Mitglieder oder Anhänger islamistischer Organisationen sind, wie die etwa 28.000 geschätzten Mitglieder der türkischen Milli Görüs, die 1.300 der ägyptischen Muslimbruderschaft, 900 der libanesischen Hisbollah, 400 der arabisch-palästinensischen Hamas. Es ist aber zu hinterfragen, ob nicht manche der bislang nicht aufgefallenen gewaltbereiten Muslime eine größere Bedrohung darstellen als die etwa 40.000 aufgefallenen.

Denn tatsächlich beträgt die Zahl der antidemokratisch eingestellten Muslime laut Studie 480.000. Stellen nicht diese das wirkliche Bedrohungspotential in Deutschland dar?

Die Jugendgewalt steigt in Deutschland seit vielen Jahren kontinuierlich an. Sie kommt selbstverständlich auch bei deutschen

Jugendlichen vor. Der Anteil der Kinder mit Immigrationshintergrund ist aber unbestritten überproportional hoch. Die gewaltförmige Macho-Kultur und die Verachtung des Schwächeren werden dabei idealisiert und weltanschaulich legitimiert.

Diese jugendlichen Gewalttaten werden durchweg verharmlost. Sind die Täter Muslime, räumen ihnen Richter wegen ihrer anderen Kultur, die zur Gewalt ein anderes Verhältnis habe, häufig mildernde Umstände ein. Oft werden Prozesse erst nach einem Jahr eröffnet; nach einer so langen Zeit ist die Strafe ohne Wirkung auf den Täter. Die deutsche Justiz ist in den Augen der Täter lächerlich.

Die Deutungseliten werden die negativen Früchte ihrer Politik ernten, durch Unruhen und Bürgerkrieg. Die Daten der Studie „Muslime in Deutschland" sind ernüchternd.

Nicht betrachtet in der Studie bleiben die Muslime, die die mit dem Grundgesetz der Berliner Republik unvereinbare repressive Gewalt beispielsweise gegen Frauen und Kinder ausüben. Rechnet man diese innerislamische Gewaltpraxis hinzu und bezieht auch die aggressive Homophobie mit ein (Homosexualität ist eine existentielle Verfehlung gegen die von Allah gesetzte Ordnung), dann ist die Gewaltbereitschaft sicherlich wesentlich höher, als in der Studie festgestellt.

Kritik wird durch den Staat und die Medien an den Kritikern des Islam so geübt, dass diese schutzlos der Gewalt ausgeliefert werden. Vielleicht steckt die eigene Angst der Deutungseliten dahinter, die sie mit den Wölfen heulen lässt und den Kritikern Intoleranz und Islamophobie vorwerfen.

Die Deutungseliten täuschen, in dem sie zwischen Islamismus und Islam einen Gegensatz konstruieren; die muslimische Gemeinschaft tut das nicht.

Auch Spiegel Online (20. Dezember 2007) verweist auf die vorgenannte Studie des Innenministeriums: Integration, Religion, Bildung. 40 v. H. aller befragten Muslime in Deutschland sind fundamental orientiert. 14 v. H. aller Befragten haben problematische Einstellungen. 6 v. H. aller Befragten sind der Studie zufolge „gewaltaffin". Knapp 40 v. H. der muslimischen Befragten halten „physische Gewalt als Reaktion auf die Bedrohung des Islams durch den Westen für legitim". Fast 9 v. H. halten die Formulierung, dass Selbstmordattentate feige seien und der Sache des Islam Schaden zufügen, für falsch. „Jugendliche und junge Erwachsene sind eine besondere Risikogruppe bezüglich der Radikalisierung oder Gewalt."

Klammheimlich wollte die EU eine durch das renommierte Zentrum für Antisemitismusforschung an der TU Berlin unter der Leitung von Prof. Werner Bergmann erarbeitete Studie über den Antisemitismus in Europa umschreiben lassen. „Die EU hat die Studie begraben, aus Angst vor einem Bürgerkrieg", wird der Soziologe Bergmann zitiert. Diese Studie, so schrieb die britische „Financial Times", sollte zurückgehalten werden, weil erkennbar ist, „dass hinter den zunehmenden antisemitischen Erscheinungen Moslems und pro-palästinensische Organisationen stehen."

Die USA haben zwar registriert, dass sie sich in einer globalen Auseinandersetzung befinden, aber ihre Schlussfolgerungen sind wie 1917 durchdrungen von einem manichäischen Sendungsbewusstsein, das anderen Kulturkreisen ihren „way of life" überstülpen will. Das kann und wird nicht klappen. Im Gegenteil, es wird das Chaos global verbreiten helfen.

Für die Europäer gibt es den manichäischen Ansatz der „Achse des Bösen" nicht. Aber die europäischen Deutungseliten tabuisieren die Intifada in ihren Städten und träumen weiterhin von ihrem Turmbau des ewigen Friedens in der von ihnen anvisierten multikulturellen Gesellschaft. Europa, auch Deutschland, befindet sich schon längst in der großen Auseinandersetzung. Auch aus Deutschland stammende Muslime sind in Tschetschenien und Afghanistan als Terroristen umgekommen; in einer Moschee in der Bundesrepublik gab es donnernden Beifall für eine ihren Märtyrermann preisende Ehefrau, die auch hofft, dass ihr Sohn den gleichen Weg gehen wird; bei den Mordgesellen in Istanbul war auch ein in Deutschland geborener und aufgewachsener Türke dabei mit vielfältigen Verbindungen in die muslimische Parallelgesellschaft Deutschlands. Einige Tausend von unseren Sicherheitsbehörden als akut gewaltbereit eingestufte Muslime leben in Deutschland, dazu stoßen diejenigen, die ihre kämpferische Ausbildung im Irak oder Afghanistan erfahren, in einem unbekannten Heer von Symphatisanten und in durch Gruppenzwang geprägten Kollektiven.

Man verweigert sich den Realitäten. Der bevorstehende asymmetrische Krieg zielt auf die Destabilisierung des Westens insgesamt. Es geht um die Zerstörung unseres objektiven Sicherheitsgefühls. Geführt wird der Krieg durch Gläubige, die von ihrem Lohn überzeugt sind. Sie befinden sich im Endkampf, um diese Welt Allah zu unterwerfen. Ihnen gegenüber stehen zumindest in Europa Ungläubige, die um ihr Leben bangen. Die Deutschen ahnen, was auf sie zukommt. 58 v. H. von ihnen sind der Meinung, dass zwischen Christentum und Islam ein Kampf der Kulturen im Gange sei, hat das Institut für Demoskopie in Allensbach festgestellt. Nun ist es sicher kein Kampf zwischen Christentum und Islam, sondern zwischen dem sich vom Christentum entfernt habenden Westen und dem Islam, denn der Geist des Westens ist nicht vom Christentum, sondern von Verderbensmächten erfüllt.

Es ist sicherlich angesichts Rousseaus Vision vom guten Menschen heutzutage nicht populär, auf einen Satz eines der Sieben Weisen aus der Antike zu verweisen, nämlich folgende Aussage von Bias: „Die meisten Menschen sind schlecht". Die daraus zu ziehende Schlussfolgerung des antiken Philosophen ist dementsprechend einfach: sie bedürfen der sittlichen Erziehung. Diesen Gedanken in einer demokratischen „one man – one vote – Gesellschaft" zu transportieren, sei idealistischen Charakteren vorbehalten.

Gewonnen werden kann dieser Krieg mitnichten allein militärisch. Eine echte Überlebenschance hat Europa nur, wenn es umkehrt, wenn es zu seinen geistigen Fundamenten und Wurzeln zurückkehrt und mitwirkt an einer Ordnung, in der Gerechtigkeit die Leitlinie ist. Ein nihilistisches, demographisch impotentes, weil glaubensloses Europa ist chancenlos.

Es wäre insbesondere der Auftrag der Kirchen, der falschen Lehre Mohammeds imperativ die Heilslehre CHRISTI entgegenzustellen. Bewusst blenden sie die Christenverfolgung in der islamischen Welt aus. Stattdessen verkünden sie ein verwässertes und unglaubwürdiges Christentum. Es wäre auch der Auftrag der Kirchen, dem jüdischen Volk seinen größten Sohn und dessen Lehre vorzustellen.

Zwischen zwei wohl ausgeprägten Identitäten ist sowohl ein Zusammenstoß als auch ein Dialog möglich. Zwischen einer Identität und einer Nichtidentität ist nur der Zusammenstoß oder die Übergabe möglich. Frühe sexuelle Betätigung, Konflikt zum Elternhaus, insbesondere zum Vater, Ablehnung von Traditionen und kritische Haltung zu den Werten – die geistige Umerziehung ist mit Hilfe der Deutungseliten in der Berliner Republik glänzend gelungen. Gefördert wurde das alles durch die sogenannten bürgerlichen Parteien, die die Züchtung einer Unterklasse, die von staatlichen Zuwendungen lebt, mit getragen hat, einer Unterklasse, die eine Brutstätte der Gewalt ist. Und das alles trifft eine Republik ohne Verteidiger!

193

Aufmarsch zum Weltenbrand

Ohne Zweifel ändert sich das politische Weltgefüge zurzeit auf dramatische Art und Weise. Der Westen dankt ab. Die Zeit seiner Herrschaft geht ihrem Ende entgegen. Neue Mächte steigen auf. Die Ankunft des „Asiatischen Jahrhunderts" hat noch weitere Folgen für den Westen. Ganz Asien, nicht nur China, Indien und Pakistan treibt die militärische Aufrüstung voran und die Modernisierung ihrer Streitkräfte; ein bedrohliches Wettrüsten hat eingesetzt. Wir haben insgesamt eine Militarisierung der Welt. Kernwaffen befinden sich schon lägst nicht mehr nur in der Hand der UN-Sicherheitsmitglieder. Die weltweite Proliferation von Spaltmaterial und Raketentechnik macht die Gefahr eines atomaren Rüstungswettlaufs immanent.

Rüstungswettläufe sind auch in Südamerika zu erkennen. Afrika versinkt derweil in inneren Konflikten, die nun nicht mehr auf die Kolonialzeit abgewälzt werden können. Sie sind Eigenschöpfung korrupter Eliten. Wer kann, versucht in das noch gut gepolsterte Sozialnetz Europas zu emigrieren. Es ist nur noch eine Frage der Zeit, wann das von der Burenherrschaft befreite Südafrika dem Weg Rhodesiens und der übrigen schwarzafrikanischen Welt folgt.

Die USA vor Niedergang und Zerfall?

Die Vereinigten Staaten sind dabei zu erfahren, wie in wenigen Jahren eine Verschiebung kultureller und politischer Grundeinstellungen geschehen wird, bedingt durch die absehbare echte demografische Mehrheit farbiger Völker nichteuropäischer Herkunft. Das hat enorme Auswirkungen auf Europa. Damit endet für die USA auch die Zeit der Interpretation der eigenen nationalen Identität und Geschichte im Lichte der biblischen Überlieferungen. Denn wie die Israeliten aus Ägypten in das verheißene Land geführt wurden, so auch die Auswanderer aus Europa nach Amerika. So entstand der Glaube an eine besondere göttliche Auserwähltheit des amerikanischen Volkes in der Perspektive des biblischen Exodusmotivs. Der amerikanische Missionsauftrag „to make the world safe for democracy" hat sich bei vielen Völkern als Irrweg erwiesen. Ja, er hat zum Teil seit Jahrhunderten gewachsene und bestehende Ordnungssysteme so fundamental zerstört, dass Kriege und Bürgerkriege die Folge waren und sind.

Es ist wohl zu bezweifeln, ob die nichtweißen Wählerschichten Obamas die besondere Heilsbedeutung, die Israel für diese protestantisch geprägte weiße Bevölkerung hat, teilen. Für die weißen Wählerschichten war das Wohlergehen Israels eine Frage der nationalen Sicherheit. „Amerika wird keine freie Nation bleiben, wenn wir Israels Freiheit nicht verteidigen." Diese evangelischen Christen auf der Rechten waren Teil jener Pro-Israel-Lobby, die Stephen Walt und John Mearsheimer in ihrem Buch „The Israel Lobby and U.S. Foreign Policy" (New York 2007) zu belegen versuchen. Beide Wissenschaftler schreiben die Schuld am Irak-Fiasko dieser Israel-Lobby zu. Aber hier ist interessanterweise festzustellen, dass die Mehrzahl der Amerikaner jüdischen Glaubens oder jüdischer Herkunft nicht mit der Auffassung jener Lobby übereinstimmte; die Mehrzahl von ihnen war gegen den Irak-Krieg.

Die Wählerschichten, die Obama gewählt haben, sind überwiegend nicht die „white anglo-saxon protestans" (WASP), sondern die Hispanics, die Afro-Americans und andere Gruppierungen. Es ist wohl fraglich, ob Obama, ein gebürtiger Moslem, der ja kein WASP ist und sich bewusst als „African-American" sieht – schon im Hinblick auf seine Wähler – weiterhin angelsächsisch-protestantische und damit letztlich europäische Werte vertreten wird. Die bereits absehbare demografische Mehrheit farbiger/nichteuropäischstämmiger Wähler, vor allem der Hispanics, wird eine Verschiebung kultureller und politischer Grundeinstellungen mit sich bringen, die von Europa wegführen. Hier ist allerdings nicht nur zu vermuten, dass sich in der ohnehin gewaltbereiten amerikanischen Bevölkerung der weiße Bevölkerungsteil – und nicht nur die weiße konservative Arbeiterschaft – freiwillig das Heft des Handelns nicht aus der Hand geben lassen wird. Das lässt à la longue nichts Gutes hoffen für die innere Stabilität der Vereinigten Staaten. Nicht wenige Zukunftsforscher und Historiker sehen auch die Möglichkeit des Zerfallens der USA.

Russland und die ukrainische Achillesferse

Russland setzt zwar die Modernisierung seiner konventionellen Verbände fort, Priorität räumt der Kreml jedoch der Erneuerung seiner strategischen Streitkräfte ein. Mit der Rückkehr der russischen Flotte in das Mittelmeer und die Karibik sowie mit der Wiederaufnahme von Patrouillenflügen von Langstreckenbombern außerhalb des eigenen Territoriums demonstriert Moskau seinen globalen Machtanspruch. Russland versucht sich in einer Symbiose von Religion und Nation, was der bekannte, inzwischen verstorbene deutsche Sozialphilosoph Prof. Rohrmoser schon in den frühen achtziger Jahren gesehen hat.

Russland wird seine nicht unberechtigten Ansprüche auf die Krim, insbesondere auf den Kriegshafen Sewastopol nicht aufgeben. Damit kann à la longue ein Machtkampf mit der Ukraine verbunden sein, der auch zum Zerfall der Ukraine führen kann.

Die deutschen Deutungseliten, die der Meinung sind, dass ein Krieg in Europa unmöglich geworden ist bzw. wenn, dann rechtzeitig erkannt wird und genügend Zeit vorhanden ist, entsprechende Vorbereitungen zu treffen, zeigen ihre bekannte Unbildung nicht nur hinsichtlich ihres geschichtlichen Wissens sondern auch ihre Unkenntnis vom Menschen und seinen Emotionen. Erstaunlich, dass die Kriege auf dem Balkan, die morgen wieder ausbrechen können oder werden, bei ihnen keine Verhaltensänderung bewirkt haben. Gerade die Ukraine könnte in ihrer inneren Zerrissenheit und in ihren unterschiedlichen historischen und religiösen Prägungsprozessen durchaus ein Stolperstein für die europäische Sicherheitspolitik sein, insbesondere wenn die NATO ihre bisherige unkluge Politik als Handlanger US-amerikanischer Interessen fortführt.

Die Ukraine ist keine alte Nation, wie etwa Polen oder Ungarn. Auf unseren Landkarten erschien die Ukraine erstmalig nach dem Zusammenbruch des zaristischen Russland am 19.11.1917 als Ukrainische Volksrepublik, eine Republik, die in der Gegnerschaft zu den Bolschewiki stand. Aber bereits 1919 war sie gezwungen, die Westukraine an Polen abzutreten; die Karpato-Ukraine, die bisher zu Ungarn gehörte, ging an die Tschechoslowakei. 1922 wurde die Ukraine Unionsrepublik der Sowjetunion.

In den 20er und 30er Jahren erlebte die Ukraine die Zwangskollektivierung und Deportation ihrer Bauern nach Sibirien und Mittelasien. Die Ukraine glich in der Zeit einem einzigen Konzentrationslager. Ein Viertel der Landbevölkerung war tot oder lag im Sterben. Die übrigen hatte der Hunger so entkräftet, dass sie nicht einmal ihre Angehörigen oder Nachbarn begraben konnten.

Von 1929 bis 1932 führte Stalin einen doppelten Schlag gegen die Bauernschaft der UdSSR: Dekulakisierung und Kollektivierung. Dekulakisierung bedeutete die Tötung oder Deportation von Millionen Bauern mit ihren Familien in die arktischen Regionen. Kollektivierung bedeutete die Abschaffung des privaten Grundeigentums, die überlebende Bauernschaft wurde unter der Kontrolle der Partei in Staatsgütern untergebracht.

Von 1932 bis 1933 folgte das, was als Terrorhungersnot beschrieben werden kann: man setzte für Bauern in Kollektiven in der Ukraine und im großenteils ukrainischen Kuban-Gebiet die Kornabgabe-Quoten weit über dem Erreichbaren an, alles Essbare wurde weggeschafft, und man sorgte dafür , dass keine Hilfe von außen die Hungernden erreichte. Pasternak schreibt in seinen unveröffentlichten Memoiren: „In den frühen 30er Jahren gab es eine Bewegung unter den Schriftstellern, hinauszufahren zu den Kollektivfarmen und Material über das neue Leben auf dem Land zu sammeln. Ich wollte auch dabei sein und unternahm meinerseits eine solche Reise mit dem Ziel, ein Buch zu schreiben. Was ich sah, ließ sich nicht in Worten ausdrücken. Ich lernte ein so unmenschliches, so schreckliches Elend kennen, das es mir fast abstrakt schien. Dieser Anblick lag jenseits aller Grenzen des Vorstellungsvermögens. Ich wurde krank. Ein ganzes Jahr lang konnte ich nicht schreiben." Der 17. Parteikongress Anfang 1934 nannte sich der „Kongress der Sieger."

1936-1938 folgte der Große Terror. Es gelang Stalin, den ukrainischen Nationalismus zumindest im Osten zu vernichten.

1941 wurde die Westukraine (neben West-Weißrussland) von den Sowjets annektiert. Es war das geheime Zusatzprotokoll zum deutsch-sowjetischen Pakt vom 23. August 1939, das der Sowjetunion erlaubte, das seinerzeitige Ostpolen zu nehmen. So marschierte die Rote Armee am 17. September 1939 um 6.00h morgens in Ostpolen ein, einem Gebiet, das Ost-Galizien, die Westukraine, Wolhynien, Podolien, Polessje, Weißrussland und Teile Litauens umfasste. Die Polen waren in diesem Gebiet nur eine Minderheit von ca. 30 v. H. Das zweite Drittel stellten die Ukrainer, und der verbleibende Rest (abgesehen von kleinen Minderheiten von Deutschen, Russen und Litauern) teilte sich in etwa zu gleichen Teilen auf zwischen Juden, Weißrussen und einem rückständigen orthodoxen Landvolk, das keinen nationalen Identitätssinn hatte. Die Juden lebten vorwiegend in den Städten. Religiös waren die Polen, Angehörige der römisch-katholischen Kirche. Die in Ost-Galizien wohnenden Ukrainer waren griechisch-katholisch und die Ukrainer in Wolhynien waren orthodox. Das Land war der Hinterhof Polens. Das gesellschaftliche Klima war geprägt war von den nationalen und religiösen Gegensätzen. So war das gesamte Schulwesen polnisiert worden. Man hatte ehemals orthodoxe Kirchen unter scheinheiligen Vorwänden zwangskatholisiert; Juden waren von Numerus clausus und Berufsverboten betroffen.

Denn nun mit dem Einmarsch der Roten Armee brach die Hölle über sie herein mit der massiven Ausrottung erst der polnischen Elite und anschließend der ukrainischen, insbesondere auch der Geistlichen. Durch Denunzierungen, Mistrauen und Argwohn verstand es der NKWD zuerst einmal wahllos irgendwelche Opfer zu finden, um über deren Aussagen Zugang zu den intimsten Angelegenheiten anderer zu finden, um diese dementsprechend in die Mangel nehmen zu können. Es entstand auch hier der homo sovieticus, der neue Mensch, der ohne Gewissensbindung in der Lage und willens war, gegen Jedermann Verdächtigungen auszusprechen und seine Verhaftung anzuzetteln. Diese Fähigkeit, jedermanns Verhaftung bewirken zu können, war der große Gleichmacher und die Basis für den sowjetischen Terror und dessen Effektivität. Was in der Westukraine geschah war die Neuauflage dessen, was sich vorher in der Ostukraine abgespielt hatte, wo jeder Gemeinde Quoten vorgeben wurden bei der Meldung von Menschenopfern. Jede Gemeinde war also allmächtig und machtlos zugleich. Zuerst wurden vor allem die Polen verfolgt, wenngleich auch die ukrainischen und jüdischen Eliten nicht verschont blieben. Im Lauf der Zeit verschob sich in der heutigen Westukraine der Schwerpunkt der Verfolgung immer mehr auf die ukrainische Bevölkerung. Hinzu kam, dass die Sowjets in dieser Zeit die bereits seit dem Frühjahr 1940 in Gang befindliche Kollektivierungskampagne intensivierten.

Die Welt hatte die Möglichkeit, einen Blick auf diese ungeheuren Verbrechen zu werfen, als der Krieg gegen die Sowjetunion am 22. Juni 1941 begann. Die deutschen Soldaten wurden buchstäblich mit Leichenbergen konfrontiert. Resultat der knapp einundzwanzig Monate während sowjetischen Herrschaft in Ostpolen waren mehrere hunderttausend Deportierte und Inhaftierte sowie Abertausende von Gefolterten und Ermordeten. Schätzungsweise 20-30.000 Ermordete fand man. Die sowjetischen Gräuel ermöglichten es der NS-Propaganda, bei Soldaten aller Dienstgrade Verständnis für den Vernichtungs- und Ausrottungskrieg zu erzeugen und den Krieg zu brutalisieren.

Im Westen war der ukrainische Nationalismus jedoch noch nicht vernichtet worden. Große Partisanenbewegungen, zugleich antideutsch und antisowjetisch, zogen ins Feld und wurden nicht vor den 50er Jahren zerschlagen. Eine Vorstellung von der hohen Zahl der Partisanen erhält man, wenn man weiß, dass 1956 allein in der Provinz Lwiw (in der etwa ein Viertel der ukrainischen Bevölkerung lebte) 55.000 Mitglieder der ukrainischen antikommunistischen Bewegung OUN zurückgekehrt waren, nachdem sie ihre Strafen abgesessen und die Haft überlebt hatten.

1954 wurde die Krim von der RSFSR an die Ukraine übergeben. Am 16.07.1990 erfolgt die Souveränitätserklärung und am 24.08. die Unabhängigkeitserklärung (Referendum am 01.12.1991). Am 21.12. erfolgte der Beitritt zur Gemeinschaft Unabhängiger Staaten (GUS).

Etwa 73 v. H. der Bewohner sind Ukrainer, 22 v. H. sind Russen. Einen starken Anteil haben die Russen im Donezk-Dnepr-Raum. Auf der Krim lebt eine russische Bevölkerungsmehrheit. Zwar ist seit 1990 ukrainisch Amtssprache, aber Verkehrssprache ist russisch. Beide Sprachen sind miteinander so verwandt wie das Niederländische mit dem Deutschen.

Die ukrainische Nation ist heute ein Faktor. Aber es gibt gerade im Osten der Ukraine und natürlich auf der letztlich vom historischen Ansatz zu Russland gehörenden Krim starke Bevölkerungselemente, die nicht nur sprachlich russisch geprägt sind. Dazu kommt noch, dass Kiew für die Russen die Gründungshauptstadt der alten Heiligen Russland ist. Dort ließ sich 988 das russische Volk, an der Spitze der ehemalige Gewaltherrscher und Brudermörder Wladimir, in den Fluten des Dnjepr taufen. Kiew wurde die Urmutter aller russischen Städte und bleibt es im Herzen eines jeden Russen auch heute noch, trotz ihrer Zugehörigkeit zur Ukraine. Letztlich gilt für viele Russen die Ukraine immer noch als ein Teil Russlands, der ins Imperium zurückgeholt werden sollte.

Zwei Drittel der Bevölkerung der Ukraine waren gegen einen NATO-Beitritt. Wie könnte denn die NATO beide Staaten im Ernstfall verteidigen? Diese Initiativen der USA und ihrer Trabanten hinsichtlich eines NATO-Beitritts der Ukraine waren nicht nur unklug; sie wirken auch zündelnd. Klüger wäre es gewesen, ohne großes

Aufsehen, Russland einen „cordon sanitaire" zuzubilligen, auch in Richtung Iran, Afghanistan, Pakistan. Das hätte zugleich eine Entlastung des Westens sein können.

Der Balkan und seine neuen Mafia-Staaten

Verheerend sind die Folgen der Vernichtung der in Jahrhunderten gewachsenen Ordnungssysteme auf dem Balkan und im Vorderen Orient. Auf dem Balkan haben sich unter dem Schutz des Westens im Kosovo und Bosnien-Herzegowina Mafiastaaten übelster Provenienz aufgebaut – mit starken Verbindungen auch in den mitteleuropäischen Raum. In nur wenig mehr als hundert Jahren – von 1804 bis 1923 – zerstörte der Nationalismus die Stabilität der alten Vielvölkerreiche. Diese nationalistische Ideologie war ein westeuropäischer Import. Verbunden mit dem amerikanischen Missionsbefehl von 1917 wurde mit der Zerschlagung der jahrhundertealten Ordnungssysteme auf dem Balkan die Lunte gelegt für die heutigen und auch morgen zu erwartenden blutigen Auseinandersetzungen. Die Demokratie, wie der Nationalismus selbst ein Kind der Französischen Revolution, ist mit ihrem Mehrheits-Minderheits-Prinzip auf dem Balkan nicht in der Lage, Frieden stiftend zu wirken. Dazu bedarf es zusätzlich anderer Korsettstangen und Symbole.

Die Meldungen verantwortungsvoller Soldaten aus dem Balkan werden so wenig zur Kenntnis genommen wie die Meldungen aus Afghanistan, einem von Mafiafürsten und amerikanischen Vasallen regierten Gebiet, in dem sich desgleichen deutsche Truppen zu tummeln haben. Keine Scham, kein Schuldempfinden der Verantwortlichen, die natürlich wissen, dass den Völkern Afghanistans die berühmten europäischen Werte schnurz-piep sind und die wie die meisten Völker der Welt nach ihrem Gusto selig werden wollen.

Afghanistan: Etablierung eines neuen Mafiasystems

Während die Wahl von Ahmadinedschad durchaus den Anschein der Glaubwürdigkeit hat – trotz aller Ungereimtheiten – sind die Wahlen in Afghanistan mehr als dubios. Sie gleichen Zirkusdarstellungen, eine von den Deutungseliten auch in Deutschland hingenommene Täuschung, da die Karten natürlich schon von vornherein verteilt sind. In den Wahlkomitees, die die Wahlen überwachten, waren auch Leute aus Ländern der Dritten Welt, die selber keine freien Wahlen kennen.

Die Lage im Lande hat sich seit der Anwesenheit der westlichen Besatzungsmächte kolossal verschlechtert, zumindest nach der Blitzoffensive der Amerikaner 2001. Damals konnte man im Lande ziemlich frei und ungestört herumreisen.

Heute unter dem Schutz der NATO ist Afghanistan der größte Opium- und Heroinproduzent der Welt geworden. Während der Talibanherrschaft war die Opiumproduktion angeblich reduziert. Die Taliban bilden mitnichten eine Einheitsfront, von denen sicherlich der eine oder andere mit Geld in ein anderes Lager gezogen werden kann. Man mag das hier Korruption nennen. Dort ist es ein schon immer existierender Tatbestand.

Die Demokratie taugt natürlich auch für Afghanistan nicht. Wo gibt es denn auch Länder außerhalb Europas, Nordamerikas bzw. Australien und Neuseelands, in denen die Demokratie existiert. Die Länder, die heute aufsteigen und erfolgreich sind, werden autokratisch oder durch eine Partei regiert. Die größten wirtschaftlichen Erfolge sind dort nicht durch die Demokratie, sondern durch kluge autoritäre Führungen gekommen.

Im Übrigen ist Al-Qaida nicht in Afghanistan, sondern in Pakistan. Das Schicksal der Region spielt sich in Pakistan mit seinen 170 Millionen Menschen ab; Pakistan – eine Atommacht im Chaos.

Gefährdet sind, wenn die Taliban in Afghanistan an die Macht kommen oder wenn sie in Pakistan noch mehr Einfluss gewinnen, die Anrainerstaaten der früheren Sowjetunion: Usbekistan, Tadschikistan, Kirgisistan. Das wäre dann, wenn der Funke überspringt, eine Bedrohung Russlands, denn Russland wird am Hindukusch verteidigt, nicht unsere Republik. Russland mit ins Boot zu holen, wäre eine sicherheitspolitische Pflicht.

Der Krieg dauert bereits länger als der Vietnamkrieg.

Fast 70 v. H. der deutschen Bevölkerung sind für einen schnellen Rückzug der Truppen. Anders die deutschen Abgeordneten oder – angesichts dieses Defätismus – der ehemalige Zivildienstleistende, Kriegsdienstverweigerer und damalige Wehrbeauftragte Reinhold Robbe. Er sah sich veranlasst, die Öffentlichkeit aufzufordern, sie solle sich „zum Krieg bekennen" (Zeit-Fragen, 13. Juli 2009). Das alles wird so wenig nutzen, wie ein goldglänzendes Kriegerdenkmal auf dem Gelände des Berliner Bendlerblocks oder die Verleihung von Tapferkeitsorden.

Seit dem Einmarsch der Sowjets 1979 ist das Land nicht mehr zur Ruhe gekommen. Es war ein strategischer Fehler der USA, die Taliban und ihre Mitstreiter aus allen muslimischen Ländern mit modernsten Waffen gegen die Sowjetarmee in Afghanistan aufzurüsten.

Afghanistan ist ein Vielvölkerstaat von 32 Millionen Menschen, davon etwa 38 v. H. Paschtunen, 25 v. H. Tadschiken, 19 v. H. Hazara, 6 v. H. Usbeken, Minderheiten von Turkmenen, Baluchi, Nuristani. 80 v. H. sind Sunniten, 19 v. H. Schiiten.

In nahezu allen gegenwärtigen Konflikten finden wir eine religiöse Dimension. Unsere Deutungseliten sind hier überfordert. Die einzigen, die den religiösen Faktor in Afghanistan mit einbringen könnten, wären die Türken. Da gibt es auch noch zumindest ansatzmäßig eine sprachliche Verbindung, da im Türkischen und Dari, der Lingua Franca des Landes, etwa 500 gemeinsame Worte verwendet werden, genug, um sich auf allen gesellschaftlichen Ebenen hinlänglich zu verständigen. Es wäre klug gewesen, die Türkei nicht weiter in Richtung Europa zu motivieren, sondern ihren stabilisierenden Einfluss auf die Völker des Nahen und Mittleren Ostens einzubringen, zumal viele Völker – wie die Aseris oder Kasachen – Turkvölker sind.

Die 200- bis 300.000 Mullahs unterstützen zumindest ideologisch die Taliban. Der Einfluss der Mullahs auf die Jugend ist enorm. In Pakistan haben wir 15- bis 18.000 Madrassen (Koranschulen).

Afghanistan ist ein Kunststaat, dessen Grenzen um 1900 durch Großbritannien und Russland mitten durch die Siedlungsgebiete der ethnischen Gruppen festgelegt wurde. Auf dem Land verfügt der Staat nur über äußerst fragile oder gar keine staatlichen Strukturen. Zwischen den Angehörigen der wichtigsten Stämme Afghanistans, die zuerst einmal ihrem Stamm loyal sind, gibt es auch ein soziales Gefälle. Für alle gilt der Nationalstaat bestenfalls als Pfründe. Jeder Amtsträger, vom Hausmeister einer Schule bis zum Minister oder Gouverneur, gilt in seinem Clan als asozial, wenn er nicht zunächst die Angehörigen begünstigt. Da gibt es kein Unrechtsbewusstsein.

Das einigende Band der Afghanen sind der Islam und der gemeinsame Kampf gegen äußere Feinde. Großagrarier sind zugleich Stammesführer oder geistliche Oberhäupter, die nicht an Reformen interessiert sind.

Die Invasion in Afghanistan war eine Reaktion auf die Anschläge des 11. September. Am 7. Oktober begann die US-Luftwaffe Stellungen der Taliban zu bombardieren. Am 8. November fiel Masari-i-Scharif, am 13. November gaben die Taliban Kabul auf, am 25. November räumten die Taliban Kundus. Tausende Taliban, denen man freies Geleit versprochen hatte, wurden ohne Rücksicht auf die Abmachungen getötet; große Teile der paschtunischen Bevölkerung Afghanistans wurden vertrieben; man verdächtigt sie, die Taliban unterstützt zu haben. Am 8. Dezember eroberten die Alliierten Kandahar.

Die Option des Scheiterns steht so im Raum, wie Theodor Fontane, der Romancier und Kriegsberichterstatter, den Ersten Britisch-Afghanischen Krieg in einer Ballade festgehalten hat: „Wer da? Ein britischer Reitersmann / Bringe Botschaft auf Afghanistan / Die hören sollen, sie hören nicht mehr, / Vernichtet ist das ganze Heer / Mit Dreizehntausend der Zug begann, / Einer kam heim aus Afghanistan." Das Scheitern hat nicht nur Folgen für Bestand und Ansehen der NATO, sondern beispielsweise in Deutschland, auch für seine den Krieg mittragenden politischen Deutungseliten fast aller Couleur (ausgenommen Die Linke).

Wahrscheinlich gibt es heute etwa 200.000 aktive Kämpfer, fälschlicherweise als Taliban bezeichnet, in etwa 2.000 unterschiedlichen Gruppen islamistischer oder nationalistischer Paschtunen sowie lokalen Milizen der Drogenhändler. Die Taliban sind ursprünglich von Pakistan, Saudi-Arabien und den USA organisiert worden.

Die lokalen Guerilla-Truppen ernähren sich von Schutzgelderpressungen. Aller Projektbetreiber wissen das und übergehen das mit Schweigen. Die Hauptlast trägt also wie immer der Steuerzahler in den NATO-Staaten.

Nicht wenigen NATO-Politikern und Militärs ist längst klar, dass es eine rein militärische Lösung dieses Konfliktes nicht geben wird. Die Aufständischen sind nicht mit den Taliban der 90er Jahre und auch nicht mit der Terrororganisation Al Qaida gleichzusetzen. Sie rekrutieren sich zu großen Teilen aus den Söhnen der vernachlässigten und verarmten paschtunischen Bauern, die keine Perspektive im Lande der korrupten Regierung Karzai sehen. Sie haben die Hoffnung auf eine bessere Zukunft unter der gegebenen Machtkonstellation verloren. Ihre Familien hungern. Sie verstehen die Politik der Zentralregierung und der internationalen Gemeinschaft nicht. Sie hatten in der Masse bisher auch keine besonderen Sympathien für die radikalislamischen Taliban.

Zu den Ursachen der Verstärkung der Aufstandsbewegung gehören stets auch lokale Konflikte, die zum Teil sehr tief und langfristig in Spannungen zwischen den Stämmen verankert sind. Dazu kommt der Unmut gegen schlechte Regierungsfähigkeit der durch die Zentralregierung eingesetzten Gouverneure, Distriktchefs, Bürgermeister (Maliks) oder Polizeichefs. Vor allem die Polizei, aber auch die Afghanische Nationalarmee werden als Macht- und Gewaltinstrumente der Zentralregierung wahrgenommen. Durch zunehmende Korruption und Verstrickung der Regierung in kriminelle Machenschaften wuchs die Unzufriedenheit und Ablehnung zusätzlich. Die Vielschichtigkeit dieses Konfliktpotentials ist kaum zu durchschauen. Diese lokalen Konflikte in ihrer derzeitigen Konstellation wird niemand, auch nicht die internationale Gemeinschaft verhindern können, geschweige denn lösen.

Wie im Irak, werden auch in Afghanistan die Urheber des jetzigen Krieges in wohl wenigen Jahren das Land verlassen. Angeblich sind dann die afghanischen Streitkräfte und die afghanische Polizei in der Lage, die bis dahin stabilisierte Lage selbst weiter zu sichern. Jedermann weiß, dass das wie im Irak die Vorbereitung eines schmählichen Abzugs sein wird – mit blutigen Folgen für die einzelnen Nationen und Stämme. Ob der Staat Afghanistan überleben wird, ist eine sicherlich zu stellende Frage und ist im Kontext mit der Lageentwicklung in Pakistan zu sehen. Und die Lage in Pakistan, einem Atomstaat, ist chaotisch und könnte durchaus den Zerfall dieses Staates zur Folge haben – mit dann zu erwartenden kriegerischen Auswirkungen für die Anrainerstaaten.

Der Nahostkonflikt – Initialzündung zum Weltenbrand

Der Urgrund des Nahostkonfliktes ist die von den Siegermächten des I. Weltkrieges vollzogene willkürliche Aufteilung der arabischen Gebiete des osmanischen Reiches und sind die gegenüber den Arabern, aber auch den Kurden gegenüber gemachten und dann gebrochenen Versprechen. Darüber hinaus kommt noch hinzu die 1917 getätigte Zusage der britischen Regierung, den Juden eine Heimstatt in Palästina zu geben. Das alles haftet natürlich im historischen Gedächtnis der betroffenen Völker.

Ein besonders gewichtiger Grund ist die Gründung des Staats Israel 1948. Für einen gläubigen Moslem ist die Existenz des Staates Israel nicht hinnehmbar, da Allah mit den Juden abgeschlossen hatte. Das sehen nicht nur die Hisbollah, die Hamas, die al-Qaida oder die Theokratie im Iran so, sondern wohl die Mehrzahl der Gläubigen zwischen Mindanao und Marrakesch, Paris, Kopenhagen oder Berlin. Der Orientalist Moshe Sharon, Professor für islamische Geschichte an der Hebräischen Universität in Jerusalem stellte dazu fest, „dass mit der Errichtung des Staates Israel im Jahre 1948 sämtliche islamischen Gesetze in Bezug auf Territorium, heilige Stätten und die Stellung der Juden gebrochen wurden." Schlimm ist dabei für Moslems nicht nur, dass die heiligen Stätten des Islams in Jerusalem in jüdische Hände gefallen sind, sondern vor allem auch, dass Juden in Israel über Moslems herrschen. Die Juden haben hier Allah einen Teil seines Landes und Herrschaftsgebietes „weggenommen", noch dazu im Herzen des islamischen Kernlandes. Die Gründung des Staates Israel traf die islamische Theologie mitten ins Herz, geht es doch um die Frage: „Wer ist allmächtig, wer ist mächtiger, Allah oder JAHWE?" Der westlich orientierte Friedensbegriff des Völkerrechts greift hier nicht.

Ein weiterer wesentlicher Grund ist der missionarische Anspruch der USA, mit der „Demokratisierung der muslimischen Welt" eine ihnen genehme neue Ordnung im besiegten Irak zu etablieren. Mit diesem missionarischen Anspruch zerschlugen die USA im Irak die seit der osmanischen Herrschaft bestehende Vorherrschaft der sunnitischen Stämme und etablierten mit dem demokratischen Ideal der Mehrheitsherrschaft die Machtübernahme durch die Schiiten, die nunmehr zusammen mit dem schiitischen Gottesstaat, der künftigen Atommacht Iran, dem durch die schiitische Geheimreligion der Alaviten regierten Syrien und der vom schiitischen Bevölkerungsteil des Libanon getragenen Hisbollah den Aufmarsch Richtung Israel vorbereiten.

Sie sind getragen von der Sehnsucht nach der Rückkehr des Mahdi, des „Rechtgeleiteten" aus der Familie des Propheten, des insbesondere nach schiitischer Glaubensauffassung von Allah gesandten Messias, der in der Endzeit das Unrecht auf der Welt beseitigen wird. Die Vernichtung Israels und die folgende Apokalypse müssen der Rückkehr des Mahdis vorausgehen.

Mit solchen offen deklarierten Zielsetzungen zeichnen sich Dimensionen von Auseinandersetzungen ab, die die Schrecken des II. Weltkrieges in den Schatten stellen könnten. Für den säkular geprägten Europäer sind solche apokalyptischen Grundschwingungen schwer nachvollziehbar, da für ihn seine Staats- und Gesellschaftsform zugleich ethisch-religiöse Orientierung ist. Auch er sieht die Verkündung seines Gesellschaftsmodells und seiner Werteorientierung als Allheilmittel an. So steht er letztlich rat- und hilflos da, wie uns das Beispiel Afghanistan alltäglich vor Augen führt.

Für Israel geht es also in der Tat um das Überleben. Noch kann Israel jede Armee in der Nachbarschaft besiegen, den Libanon und Palästina zerstören, zertrümmern, nicht jedoch gegen todesmutige Gläubige, die sich den Eintritt in das Paradies erhoffen, siegen.

Saudi-Arabien, Jordanien, Marokko oder Ägypten rüsten enorm und werden sicherlich alle Anstrengungen unternehmen, über das sunnitische, womöglich morgen zerbrechende, Pakistan ebenfalls Zugang zur Atombombe zu erhalten; ihre wahabitischen und sunnitischen Bevölkerungen jedoch könnten versucht werden, die historisch gewachsenen Gegensätze zwischen Schiiten und Sunniten zumindest beim Kampf gegen den gemeinsamen Feind Israel zu überwinden. Ein Beispiel hierfür ist die sunnitisch geprägte Hamas, die durch den schiitischen Iran unterstützt wird.

Die Türkei lauert, um alte Rechnungen mit den Kurden zu begleichen und nähert sich sowohl dem Iran als auch Syrien an; sie unterstützt zugleich die Hamas.

China und Russland warten wohl mit langem Atem das zu erwartende Desaster ab.

Die betrogenen Araber

Die Araber waren bis in das 19. Jahrhundert von der Überlegenheit ihrer gottgewollten Ordnung überzeugt. Die Welt des Islams war für sie die Welt, in der Wahrheit und Ordnung herrschten. Alles, was außerhalb dieser Welt lag, musste erst noch durch den Djihad geordnet werden.

Dieses Selbstverständnis wurde 1798 zum ersten Mal durch die französische Militärmission in Ägypten erschüttert. Auch Napoleon hatte wie George W. Bush ein missionarisches Bewusstsein und wollte seinerzeit von den Ägyptern wie später George Bush von den Irakern als Befreier und nicht als Eroberer wahrgenommen werden. Das gelang damals nicht und gelingt nachweisbar auch heute nicht.

Die USA werden von allen Muslimen, schreibt Bernhard Lewis, als „der Führer des Westens, der Christenheit oder allgemeiner der ‚Länder der Ungläubigen‘ wahrgenommen“, schreibt Bernard Lewis. Die islamische Sicht des Irakkrieges, insbesondere die Eroberung Bagdads, der einstigen Metropole der islamischen Zivilisation und des ehemaligen Sitzes von Harun al-Raschid, dem großen Kalifen im Islam, ist daher, dass christliche Truppen den Islam erneut gedemütigt haben. Darüber hinaus ist gerade der Irak aufgrund seiner vielen Heiligen Stätten für viele Schiiten „heiliges Land". Im irakischen Kerbela gedenken die Schiiten des Martyriums des Prophetenenkels Hussein, und im nahe gelegenen Nadjaf besuchen sie die Grabmoschee Alis.

Die durch die Kultur und ganz anderen Ordnungsvorstellungen der islamisch geprägten Welt vorgegebenen Grenzen wurden damals und werden heute erneut ignoriert. Begriffe wie Bürger, Staat oder Nation sind zur Bezeichnung oder Kennzeichnung politischer Organismen im orientalischen Raum wenig geeignet. Damals konnten die Ägypter mit der Anrede „Citoyens" nichts anfangen und heute können es die Iraker mit George W. Bushs Anrede „Iraqi citizen" natürlich auch nicht.

Sowohl die Schiiten als auch die Sunniten sind stammesmäßig gegliedert. Untergliedert sind diese Stämme in Clans, an deren Spitze jeweils ein Scheich steht. Darüber hinaus ist die Kennzeichnung des Staatsvolkes in der Umma eben nicht ethnischer, sondern religiöser Natur. Die Umma versteht sich als auserwählter Hüter der göttlichen Wahrheit und empfindet nach der Eroberung des Irak ein Gefühl großer Erniedrigung.

Die nationale Idee mit ihren politischen Konsequenzen wurde der arabischen Welt durch die Kolonialmächte Frankreich und Großbritannien übergestülpt.

Am Beginn unserer Überlegungen hat der 1. Weltkrieg mit seinen Folgen zu stehen. Dieser Krieg vernichtete das Osmanische Reich, ein brüchiges Ordnungssystem, in dem aber jeder Einzelne und jede Gruppe ihre Rechte und Pflichten, ihre Befugnisse und Beschränkungen kannten.

1915 drängten die Türken den Emir des Hedschas, Scherif al-Hussein, an dem von ihnen aufgerufenen Heiligen Krieg gegen

Großbritannien und Frankreich teilzunehmen. Der Emir nahm jedoch Verbindung zu McMahon, dem britischen Hochkommissar in Kairo auf, um auszuloten, wie sich Großbritannien den Arabern gegenüber im Falle eines Aufstandes gegen die Türken verhalten würden. Seine Frage war, ob England und Frankreich der Schaffung eines großarabischen Staates, der alle arabischen Gebiete des östlichen Mittelmeeres und die Arabische Halbinsel umfassen würde, zustimmen würden. Aufgrund des Schriftwechsels mit McMahon war Hussein der festen Überzeugung, mit Großbritannien ein Abkommen getroffen zu haben, das die Gründung eines solchen arabischen Staates deckte. Daraufhin ließ sich Hussein am 25. Januar 1916 zum „König der Araber" ausrufen. Am 5. Juni 1916 rief er zum Aufstand gegen die Türken auf.

Er konnte nicht wissen, dass die europäischen Alliierten, Großbritannien und Frankreich, unter Berücksichtigung der Ansprüche des verbündeten Russland, bereits am 16. Mai 1916 ein Geheimabkommen, das sog. Sykes-Picot-Abkommen, geschlossen hatten, in dem die Aufteilung des Nahen Ostens festgelegt war. Dieses Doppelspiel der „Verbündeten" der Araber blieb bis zur Veröffentlichung des Textes des Sykes-Picot-Geheimabkommens durch Lenin, unmittelbar nach der Oktober-Revolution von 1917, geheim. Die Bolschewiki hatten den Vertragstext nach ihrer Machtübernahme im zaristischen Außenministerium gefunden.

Die Veröffentlichung über diesen Betrug löste einen Schock in der ganzen arabischen Welt aus, der noch verstärkt wurde, weil etwa zur gleichen Zeit, am 2. November 1917, mit der Erklärung des britischen Außenministers Balfour den Juden die „Schaffung einer nationalen Heimstätte" in Palästina zugesichert wurde.

Ein wesentlicher Grund für die Abgabe der Balfour-Erklärung war nach Ansicht des (1962 verstorbenen) bekannten westlichen Militärexperten Oberst Ferdinand Otto Miksche die für die Alliierten ausgesprochen schlechte Lage 1917 gewesen. Im Osten war durch die bolschewistische Revolution das Zarenreich als Verbündeter ausgefallen. Deutsche und österreichisch-ungarische Truppen hatten Rumänien und Serbien erobert. Ganze französische Armee-korpse meuterten. Bei Caporetto waren die Italiener in die Flucht geschlagen. Zwischen Februar und Dezember 1917 versenkten die deutschen U-Boote 6.141.000 BRT Schiffsraum. Das Geld zur weiteren Kriegsführung war knapp geworden. Angesichts dieser kritischen Lage ging es darum, die finanzstarken jüdischen Kreise in den USA für den Kriegseinsatz zu gewinnen.

Auf der Konferenz von San Remo vom 19. bis 26. April 1920 einigten sich die Alliierten des Ersten Weltkrieges endgültig über die Aufteilung der arabischen Provinzen des Osmanischen Reiches: Syrien (einschließlich des Libanon, aber ohne Palästina) sollte von Frankreich und Mesopotamien (Irak) von Großbritannien als Mandatsgebiet „verwaltet" werden. Palästina sollte Mandats-gebiet des Völkerbundes werden; seine Verwaltung sollte aber Großbritannien übertragen werden. Die Kurden, die sich damals gegen den von England ausgerufenen Staat Irak erhoben, wurden niedergebombt.

Durch die Zerstückelung der nahöstlichen Region fanden sich die Araber des Nahen Ostens in mehreren Staaten, zum Teil in Mandatsstaaten wieder – entweder als Monarchien: Saudi-Arabien, Transjordanien, Kuwait, Irak bis (1958) und Ägypten (bis 1954) –, oder als Republiken: Syrien, Libanon, Ägypten (seit 1954) und Irak (seit 1958).

Der Irak wurde aus drei ehemaligen Provinzen des Osmanischen Reiches zusammengekleistert: aus der kurdischen Mosul-Provinz, dem schiitischen Basra und dem sunnitischen Bagdad. Palästina wurde ein von Großbritannien verwaltetes Mandatsgebiet des Völkerbundes. Die Grenze zwischen Palästina und Transjordanien (später in Jordanien unbenannt) wurde von der britischen Verwal-tung 1922 festgelegt.

Am 24. Juli 1922 billigte der Völkerbund diese Regelung. Groß-britannien wurde zugleich zur Auflage gemacht, die den Juden mit der Balfour-Deklaration eingeräumten Rechte zu verwirklichen. Die Türkei gab am 24. Juli 1923 im Vertrag von Lausanne alle Rechtsansprüche des Osmanischen Reiches in den arabischen Provinzen auf. Atatürk ließ bei der Neugründung des türkischen Staats die Hauptstadt von Europa nach Anatolien verlegen als Zeichen für die neue Identität der Türken.

Am 3. März 1924 wurde das Kalifat von Konstantinopel abgeschafft. Als Bin Laden in seiner Videoansprache vom 7. Oktober 2001 von der „Erniedrigung und Schmach" sprach, unter der der Islam seit „über 80 Jahren leidet", meinte er damit die Zerstörung des letzten großen islamischen Imperiums und die Abschaffung des starken Symbols der islamischen Einheit und Identität, des Kalifats.

Der wahabitische Sonderweg

Im Nedschd, dem Hochland Innerarabiens, hatte Ibn Saud einen Beduinenstaat errichtet. In diesen Steppen- und Wüstengebieten waren die Osmanen nie zu einer wirklichen Herrschaft gekommen. Schon 1915 hatte Ibn Saud ein Bündnis mit England geschlossen. Seinem Machtbereich hatte er peu à peu die Gebiete Innerarabiens einverleibt. Er empfand sich als Vertreter der reinen Lehre Mohammeds. Im September 1924 marschierte er mit einem Heer von 10.000 beduinischen Kriegern in den Hedschas ein und drang gegen Mekka vor. Die Truppen König Husseins, die sich ihm entgegenstellten, wurden geschlagen. Ibn Sauds Krieger zogen in Mekka ein und eroberten auch Medina und Dschidda. 1926 wurde Ibn Saud zum König des Nedschd und des Hedschas ausgerufen. Seit 1932 lautet der offizielle Name „Königreich Saudi-Arabien." Diese religiös-absolutistische Monarchie der Sauds beruht auf der strikten Einhaltung des islamischen Rechts im Sinne der wahabitischen Tradition.

Dank einer klugen Befriedungspolitik in den zwanziger Jahren wurden die Sauds zu einer lebensfähigen und einflussreichen Macht im Nahen Ostens: 1927 erkannte Saud die Söhne des vertriebenen haschemitischen Erzrivalen Hussein an – Faisal als König des Irak, Abdullah als Emir von Transjordanien.

Die Weichen für die Präsenz amerikanischer Ölkonzerne wurden vor mehr als 70 Jahren durch einen frustrierten, ehrgeizigen britischen Kolonialbeamten gestellt, der als Berater am Hofe König Ibn Sauds tätig war und zum Islam übertrat. Sein Name ist Harry St. John Philby. Er ist der Vater des berüchtigten KGB-Maulwurfs Kim Philby.

Die Saudis hatten sich sicherheitspolitisch früh an die USA angelehnt und waren entsetzt, als sie sahen, wie schnell die USA ihren Verbündeten, den Schah im Stich ließen. Die damalige US-Regierung weigerte sich sogar eine Zeit lang, dem Schah und seiner Familie Asyl in den Vereinigten Staaten zu gewähren.

Eine solche Erkenntnis ruft Verachtung hervor. Nunmehr wussten die regionalen Akteure, dass man sich nicht unbedingt auf den amerikanischen Schutz verlassen kann. Seitdem versucht das Königreich verstärkt, sich nach allen Seiten abzusichern, weiß es doch auch um seine besondere Gefährdung durch die Pilgerströme. Schon einmal, im November 1979, wurde die Große Moschee in Mekka durch einen sunnitischen Extremisten, Juhaiman Ibn Seif Al-Oteibi, mit seinen 250 Anhängern besetzt. Erst eingeflogenen französischen Spezialkräften, die vorher formal zum Islam übertraten, gelang es, die Besetzer zu überwältigen. Seit diesem Ereignis werden die Pilgerströme zahlenmäßig begrenzt.

Kein anderes Land hat so viele Milliarden Dollar und auch militante Manpower nach Afghanistan, Pakistan, Palästina, Tschetschenien, Albanien, Kosovo, Mazedonien und Bosnien geschickt wie dieser Staat mit seinen 22 Millionen Einwohnern. Mindestens ein Drittel der Koranschulen in Indonesien (es gibt auf der Welt weit mehr als 40.000 Koranschulen, in denen der Same des Hasses, wie in den medinischen Suren geboten, gegen die Ungläubigen gesät wird) stehen unter dem Einfluss der besonders strengen wahabitischen Variante des Islam.

Von den für das Massaker vom 11. September verantwortlichen Flugzeugentführern, übrigens alle hoch qualifizierte Akademiker der Mittelschicht, waren dreizehn der neunzehn Beteiligten Bürger des Königreiches Saudi-Arabien. Bin Laden, das Idol vieler muslimischer Schüler auch in Europa, kann in Saudi-Arabien auf große Unterstützung zählen. Nach einer geheimen saudischen Studie sind in Saudi-Arabien zwei Drittel der Bevölkerung zwischen 20 und 45 Jahren Anhänger Bin Ladens. Natürlich ist Bin Laden auch in anderen islamischen Ländern, wie Ägypten, Jordanien oder Marokko für die Jugend ein Symbol der Hoffnung im Kampf gegen die Erniedrigung durch den Westen.

Wohl weil die wirtschaftlichen Interessen des Westens eng mit Saudi-Arabien verbunden sind, nicht allein wegen der Ölvorräte, nicht nur weil Tausende von Arbeitsplätzen in den USA und Europa von den Saudis abhängen, sondern auch wegen der Eigeninteressen und Verquickungen bestimmter Politiker, geht man mit den Saudis ausgesprochen schonend um. So wurden im Weißen Haus sämtliche Stellen des Kongressberichtes geschwärzt, die sehr ausführlich über die Rolle Saudi-Arabiens bei den Ereignissen des 11. September berichteten.

Saudi-Arabien ist zwar inzwischen für die USA ein unsicherer Verbündeter geworden, erhält aber dennoch, um es als Gegengewicht gegen den Iran zu wappnen, modernste Rüstungsgüter aus den USA.

Aufmarsch zur Demokratisierung des Nahen Ostens

Dem Betrug an den Arabern durch das Sykes-Picot-Abkommen, der Balfour Deklaration, den Kolonialregimen der Briten und Franzosen haben wir noch einige Gedanken zu den Golfkriegen hinzuzufügen, zumal seit dem 2. Golfkrieg unter den Muslimen ein ständig wachsendes antiwestliches Zivilisationsbewusstsein entstanden ist.

Die Geburtsstunde des heutigen islamischen Fundamentalismus ist allerdings früher anzusetzen, nämlich mit der Gründung des Staates Israel und den vernichtenden Niederlagen der arabischen Seite, insbesondere mit der Niederlage im Sechstageskrieg 1967. Hier begannen der Zerfallsprozess des panarabischen Nationalismus und der Beginn der Rückbesinnung auf einen an Gottesordungsvorstellungen orientierten Islam.

Der erste Golfkrieg begann damit, dass Saddam Hussein am 17. September 1980 das Abkommen von Algier (1975) für null und nichtig erklärte. Er erhob zugleich gegenüber dem Iran Anspruch über den ganzen Schatt-al-Arab. Der Krieg endete acht Jahre später, am 18. Juli 1988, mit der bedingungslosen Annahme der bereits im Juni 1987 vom Sicherheitsrat der Vereinten Nationen verabschiedeten Resolution 598 durch den Irak.

„Wir wollen nicht", sagte der französische Staatspräsident Mitterand im November 1982, „dass der Irak den Krieg verliert. Das Jahrhunderte alte Gleichgewicht zwischen der arabischen und persischen Welt muss erhalten bleiben." Einer solchen Formulierung konnten ohne Einschränkung alle westlichen Länder zustimmen – und sogar die Sowjetunion.

Die Politik Washingtons kam darin zum Ausdruck, dass der Irak 1983 von der Liste derjenigen Länder gestrichen wurde, die unter Verdacht standen, den internationalen Terrorismus zu unterstützen. Aus der Saddam-Hussein-Biografie des Chefredakteurs der britischen Zeitung „Sunday Telegraph", Con Coughlin, geht hervor, inwieweit Saddam die Unterstützung von britischen und amerikanischen Geheimdiensten erhalten hatte. Die Satelliten-Zieldaten für den Einsatz chemischer Waffen gegen iranische Truppen erhielt Saddam vom Pentagon.

Für die Golfmonarchen war der Irak zwar ein Bollwerk gegen den Iran und den schiitischen Islam; den Führungsanspruch Saddam Husseins lehnten sie jedoch ab. Seit Beginn des Irak-Iran-Krieges betrieben sie eine Doppelstrategie: Abwehr der schiitisch-iranischen Gefahr durch finanzielle Unterstützung des Krieges Saddam

Husseins gegen Khomeini und zugleich Verhinderung eines politischen Übergewichts des Irak in der arabischen Welt.

Der Irak sah sich großen wirtschaftlichen Problemen gegenüber. Kuwait und die Vereinigten Arabischen Emirate hatten innerhalb der OPEC jede für Iraks ruinöse Wirtschaft notwendige Preisanhebung abgelehnt. Stattdessen erhöhten sie im Frühjahr 1990 ihre Fördermengen so stark, dass die irakische Wirtschaft in existenzielle Schwierigkeiten geriet. Der Verkauf des Öls war die einzige Einnahmequelle des Irak zur Tilgung seiner hohen Auslandsschulden. So sah sich Saddam Hussein veranlasst, die Flucht nach vorn anzutreten. Er forderte von den Golfstaaten einen Schuldenerlass mit der Begründung, dass der Irak den achtjährigen Krieg gegen den Iran auch in ihrem Interesse geführt hätte. Zugleich beschuldigte er Kuwait, seine Öl-Überproduktion durch die Ausbeutung der Rumaila-Felder, der Ölquellen in der neutralen Zone zwischen beiden Ländern, zu bewerkstelligen. Kuwait jedoch hielt an seiner Politik fest und konnte sich dabei der Unterstützung durch die GCC-Länder (Golf-Kooperationsrat) sicher sein.

Erst jetzt glaubte sich Saddam zum Handeln berechtigt, zumal ihm die amerikanische Botschafterin April Glaspie bedeutet hatte, dass es sich bei den Beziehungen zwischen dem Irak und Kuwait um eine innerarabische Angelegenheit handele. Am 2. August 1990 ließ Saddam irakische Truppen in Kuwait einmarschieren und erklärte Kuwait am 28. August 1990 zur 19. Provinz des Irak.

Am 17. Januar begannen die USA ihren Luftkrieg, am 24. Februar den Landkrieg gegen den Irak. Die arabischen Offiziere im Stab General Schwarzkopfs sprangen immer voller Freude auf und applaudierten, wenn irakische Scud-Raketen in Israel einschlugen. Der Vormarsch auf Bagdad wurde wohl durch den Einspruch der Saudis kurz vor dem Ziel gestoppt. Sie fürchteten zu Recht, dass bei einer Niederlage Saddams die Schiiten im Südirak einen den Saudis feindlichen Staat unter dem Einfluss des Irans gründen würden, der die ganze Region destabilisieren könnte.

Saddam Hussein wurde gezwungen, am 27. Februar alle Resolutionen des Sicherheitsrates als Voraussetzung für die Feuereinstellung zu akzeptieren: die Annullierung der Annexion Kuwaits, Reparationsleistungen an Kuwait, die Freilassung aller Kriegsgefangenen, Informationen über die Vorräte an chemischen und biologischen Waffen.

Dieser Golfkrieg ist von der gesamten islamischen Gemeinschaft als „Kreuzzug des Westens" gegen den Islam empfunden worden. Manche spielen diese Tatsache mit dem Hinweis herunter, das vermeintlich islamischste aller Länder, Saudi-Arabien, habe ebenso wie andere islamische Staaten (Syrien, Ägypten und Pakistan) auf der Seite des Westens an dem Krieg teilgenommen. In Wirklichkeit missbilligte die Bevölkerung dies und bedauerte die Niederlage des Irak.

Schon seit dem ersten Amtsantritt von George W. Bush und verstärkt seit dem 11. September 2001 hatten sich in Washington die Anhänger eines aktiv durch die USA zu erzwingenden Regimewechsels im Irak durchgesetzt. Hier ist besonders Paul Wolfowitz, der damalige stellvertretende Verteidigungsminister zu nennen. Wolfowitz war der festen Überzeugung, dass mit dem Fall des Irak als erstem Dominostein die Demokratisierung des Nahen Ostens initiiert werden könnte. Erst im Mai 2003 gestand Paul Wolfowitz schließlich, dass die Berichte über das angeblich bedrohliche Arsenal an Massenvernichtungswaffen des Irak aus politischen Motiven bewusst ausgestreut wurden, um die von den USA gewollte Neuordnung des Nahen Ostens aus politischen, militärischen und wirtschaftlichen Gründen sicherzustellen.

Richard A. Clarke sieht in seinem Buch „Against all Enemies" fünf Gründe für den Krieg:

- „den Schlamassel zu beseitigen, den die erste Regierung Bush hinterließ, als sie 1991 gestattete, dass Saddam Hussein nach dem ersten Golfkrieg seine Macht festigte und seine Gegner umbrachte,

- eine große feindliche Militärmacht auszuschalten und so die strategische Lage Israels zu verbessern,
- eine arabische Demokratie zu schaffen, die als Vorbild für andere freundlich gesinnte arabische Länder dienen könnte, die heute von inneren Unruhen bedroht werden, vor allem Ägypten und Saudi-Arabien,
- den Abzug der Amerikaner aus Saudi-Arabien zu ermöglichen, wo sie zwölf Jahre lang als Gegengewicht zum irakischen Militär stationiert waren und als Auslöser antiamerikanischer Drohungen die Stabilität der dortigen Regierung gefährdeten,
- noch eine weitere ungefährliche Ölquelle für den amerikanischen Markt zu sichern und damit die Abhängigkeit von Saudi-Arabien zu verringern, weil es dort eines Tages vielleicht einen Umsturz geben könnte."

Es war ein großer Fehler, das seit Jahrhunderten bestehende Ordnungssystem mit der Vorrangstellung der Sunniten zu zerstören, die bestehenden Streit- und Polizeikräfte in Gänze aufzulösen und den Staatsapparat zu de-baathisieren. Nun ist mit der Demokratisierung die Büchse der Pandora geöffnet. Die Mehrheit im Irak erhält seitdem per Wahlurne die Macht; die Mehrheit, das sind die Schiiten. Die arabischen Sunniten und die Kurden machen je etwa 25 v. H. der Bevölkerung aus. Erst mit der Mission der Demokratisierung wurde der Aufbau einer schiitischen Schiene vom künftigen Atomstaat Iran über den Irak über Syrien (die Alaviten sind eine schiitische Geheimreligion) bis hin zum Libanon mit seinem wachsenden schiitischen Bevölkerungsteil mit der Stoßrichtung Israel erst ermöglicht.

Der kleine Mann im Irak will weder Freiheit noch Demokratisierung. Die westliche Debatte um Menschenrechte hat nun einmal in den islamischen Ländern keine geistesgeschichtliche Tradition. Es gibt auch im muslimischen Denken keine Begriffe wie Selbstverwirklichung oder gar Entfaltung der Persönlichkeit. Allah und nicht der

Mensch ist der Mittelpunkt der Welt. Der kleine Mann will eine eigene, Ordnung stiftende Regierung. Statt der jetzigen Anarchie und statt des Chaos will er Wasser, Nahrung und Elektrizität. Der Zulauf zu den verschiedenen islamistischen Terrororganisationen verstärkt sich.

Die „Demokratie à la Irak" (Zitat von Putin) bedeutet, dass die Anrainerstaaten Syrien und Jordanien überschwemmt sind von Hunderttausenden von Flüchtlingen, darunter viele aus dem Irak geflohene Christen. Dort unter einem mörderischen System waren sie zumindest nicht verfolgt wegen ihres Glaubens. Nun sind sie es.

Die arabischen Nachbarstaaten hatten sich gegen einen amerikanischen Militärschlag ausgesprochen: Sie fürchteten zu Recht Staatszerfall und Anarchie im Irak. Saudi-Arabien, das eine schiitische Minderheit hat, ist durch das Erstarken der Schiiten im Irak verunsichert. Syrien, das von der Baath-Partei beherrscht wird, also einer säkular orientierten Partei, die auch im Irak an der Macht war, fürchtet als nächster Staat der Achse des Bösen zugeschlagen zu werden. Der jordanische König in einem Land mit 60 v. H. Palästinenseranteil fürchtet um den Erhalt seiner Macht. Die Türkei fürchtet um die Einwirkungsmöglichkeiten der irakischen Kurden auf das von Kurden besiedelte Anatolien. Auch ein eigenständiges Kurdistan in Norden des Irak würden die Türken nicht hinnehmen. „Selbst wenn die Kurden in Argentinien ein Kurdistan gründen wollten, würde die Türkei dies bekämpfen", sagte Tayyep Erdogan, seit 2004 gewählter Ministerpräsident der Türkei. Alle diese Staaten wollten keinen Präzedenzfall zulassen, der es den USA erlauben würde, Regime in der Region nach Belieben auszutauschen.

Und der Iran hat gelernt, dass atomar bewaffnete Staaten sicherer sind vor imperialen Gelüsten und demokratischen Missionsgedanken.

Insgesamt gesehen hat der Bagdad-Feldzug, nach den vorhergegangenen Demütigungen durch den Kolonialismus, durch das aggressive Durchsetzen dem Islam fremder Ordnungsvorstellungen zu Erschütterungen bis hin in die islamischen Parallelgesellschaften

Europas geführt. Es war nur eine Frage der Zeit, wann die Gegen-
reaktionen erfolgen würden; die Anschläge in Madrid und London
sind nur das Menetekel an der Wand, wobei sich auch die europäischen Deutungseliten wie die bekannten Affen am Palast des Tennos
verhalten.

Islamische Atommacht Iran

Der Iran war während des I. Weltkrieges der Invasion britischer und russischer Streitkräfte von 1914-1919 ausgesetzt. Schon
im Vertrag von Sankt Petersburg (1907) hatte man festgelegt, den
Iran in drei Einflusszonen aufzuteilen, in eine britische, eine russische und eine neutrale. Im Vertrag von Konstantinopel wurde
dies insofern ergänzt, dass der südliche Teil der neutralen Zone
der britischen zugeschlagen werden sollte und der nördliche
einschließlich der Hauptstadt Teheran an Russland fallen sollte. Beide Länder sollten in ihren Zonen „volle Aktionsfreiheit" erhalten.
Der Staatsstreich des persischen Kosakenkommandeurs und Kriegs-
ministers, des späteren Schah, Reza Khan, beendete diese schmach-
volle Periode.

Bittere Erfahrungen mit der Staatsmacht USA hatten die Iraner
bereits Anfang der 1950er Jahre gesammelt. Irans erste demokratische
Regierung wurde von einer US-Regierung gestürzt. Unter Anleitung
des CIA und des britischen Auslandsgeheimdienstes MI6 wurde ein
Umsturz herbeigeführt, bei dem der demokratisch gewählte Premier
Dr. Mohammed Mossadegh entmachtet und durch eine von Schah
Reza Pahlavi favorisierte Militärregierung ersetzt wurde. Selbstver-
ständlich wurde die von Mossadegh vorgenommene Verstaatlichung
der Ölindustrie sofort wieder rückgängig gemacht. Die erneute
Verstaatlichung, nunmehr durch die iranische Revolution, haben die
USA und die mit ihnen verbundenen US-Ölkonzerne nie verziehen.
Seither arbeiten die USA über die Jahrzehnte bis zum heutigen Tage
mal mehr, mal weniger intensiv an einem erneuten Regimewech-

sel im Iran. Der „Sunday Telgraph" berichtete am 27. Mai 2007: „Präsident Bush hat ein offizielles Dokument unterschrieben, wodurch Pläne der CIA für eine Propaganda- und Desinformationskampagne abgesegnet werden, mit dem Ziel, die Theokratie im Iran zu destabilisieren oder eventuell zu stürzen." Und der frühere pakistanische Geheimdienstchef Mirza Aslam Beig, ein Sunnit, erklärte drei Tage nach den Wahlen vom 12. Juni 2009 in einem Telefoninterview mit Pashto Radio, dass „Dokumente vorliegen, die beweisen, dass die CIA 400 Millionen US-Dollar im Innern des Iran ausgab, um nach den Wahlen eine farbige, aber hohle Revolution aus dem Boden schießen zu lassen." Und er äußerte weiter: „Die USA wollten im Iran Unruhe stiften, um eine proamerikanische Regierung an die Macht zu bringen."

Im Gegensatz zu dem Wahltheater in Afghanistan kann davon ausgegangen werden, dass die Wahlen im Iran den Willen der Bevölkerung widerspiegeln. Selbst die „Washington Post" berichtete am 15. Juni 2009, also drei Tage nach den Präsidentschaftswahlen im Iran: „Das Ergebnis der jüngsten Präsidentschaftswahlen im Iran dürfte den Willen des iranischen Volkes reflektieren." Diese Aussage basierte auf Ergebnissen, die US-Meinungsforscher – finanziert vom anerkannten Rockefeller Brothers Fund – zwischen dem 11. und 20. Mai in den 30 Provinzen des Landes bei Tausenden Iranern ermittelt hat. Den stärksten Wählerblock für Ahmadinedschad bildeten die 18-24jährigen.

Der Iran lebt seit der Flucht des Schah, also seit mehr als einem Vierteljahrhundert, in der schiitischen Gottesstaatsorientierung. Irans Präsident, der fast 50jährige ehemalige Bürgermeister Teherans und vormalige Religionswächter Ahmadinedschad, die religiöse Intelligenz, die Militärs und die paramilitärischen Gruppen haben in dieser Zeit, besonders nach acht Jahren Krieg gegen einen übermächtigen, von der ganzen Welt unterstützten Feind die Überzeugung gewonnen, dass ihre Feinde durch religiöse Standfestigkeit zu überwinden sind.

Der Iran ist jedoch keine absolute Diktatur, in der Ahmadi-nedschad allein die Schlüsselentscheidungen trifft. Der Iran ist eine Theokratie mit verschiedenen Machtzentren, in denen viele Fragen durchaus kontrovers diskutiert werden. Nach der Verfassung vom 31. März 1979 ist der Iran ein schiitischer Gottesstaat. Im Gegensatz zu den Imamen der sunnitischen Muslime, bei denen der Imam lediglich ein Vorbeter in der Moschee ist, besitzt der Imam im schiitischen Glauben die Stellung eines Kalifen. Ayatollah Ali Khameni sagte dazu: „Die Imame sind in höchster Stellung. Ihre Stellung ist höher als die Stellung jedes Königs und der Propheten. Die Lehren der Imame sind genau so rechtskräftig wie die Lehren des Korans." Ali, der Vetter des Propheten und für die Schiiten ihr erster Imam soll sogar gesagt haben: „Der Koran ist eine Schrift zwischen zwei Buchdeckeln. Sie spricht nicht, es sind die Menschen, die sprechen." Solche Aussagen sind für Sunniten unhaltbar. Für den mit einem Wertekompass versehenen westlichen Staatsmann wären sie jedoch eine Möglichkeit auszuloten, inwieweit über Gespräche eine Entfeindung möglich wäre. Die Dämonisierung von Mahmud Ahmadinedschad ist wenig hilfreich. Mit den Sowjets hat man nicht nur geredet, sondern fröhlich Handel getrieben, selbst in einer Zeit, als Millionen in den Lagern saßen und bereits Millionen verhungert, vernichtet, ermordet waren.

Verfassungsrechtlich liegt die eigentliche Macht in den Händen von Ayatollah Khamenei. Als Inhaber des von Ayatollah Chomeini 1979 geschaffenen Amtes des „religiösen Führers" steht er über allen gewählten Organen. Er hat sein Amt auf Lebenszeit inne und setzt die Richter und die Armeeführung ein. Er hat die Deutungshoheit in allen religiösen Fragen, kontrolliert die Presse und bestimmt sechs der zwölf Mitglieder des Wächterrates. Khameini wurde 1981 mit Unterstützung von Chomeini Staatspräsident.

Ende Januar 2010 meldete sich Khameini anlässlich eines Treffens mit dem mauretanischen Präsidenten in Teheran mit seinen seit Jahren schärfsten Aussagen gegenüber Israel. Dabei stellte er die Vernichtung Israels als strategisches Ziel dar Er bezeichnete Israel als „Krebsgeschwür", mit dessen Zerstörung er fest rechne. Der Zeitpunkt hänge davon ab, wie muslimische Staaten „mit dem Thema umgehen." Diese Aussage Khameinis griff Ahmadinedschad anlässlich eines Staatsbesuches am 24. Februar 2010 nicht nur auf, sondern er stellte auch heraus, dass Iran, Syrien, der Irak und der Libanon gemeinsam gegen Israel stünden.

Mahmud Ahmadinedschad, der iranische Präsident, vom Beruf ein promovierter Bauingenieur, ist ein asketisch lebender Mahdigläubiger. Er vertritt seine Überzeugung der Vernichtung des Staates Israel und bekundet immer wieder seinen Hass auf die Zionisten, nicht auf die Juden. Die Juden im Iran können ihren Glauben ungestört ausüben und stellen einen Vertreter im iranischen Parlament.

Ahmadinedschad ist vom Glauben geradezu durchdrungen, dass seine Präsidentschaft der Vorbote des verborgenen Mahdi sei. Bereits als Bürgermeister von Teheran hatte er in einer geheimen Anweisung an die Stadtverwaltung die Vorbereitung einer großen Moschee für den Einzug des Mahdis angeordnet. Seine 2006 gehaltene Rede vor der Uno beendete er mit folgendem Gebet: „Oh allmächtiger Gott, ich bete zu dir, das Hervortreten deines letzten Triumphes zu beschleunigen, [durch das Hervortreten] des Vorhergesagten, des perfekten und reinen menschlichen Wesens, das diese Welt mit Gerechtigkeit und Frieden erfüllen wird."

Auch der Generalsekretär der Hisbollah im Libanon, Hassan Nasrallah, ist vom Mahdi-Glauben durchdrungen.

Gerade nach dem Irak-Krieg macht der Iran enorme Anstrengungen Atommacht zu werden. Mit diesem Schritt wäre der Iran nach Pakistan das zweite Land in der muslimischen Welt, das dann über Atomwaffen verfügen würde. Die technischen Komponenten wie die Hochleistungszentrifugen sind über den Pakistani Dr. Abdel Qadir Khan und sein Netzwerk beschafft worden. „Wäre ich Perser, müsste ich doch verrückt sein, mir nicht Atomwaffen zuzulegen", sagte der bekannte israelische Militärhistoriker Martin van Crefeld.

Nach Ayatollah Chomeinis Äußerung führt die Straße nach Jerusalem durch Kerbela, die heilige Stadt im Süd-Irak, bei der am 10. Oktober 680 der Enkel des Propheten Mohammed, Husain, auf dem Schlachtfeld gegen eine Übermacht im Kräfteverhältnis 10.000 zu 72, angeführt von Yazid I., den Tod fand und damit die Spaltung des Islam in Schiiten und Sunniten erfolgte.

Israel wird eine schiitische Atommacht Iran als neue furchtbare Bedrohung sehen müssen und nicht hinnehmen können. Bisher kann der Iran durch Unterstützung der Hisbollah und der Hamas Israel bekämpfen, dann aber wäre eine nukleare Schlagkraft vorhanden, die Israel auslöschen könnte. Und schon durch die Hisbollah hat der Iran Israel gedemütigt. Durch diesen Ausgang der militärischen Auseinandersetzungen und durch den Machtwechsel in Palästina fühlt sich das System gestärkt.

Eine Atommacht Iran wäre ohne Zweifel auch für Europa äußerst bedrohlich, zumal iranische Ingenieure seit langem an Raketen arbeiten, die Kerneuropa mit atomar bestückten Raketen treffen könnten. Europa wäre erpressbar, Deutschland besonders, da es noch nicht einmal in der Lage wäre, Vergeltungsschläge anzudrohen.

Israel wird über präventive Militärschläge nicht nur nachdenken. Die USA desgleichen. Nun sind solche Militärschläge sind mit großen, letztlich nicht kalkulierbaren Risiken verbunden, weil die vielfachen potenziellen Ziele tief im Erdreich, im felsigen Untergrund verbunkert sind. Wäre dann der Iran noch in der Lage, Städte in Israel anzugreifen? Wie wäre daraufhin die Reaktion des jüdischen Staates? Atomare Schläge? Zudem würden solche Militärschläge nicht nur das iranische Volk, sondern die islamische Welt, bis in die Vorstädte der europäischen Städte, solidarisieren und der Garantieschein von Terroranschlägen und Bürgerkriegsunruhen in West- und Südeuropa sein. Die Versorgung von großen Teilen Europas mit Erdöl würde unterbrochen werden mit entsprechenden Folgewirkungen bis hin zum Zusammenbruch westlicher Wirtschaften.

Eine Geschlossenheit der Großmächte ist mitnichten zu erwarten, weil China und Russland ihre eigenen nationalen Interessen verfolgen. Russland nutzt eine Zusammenarbeit auch mit dem Iran, um aus seiner Umklammerung herauszukommen und wieder einen Großmachtpart mitspielen zu können. Und China ist unbedingt für seine boomende Wirtschaft auf das iranische Öl und Gas angewiesen. Zudem ist ohnehin nicht erkennbar, wohin sich diese beiden Mächte nach dem endgültigen amerikanischen Rückzug im Nahen Osten und bald auch nach dem zu erwartenden Debakel in Afghanistan wenden werden.

Der Iran baut also ein schiitisches Gegengewicht mit der eindeutigen Stoßrichtung gen Israel auf, einen schiitischen Halbmond, der vom Iran über den Irak mit seiner schiitischen Mehrheit, über Syrien mit seiner theoretisch religionslosen Baath-Partei, deren Mitglieder jedoch meistens den syrischen Alawiten angehören, einer schiitischen Geheimsekte, bis hin zum Libanon reicht, wo die Schiiten durch Geburtenüberschuss zu mehr als einem Drittel angewachsen sind und mit der Hisbollah-Bewegung und ihren Milizen unter Führung von Scheich Hassan Nasrallah eine erkennbar schlagkräftiges Instrument haben, das von Israel nicht bezwungen werden kann. Gegenwärtig soll die Hisbollah über 40.000 Raketen zur Verfügung haben. Es sind überwiegend Katjuscha-Raketen mit einer Reichweite von 40 km und einer Tragkapazität von 30 Kilogramm Sprengstoff.

Darüber hinaus ist zu bedenken, dass die vom Iran unterstützte und von der palästinensischen Bevölkerung demokratisch gewählte Hamas-Bewegung, die sich als einzige Institution für die Nöte der Bevölkerung Palästinas interessiert, in den iranischen Aufmarsch durchaus einbinden lässt. Die von Europa und der UNO geschmierten Fatah-Autonomiebeamten haben sich wenig um die Nöte und Anliegen der dahin vegetierenden Palästinenser gekümmert. Sie sind korrupt wie fast alle Systemträger in Nahost.

Auf operativer Ebene durchdringen die Revolutionsgarden, auf persisch Pasdaran, sämtliche politischen, gesellschaftlichen und wirtschaftlichen Strukturen des Landes. Sie verfügen über die Schlüsselindustrien und stellen mit Abstand die größte Wirtschaftskraft des Landes dar. Sie unterliegen weder der Zoll- noch der Steuerpflicht. Sie umfassen etwa 125.000 Mann und verfügen über modernes militärisches Großgerät. Zu ihren engsten Verbündeten gehört die Freiwilligenmiliz Bassidisch, die in der Lage ist, kurzfristig Hunderttausende bewaffneter Schläger, auch höchst mobil auf Motorrädern, auf die Straße zu bringen. Im Kabinett von Staatspräsident Mahmud Ahmadinedschad sind die meisten Minister ehemalige Kommandeure der Revolutionsgarden.

Durch die Straße von Hormus verkehren sämtliche Tanker, die Erdöl oder Erdgas aus dem Irak, dem Iran, Kuwait und den Vereinigten Arabischen Emiraten in den Westen bringen. Das ist etwa ein Drittel des weltweiten Bedarfs. Wer also die industrialisierte Welt abschneiden will von dieser bedeutenden Lebensader, sperrt die Straße von Hormus. Diese Straße misst an ihrer engsten Stelle gerade einmal 21 Seemeilen. Eine Versenkung von mehreren Schiffen in diesem Abschnitt würde die Fahrrinne wenn nicht blockieren, so doch zumindest erheblich einschränken. Durch Pipelinenetze kann die Tankerkapazität nicht restlos ersetzt werden, zumal diese Netze vorrangige Ziele asymmetrisch kämpfender Gruppen wären.

Auch die Türkei wendet sich gegen Israel. Eine BBC-Umfrage im April 2010, also vor der versuchten Durchbrechung der Ghaza-Blockade, bescheinigte Israel eine Ablehnungsquote von 77 Prozent. Die wird heute noch erheblich höher liegen. Der türkische Ministerpräsident Erdogan will die Hamas ab sofort stärker unterstützen. Und die Türkei hat direkte Grenzen zum Iran, zum Irak und zu Syrien. Es findet auch eine Annäherung an den Erzfeind Syrien statt, der türkische Ministerpräsident nennt seinen Damaszener Amtskollegen, Baschir Assad, seinen „Bruder".

Im Westen wird die Hisbollah durchweg als Terrororganisation gesehen; für die Menschen im Libanon ist sie eine antiisraelische Widerstandsgruppe oder eine Partei und Wohlfahrtsorganisation. Sie stellt mit ihren Tausenden von Milizionären den einzig ernstzunehmenden Verteidiger des Landes gegen Israel dar.

Für den Fall eines Angriffs verfügt der Iran über etwa eintausend Speedboote mit an Bord befindlichen Raketenwerfern, die viele Antischiffsraketen ins Ziel bringen können. Sie wären eine ernst zu nehmende Gefahr für Hightechverbände der US-Marine. In Afghanistan könnte der Iran den Krieg gegen die Nato-Streitkräfte durch den Iran unterstützt werden. Ferner könnte der Iran seine Terrorgruppen in vielen Teilen der Welt zum Einsatz bringen.

Der Kampf um Jerusalem

Europas Antisemitismus gab die Initialzündung für Israels Wiedergeburt. Die Wurzeln der Auseinandersetzungen zwischen Arabern und Juden in Palästina und um seinen Besitz müssen primär nicht in der Shoah, sondern in einer sehr viel tieferen Dimension gesucht werden – in der Entstehung des Zionismus und seinen Hintergründen. Der Zionismus entstand als Akt der Notwehr. Der Feuilletonist der „Neuen Freien Presse", der österreichische Jude Theodor Herzl (1860-1904), ein ehemaliger deutsch-nationaler Burschenschaftler, fand durch die Not der durch Pogrome geschundenen Ostjuden in Russland und unter dem Eindruck der Dreyfus-Affäre im aufgeklärten Frankreich zu seinen jüdischen Wurzeln. In seinem 1896 veröffentlichten Buch „Der Judenstaat" kam er zu dem Schluss, dass der Antisemitismus nicht auszurotten sei und eine Lösung nur in einem eigenen Staat gegeben sei. Auf dem ersten Zionistenkongress 1897 in Basel wurde ein eindeutiges politisches Ziel definiert, nämlich mit legalen Mitteln im Land Israel einen sicheren Zufluchtsort für die Juden in aller Welt zu errichten.

So wanderten – initiiert durch die zionistische Bewegung – von 1880 bis 1903 ca. 25.000 Juden aus dem Zarenreich nach Palästina. Von 1904 bis 1914, wieder ausgelöst durch grauenhafte Pogrome im zaristischen Russland, waren es ca. 35.000, vor allem Mitglieder der sozialistisch-zionistischen Jugendbewegung. Ein Jahr vor Ausbruch des I. Weltkrieges hatte Palästina ca. 760.000 Einwohner, davon waren 80.000 Christen und 85.000 Juden. (Im Jahre 1850 lebten im damals verlotterten Palästina 15.000 Juden, davon 7.000 in Jerusalem). Von 1919 bis 1923 wanderten noch einmal 35.000 Juden ein. Von 1924 bis 1931 waren es ca. 80.000, die angesichts des starken Antisemitismus in Polen kamen. Und von 1932 bis 1938, schon mit initiiert durch die antisemitischen Ausschreitungen in Deutschland, waren es 197.000 Neueinwanderer.

Während in den ersten Auswanderungswellen das Bewusstsein, Jude zu sein, eine wesentliche Rolle spielte, war das bei den Deutschen und Deutsch-Österreichern jüdischer Herkunft und jüdischen Glaubens erheblich weniger der Fall. Sie empfanden sich zu Recht als Angehörige des deutschen Volkes. Es sei hier hervorgehoben, dass von den 500.000 Deutschen jüdischen Glaubens, die 1914 im Reich lebten, 80.000 an der Front standen; 10.000 hatten sich 1914 freiwillig gemeldet, 12.000 waren im Laufe des I. Weltkrieges für ihr deutsches Vaterland gefallen. Keine andere Bevölkerungsgruppe hatte solche Opfer gebracht!

Am 6. Juli 1938 fand im französischen Kurort Evian am Genfer See eine internationale Flüchtlingskonferenz wegen dieser entwurzelten Deutschen jüdischen Glaubens bzw. jüdischer Herkunft statt. Aus Europa waren Frankreich, Großbritannien, Belgien, Dänemark, Holland, Norwegen, Schweden und die Schweiz vertreten. Aber die vorgenannten demokratischen Staaten wollten diese leidgeprüften Menschen nicht aufnehmen. Die Briten lehnten es später sogar ab, die Frage der jüdischen Flüchtlinge in das Münchner Abkommen vom 29. September 1938 aufzunehmen. Im Palästina waren sie inzwischen auch nicht mehr willkommen. Im Mai 1939 veröffentlichte der britische Kolonialsekretär MacDonald ein Weißbuch, in dem es hieß, die Regierung erkläre „nun eindeutig, dass es nicht Teil ihrer Politik ist, Palästina einen jüdischen Staat werden zu lassen". Die jüdischen Einwanderungsquoten wurden deshalb über fünf Jahre hinweg auf 12.500 eingeschränkt.

Doch die mörderische Verfolgung im Rahmen der Shoah durch die Nationalsozialisten und ihre Helfershelfern in vielen europäischen Staaten machte die illegale Einwanderung unausweichlich. Etwa 81.000 schafften es in den Kriegsjahren, nach Palästina zu kommen.

Auch nach Ende des II. Weltkrieges kam es zu Auswanderungswellen, vorwiegend aus Deutschland. Das hing mit den Pogromen des Sommers und Herbstes 1945 in verschiedenen polnischen Städten zusammen, wie in Rabka, Miodowa, Starachowice, Skarzysko oder in Kielce, einem Städtchen, südlich von Warschau. Die Juden, die aus den Lagern dorthin zurückgekehrt waren, stießen auf eine extrem feindselig eingestellte Bevölkerung, die befürchtete, dass sie das geraubte Eigentum zurückgeben müsste. Es wurden Hunderte von Juden ermordet. Aufgrund dieser Pogrome verließen zirka 100.000 Juden Polen und flohen in Richtung Westen. Sie sammelten sich in Lagern wie Landsberg, Föhrenwald oder Feldafing. Eine Generalkonferenz der Vertreter aus 46 Displaced-Persons-Lagern fand am 25. Juli 1945 in der Erzabtei St. Ottilien statt. An diesem Tag beschlossen die Delegierten hinter den Mauern des alten oberbayerischen Klosters die Idee des Staates Israel, die dann ja drei Jahre später realisiert wurde.

Zwischen 1948 und 1951 kamen viele Juden aus Bulgarien, Libyen und dem Irak; von 1955-1957 aus Marokko, Tunesien, Polen und Ungarn und nach dem Sinai-Feldzug aus Ägypten. Von 1967-1985 kamen 175.000 aus der Sowjetunion, die große Masse aber erst nach der Öffnung des Eisernen Vorhangs. Heute sind es weit über 1 Million, mehr als 1/6 der Gesamtbevölkerung. Von diesen russischen Einwanderern ist ein hoher Prozentsatz nichtjüdischer Herkunft. Öffentliche Quellen geben diesen Anteil mit 180.000 – 200.000 an, andere Schätzungen belaufen sich auf 400.000. In den 80er Jahren nahm Israel Zehntausende von Juden aus Äthiopien auf.

Die jüdische Gemeinschaft in Palästina akzeptierte pragmatisch die Entscheidung der Vereinten Nationen Nummer 181, d.h. den am 29. November 1947 beschlossenen Teilungsplan für das britische Mandatsgebiet Palästina. Dieser Teilungsplan sah „unabhängige arabische und jüdische Staaten" und die besondere internationale Verwaltung der Stadt Jerusalem vor. Die arabische Welt lehnte den Teilungsplan ab. So kam es mit der Beendigung des englischen Mandats für Palästina am 14. Mai 1948 zur Gründung eins selbständigen Staates Israel. Israel wurde nicht – wie viele seiner christlichen Sympathisanten meinen – auf das Verheißungsrecht der Bibel gegründet, sondern auf das Völkerrecht. In seiner Unabhängigkeitserklärung steht: „Der Staat Israel (...) erstrebt eine Entwicklung zum Wohle aller seiner Einwohner, er ist den Prinzipien der Freiheit, der Gerechtigkeit und des Friedens gemäß der Vision der Propheten verpflichtet; er lässt gleiche gesellschaftliche und politische Rechte für alle seine Bürger ohne Ansehen von Religion, Rasse oder Geschlecht gelten; er garantiert die Freiheit der Religion, des Gewissens, der Sprache, der Erziehung und der Kultur."

Bei seiner Gründung verstand sich Israel nicht als religiöser Staat, sondern als „sozialistischer Staat". Dieser Sozialismus israelischer Prägung fand seinen Ausdruck in den 274 Kibbuzim und 390 Moschawim. Auch die Besitzrechte im Land zeigten die sozialistische Orientierung. Der Boden Israels gehörte zu 90 v. H. dem Staat, 7 v. H. Ausländern und nur 3 v. H. einzelnen Israelis. Als Ministerpräsidentin begnügte sich Golda Meir mit dem Lohn eines Busfahrers von Tel Aviv. Sie wollte nicht nur über den Sozialismus reden sondern auch danach leben.

Die Sowjetunion erkannte den Staat sofort an und versprach sich sicherlich davon, einen Brückenkopf im Nahen Osten aufbauen zu können, war doch die regierende Partei Israels eine Partei des sozialistischen Zionismus. Der Gründungsstaatsakt führte zum Gründungskrieg (15.05.-30.11.1948). Dieser Krieg ist unter zwei verschiedenen Namen in die Geschichte eingegangen: auf Israels

Seite als Befreiungskrieg, auf Seiten der Palästinenser als al-Nakba, die Katastrophe.

Sowohl durch die zielgerichtete Verängstigung der arabischen Bevölkerung Palästinas durch die Israelis als auch durch arabische Propaganda flohen ca. 1 Million Palästinenser in die Nachbarländer. Uri Avnery schreibt in seinen Erinnerungen aus dem israelischen Unabhängigkeitskrieg von Brandschatzen, Vertreibung, Mord und Vergewaltigung. Nach seiner Darstellung standen Brandschatzen, Vertreibung und Mord sogar in den Befehlen. Auch Simcha Flapan, Israeli ostjüdischer Herkunft, zeigt in seinem Buch „Die Geburt Israels – Mythos und Wirklichkeit" die bestürzende Realität des Gründungskrieges.

Die militärische Potenz der arabischen Anrainer wurde zwei weitere Male, allerdings wiederum vergeblich, 1956 und 1967, eingesetzt. Nach dem Sieg 1967 war Israel bereit, die eroberten Gebiete gegen einen umfassenden Friedensvertrag einzutauschen. Die Resolution der arabischen Regierungsvertreter am 1. September in Khartum, der Hauptstadt des Sudan, lautete nein. So war der sog. Yom-Kippur-Krieg am 22. Oktober 1973 vorprogrammiert. Dieser Krieg wird im arabischen Raum als ein siegreicher angesehen, weil es Ägypten damals gelang, einen Überraschungsangriff über den Suez-Kanal zu führen.

Erst nach dem Sieg Israels im Krieg von 1967 hat sich das religiöse Interesse erhöht. Israel bekam damals die biblischen Gebiete von Judäa und Samaria wieder, und es bekam Gaza. Das Verheißungsrecht der Bibel wurde nun die Grundlage der Politik in Israel, insbesondere für die Siedlerbewegung. Nach und nach stieg die Zahl radikal-religiös motivierter Siedler, die sich im Gegensatz zu den früheren strategischen Siedlern auch in der Nähe palästinensischer Dörfer und Städte niederließen, teilweise sogar inmitten von Bevölkerungszentren, wie z. B. in Hebron.

Es ist jedoch festzustellen, dass Israel im Wesentlichen nur deshalb mit seiner Religion verbunden ist, weil diese die Hauptquelle für die nationale Identität bildet. Der größte Teil der Israelis charakterisiert sich als „traditionell", d.h. sie befolgen zwar bestimmte Regeln des Judentums, aber mehr aus Traditionsbewusstsein, weniger aus religiöser Überzeugung. Zwar werden die Juden „das Volk des Buches" genannt. Aber die wenigsten, auch bei den Religiösen, kennen das Buch mit den Aussagen eines Mose, Hosea, Jesaja oder Jeremia, die Israel immer wieder den Spiegel der eigenen Sündhaftigkeit vorhalten. Wenn überhaupt, dann beschäftigt man sich mit den rabbinischen Kommentaren, mit dem Talmud.

Mit der Frage nach den Siedlungen und dem Ausmaß des endgültigen israelischen Rückzugs aus den besetzten Gebieten verbunden ist das Problem der Wasserrechte. Wasser ist eine der wichtigsten Ressourcen im gesamten Nahen Osten. Die israelische Regierung brachte nach 1967 bewusst Quellen und Verteilungsmechanismen unter ihre Kontrolle, und Siedlungen entstanden gezielt entlang der wichtigsten Wasserquelle, des Jordan, um den See Genezareth und in anderen Quellgebieten. Die Wasserversorgung liegt in der Hand einer israelischen Firma.

Die Golanhöhen sind nicht nur aus strategischen Gründen wichtig, sondern auch, weil auf dem Golan die Quellflüsse des Jordan entspringen und weil eine vollständige Rückgabe der Höhen für die Syrer bedeuten würde, dass sie einen direkten Zugang zum See Genezareth hätten.

Die israelische Regierung schränkte den Wasserverbrauch der palästinensischen Bevölkerung ein bzw. behielt deren Quoten ungeachtet des hohen Bevölkerungswachstums bei, sodass der Verbrauch pro Kopf deutlich sank und auch die Landwirtschaft mit erheblichen Problemen konfrontiert war. Gleichzeitig wurden die Wasserquoten für die israelischen Siedlungen sehr großzügig berechnet. Auch der offensichtliche Unterschied in der Wasserversorgung der israelischen Siedlungen und der palästinensischen Bevölkerung verstärkt die Wut in der palästinensischen Gesellschaft.

Eine Politik, die die Lebensgrundlagen der Palästinenser minimiert oder sogar vernichtet (wie z. B. das Abholzen von Olivenhainen) oder die rigorose Einschränkung des Wasserverbrauchs ist eine Politik, die nicht im Einklang mit der hebräischen Bibel, mit den mosaischen Kriegsgesetzen aus der Thora steht. Von den 613 Geboten und Verboten der Thora handeln die meisten vom Verhalten zum Nächsten, auch zum Fremden, von dem Schaden abgewendet werden soll. Allein zur positiven Behandlung des „getoschaw", des Fremden in Israels Mitte, gibt es 36 Gebote.

Rabbi Mordechai Piron, von 1970-1980 Chef-Rabbiner der israelischen Streitkräfte, sagte einmal, als er nach der Vereinbarkeit von „erwähltem Volk" und der Rolle Israels als Besatzer gefragt wurde, dass „Erwählung" „furchtbare Verantwortung" bedeute und dass die Juden bis heute nicht ihrer Verantwortung gerecht geworden sind. Und der ehemalige Sprecher des israelischen Parlamentes (der Knesset), Avraham Burg, schreibt in seinem Buch „Hitler besiegen. Warum Israel sich endlich vom Holocaust lösen muss", dass Israel aufhören müsse, „gegen sämtliche Werte zu verstoßen, für die wir in der Vergangenheit als verfolgte Minderheit eingetreten sind."

Der Israeli heute entspricht in seinem Verhalten nicht den Illusionen naiver Christen, wie wir sie gerade in den USA finden. Gänzlich unkritisch wird da das biblische „Volk Israel" mit dem neuzeitlichen Volk Israel gleichgesetzt. In diesem Zusammenhang empfiehlt sich die Lektüre des Buches von Shlomo Sand „Die Erfindung des jüdischen Volkes. Israels Gründungsmythos auf dem Prüfstand". Danach ist eine solche Gleichsetzung fahrlässig, wenn nicht gar falsch.

Israel gab für den Frieden mit Ägypten unter Sadat das riesige Gebiet Sinai auf (etwa 60.000 Quadratkilometer), eine im Kriegsfall durchaus strategische Pufferzone zwischen Israel und Ägypten. Sadat musste diesen Friedensschluss 1983 mit seinem Leben bezahlen, da die Sharia keinen Frieden mit einem nichtmuslimischen Land erlaubt. 1994 schlossen Jordanien und Israel Frieden.

Das sogenannte Gaza-Jericho-Abkommen vom 4. Mai 1994, auch als „Oslo I" benannt, und das „Oslo II"-Abkommen vom 28. September 1995 sowie die nachfolgenden Verhandlungen in Camp David führten im Sommer 2000 zu Kompromissvorschlägen in einigen wichtigen Bereichen. Damals noch war Israel zu Konzessionen in der Frage des Status von Jerusalem bereit. Die Verhandlungen scheiterten jedoch an der Frage des Rückkehrrechts der Palästinenser. Nach palästinensischen Angaben sind heute mehr als 4 Millionen palästinensische Flüchtlinge registriert. Würde Israel ihnen die Rückkehr auf israelisches Staatsgebiet gestatten, wäre dies für Israel ein Akt des Selbstmords.

Zu einem Kompromiss war Arafat nicht fähig; der Kompromiss ist eben keine islamische Idee. Für Muslime sind Konzessionen ein Zeichen der Schwäche oder ein taktisches Mittel. Der Spruch „Der Klügere gibt nach" entspricht nicht ihrem Denken. Scholl-Latour war seinerzeit der Einzige in Deutschland, der die Aussage wagte, dass es ein Trugschluss ist, zu glauben, dass mit einem Palästinenserstaat der Friede gesichert sei. Wenn man die totale Sicherheit Israels will, kann man „keinen souveränen Staat Palästina zulassen, sondern nur ein orientalisches Protektorat", war seine Meinung.

Auch die Erfüllung von UNO-Resolutionen, das Abrücken Israels aus den besetzten Gebieten wird keine Ruhe garantieren können, wie jetzt eindeutig für jedermann erkennbar ist. Dies hat der israelische Truppenabzug aus dem Südlibanon und aus dem Gaza-Streifen gezeigt. Israels Städte und Siedlungen liegen unter dem Feuer der Raketen von Hisbollah und Hamas. Nach Erkenntnissen israelischer Geheimdienstkreise verfügt allein die Hisbollah über zehntausende von Raketen, die inzwischen weit in das israelische Hinterland reichen.

In den bisherigen Kriegen und asymmetrischen Terroraktionen hat Israel bislang mehr als 1 v. H. seiner Bevölkerung verloren; auf Deutschland umgerechnet wären das mindestens 800.000 Tote. Der Bau der Mauer zeigt die Ausweglosigkeit und die tiefe Verunsicherung des Staates. Der legendäre Ruf von der „unbesiegbaren" Armee ist dahin, denn weder Hisbollah noch Hamas konnten bezwungen werden. Im Krieg gibt es nun einmal keinen Ersatz für den Sieg.

Die Hisbollah hatte israelischen Bodentruppen aus ihren vorbereiteten Stellungen heraus durch geschickte Taktik erhebliche Verluste zugefügt, die letztendlich den Ausschlag für den Rückzug der Israelis gaben; sie brachen damit den Nimbus von der Unbesiegbarkeit der israelischen Streitkräfte. Ferner feuerte die Hisbollah in diesem Krieg mehr als viertausend Raketen auf den Norden Israels. Die Israelis waren zu keiner Zeit erfolgreich, diesen Beschuss zu stoppen. Der Hisbollah gelang es, das Leben im nördlichen Israel für einen kompletten Monat zum Erliegen zu bringen.

Wie Israel selbst, so ist auch sein muslimisches Umfeld nicht in der Lage, Entfeindungspolitik zu betreiben, was ja immer bedeutet, Verzicht auf Rache und Vergeltung und, wenn es gelingt, Vergebung und Versöhnung. So leben im Gaza-Streifen, einem Gebiet von 360 Quadratkilometer – das heißt noch kleiner als das Bundesland Bremen – etwa 1,5 Millionen Menschen. Dov Weissglass, damaliger Berater des Ministerpräsidenten Olmert, fasste die Zielsetzung der Abriegelung des Gazastreifens vor der internationalen Presse mit den Worten zusammen: „Die Idee ist, den Palästinensern eine Diät zu verordnen, sie aber nicht Hunger sterben zu lassen." Zynischer geht es nun wahrlich nicht mehr! Aber weder die Entbehrungen durch die Abriegelungen noch die Zerstörungen des Krieges ließen die Bewohner gegen die Hamas aufbegehren. Im Gegenteil, die Hamas sitzt fester im Sattel.

Allein während der Operation „Gegossenes Blei", dem schwersten Luftangriff im Nahen Osten seit dem Sechstagekrieg, die vom 27. Dezember 2008 bis zum 18. Januar 2009 durch die israelische Luftwaffe gegen die Menschen im Gazastreifen geführt wurde, wurden nach Angaben internationaler Hilfsorganisationen fast 60.000 Häuser und Fabriken getroffen und 3.500 davon in Schutt und Asche verwandelt. Seitdem leben 10.000 Menschen ohne fließend Wasser;

40.000 sind ohne Strom. Ferner gräbt Israel den Palästinensern im Gaza im wahrsten Sinne das Wasser ab.

Die Leiden der Bevölkerung sind auf den Fernsehschirmen in der gesamten islamischen Welt zu sehen. Der israelische Verteidigungsminister Ehud Barak beantwortete die Frage eines Journalisten, was er tun würde, wenn er in einem palästinensischen Flüchtlingslager geboren worden wäre: „Dann hätte ich mich irgendwann einer Terrororganisation angeschlossen."

Die israelische Siedlungspolitik und die geplante Annexion der Jordantales stellen eine eindeutige Verletzung des Völkerrechtes dar, darf doch nach der Genfer Konvention keine Bevölkerung des besetzenden Landes in die besetzten Gebiete transferiert werden. Allerdings haben die Türken das genau so gemacht mit der Ansiedlung von mehr als 150.000 Anatoliern im türkisch besetzten Teil Zyperns. Im März 2010 bekräftigte Ministerpräsident Netanjahu, auch nach einem Friedensvertrag mit den Palästinensern das gesamte Jordantal aufgrund seiner strategischen Bedeutung für Israel nicht räumen zu wollen. Die Siedlungspolitik ist eine Fortsetzung der Siedlungspolitik aller israelischen Regierungen. Selbst ein Außenminister Liebermann wohnt mit seiner Familie in einer illegalen Siedlung (Nokdim, südostwärts von Bethlehem) im Westjordanland.

Vier ehemalige Chefs des israelischen Inlandgeheimdienstes Shin Bet haben die israelische Regierung in ungewöhnlich scharfer Form kritisiert und darauf hingewiesen, dass Israel drohe, in den Abgrund zu stürzen.

Israels Abwendung von seiner ureigensten biblisch fundamentierten Orientierung von Gut und Böse, von den mosaischen Kriegsgesetzen, von der Schadensbegrenzung nach dem Prinzip „Auge um Auge, Zahn um Zahn" und seine alleinige Ausrichtung nach der Devise spätrömischer Kaiser „Oderint dum metuant" (mögen sie mich hassen, solange sie mich nur fürchten) greift allerdings à la longue zu kurz. Wie gewinne und überzeuge ich meine Feinde, ist die Kernüberlegung des Rabbi JESUS, des MESSIAS der Christen. Sicherlich nicht mit Hochmut und permanenten Demütigungen!

Der Staat Israel ist in großen Teilen kriegsmüde und zerrissen von inneren und äußeren Konflikten, müde nach dem ersten arabisch-israelischen Krieg von 1948/49, dem Krieg von 1956, dem legendären 6-Tage-Krieg von 1967, dem Yom-Kippur-Krieg von 1973, zwei Libanonkriegen, zwei Palästinenseraufständen, Intifada genannt, und dem dauernden Kleinkrieg im Westjordanland und Gaza.

Die Besatzung korrumpiert. Sie schafft in den besetzten Gebieten eine Atmosphäre der Gesetzlosigkeit und ein Klima von Zynismus, meinte Uri Avnery. Dazu kommt die maßlose Korruption und der Verfall der Moral der Politiker. Höhepunkt war sicherlich die Amtsenthebung des Staatspräsidenten Katzav, dem mehrere Vorwürfe der Vergewaltigung zur Last gelegt wurden.

Dazu kommen noch die sozialen Probleme. Fast die Hälfte der israelischen Kinder lebt unter der Armutsgrenze. Die arabische Bevölkerung wird bis zum Jahre 2010 auf ca. 40 v. H. anwachsen.

Israel wappnet sich mit landesweiten Zivilschutzübungen gegen mögliche Vergeltungsschläge Irans. Allerdings ist wohl eines sicher, dass kein muslimisches Land im Falle eines Angriffs auf die iranischen Atomanlagen neutral bleiben könnte. Gerade die arabischen Staaten könnten durch ihre Bevölkerungen so unter Druck geraten, das von der realen Möglichkeit auszugehen ist, dass die etablierten Regierungen hinweggefegt werden.

Ohne Zweifel sieht sich Israel als in einer Belagerung lebend. Es empfindet sich umringt von den vermeintlich oder wahrscheinlich Atombomben bauenden Iranern, den Lager chemischer Waffen anlegenden Syrern, den große konventionelle Streitkräfte aufbauenden Ägyptern und Saudis, angegriffen aus dem Libanon von der Hisbollah, belauert aus der Westbank von der Fatah, bekämpft aus dem Gazastreifen von der Hamas – und Israels muslimische Bürger werden politisch unruhiger.

Es ist nicht die Frage, ob Israel präventiv im Iran zuschlägt, es ist lediglich die Frage, wann es das tun wird, zumal weder die Europäer noch die US-Amerikaner wirkliche Lösungsansätze bieten, geschweige denn durchsetzen können oder wollen. Das Palästinaproblem droht zum Taumelbecher der Nationen zu werden. Es gibt weder eine geistige Durchdringung dieser Problematik noch eine materielle Vorbereitung auf den „worst case". So wie man die Intifada in nicht wenigen Städten Europas ignoriert, so auch den sich immer mehr nähernden Brand. Bedenkenswert die Lagebeurteilung des israelischen Militärhistorikers van Crefeld: „Wir (gemeint ist Israel) haben die Möglichkeit, die Welt mit uns in den Abgrund zu reißen. Und ich kann Ihnen versichern, dass das geschehen wird, bevor Israel untergeht."

Fazit

Die Welt war und ist mit unsichtbaren Fäden der Schuld miteinander verwoben, wenngleich bis 1917 durch die in Jahrhunderten gewachsenen Ordnungssysteme eine gewisse Stabilität vorhanden war.

Diese alte untergegangene Welt – ohne sie auch nur ansatzweise zu verklären – war in Gesamteuropa kulturell und spirituell verbunden auf der Basis einer Werteorientierung, die als eine abendländische bezeichnet wird. Ihre Zerstörung hinterließ ein Vakuum, in das bis zum heutigen Tage Chaosmächte und -ideen hineinstießen. Nirgendwo ist auch nur der Ansatz der dringend erforderlichen geistigen Umkehr erkennbar, nirgendwo ein Kapitän sichtbar mit einem klaren ethischen Kompass. Ein Schiff ohne Kapitän und Kompass strandet, zerschellt. Es geht unter.

Der Verfasser betont noch einmal ausdrücklich, dass er kein Prophet ist, wenngleich er, wie zu Beginn gesagt, sowohl den Krieg zwischen den Nationen im Kunststaat Jugoslawien, die Intifada in Frankreich und den Aufbau der schiitischen Schiene gen Jerusalem durch die stupide US-Politik jeweils vor Beginn der Kriege nachweislich in Referaten vorgetragen hat.

Dazu gehören keine prophetischen Gaben, sondern nur Geschichtskenntnis, Wissen über die religiösen und weltanschaulichen Orientierungen und Realitätssinn. Die heute bestimmenden geschichtslosen und orientierungslosen, sich selbst anbetenden, von ideologischen Narreteien trunkenen Gestalten und Mächte zündeln so, dass der Verfasser seine hier aufgezeigten Sichten als Warner in der letzten Stunde sieht.

Als Mitglied der an den Gesalbten JEHOSCHUA glaubenden kleinen Herde, sieht er für sich und für all seine Mitbrüder und Mitschwestern in dieser Zeit der Irrungen und Wirrungen und Narretei-en den Auftrag, Licht in der Finsternis zu sein – im Gebet und im furchtlosen Kampf gegen die Kräfte der Lüge und Verwirrung.

Anmerkung zu den nachstehenden Koransuren

Die Hilfsaktion Märtyrerkirche (HMK) kümmert sich um die verfolgten Christen in aller Welt. Sie wurde von dem Judenchristen Wurmbrand gegründet, der 14 Jahre in kommunistischen Lagern Rumäniens einsaß, davon drei Jahre in Einzelhaft, allein gelassen von der protestantischen Kirche Deutschlands und vom Weltkirchenrat, die den Kommunismus verharmlosten und auch diesen geschundenen Gläubigen seinem Schicksal überließen. Heute, nach seinem Tod, ist Pfarrer Wurmbrand eine der bekanntesten Persönlichkeiten Rumäniens.

Diese Hilfsaktion hat in ihrer Dokumentation „Geschichte und Gegenwart des Islam" (3. durchgesehene Auflage, Tüfinger Str. 3, D-88690 Uhldingen-Mühlhofen) jene normativen Koranverse, die Gewalt rechtfertigen und die für das Erkennen des Wesens des Islams und der Prägung seiner Gläubigen so immens wichtig sind, aufgezeigt.

Sure 61,9: Allah ist es, der seinen Gesandten (Mohammed) mit der Leitung und der Religion der Wahrheit geschickt hat, um sie über jede andere Religion siegreich zu machen, auch wenn es den Götzendienern zuwider ist.

Sure 48,28: Allah ist es, der seinen Gesandten (Mohammed) mit der Leitung und der Wahrheit geschickt hat, um ihr zum Sieg über jeden anderen Glauben zu verhelfen. Allah genügt als Zeuge.

Sure 8,39: Und kämpft wider sie, bis es keine Versuchung zum Abfall vom Islam mehr gibt und die Religion überall für Allah ist. Lassen sie jedoch ab, dann, wahrlich sieht Allah sehr wohl, was sie tun.

Sure 2,193: Und bekämpft die Ungläubigen, bis es keine Versuchung zum Abfall vom Islam mehr gibt und die Religion nur für Allah über ist. Wenn sie jedoch ablassen, dann (wisset), dass keine Feindschaft erlaubt ist, außer wider die Frevler.

Sure 2,216: Der Heilige Krieg ist Euch befohlen, auch wenn er Euch missfällt; aber es ist wohl möglich, dass Euch etwas missfällt, was gut für Euch ist; und es ist wohl möglich, dass Euch etwas gefällt, was für Euch übel ist. Allah weiß, Ihr aber wisset nicht.

Sure 22,78: Führt den Heiligen Krieg aus in Allah wie es seinem Heiligen Krieg gebührt! Er hat Euch erwählt. Und er hat Euch in der Religion nichts Unausführbares auferlegt. Das ist die Glaubensrichtung Eures Vaters Abraham! Er hat Euch Muslime genannt, (schon) früher und (nunmehr) in diesem (Koran), damit der Gesandte Allahs (Mohammed) Zeuge über Euch sei, und damit Ihr Zeugen seid über die Menschen. Verrichtet nun das islamische Pflichtgebet, entrichtet die Religionssteuer und haltet an der Unfehlbarkeit Allahs fest! Er ist Euer Schutzherr. Welch vorzüglicher Schutzherr ist er doch und wie gut verhilft er zum Sieg!

Sure 9,111: Allah hat von den Gläubigen ihr Leben erkauft und ihr Vermögen, damit ihnen das Paradies gehört. Sie kämpfen auf dem Weg Allahs und sie töten und werden getötet, entsprechend den Verheißungen in der Torah, dem Evangelium und dem Koran. Und wer hält seine Abmachung mehr als Allah? Also seid voll Freude über Euren Kauf, den Ihr abgeschlossen habt, und dies, es ist die gewaltige Glückseligkeit.

Sure 4,76: Diejenigen, die gläubig sind, kämpfen mit Waffen für Allah, diejenigen, die ungläubig sind, kämpfen mit Waffen für den Taghuut (d.h. ihren Teufel). So kämpft (mit Waffen) gegen die Schutzbefohlenen des Satans! (Wahrlich) die List des Satans ist schwach.

Sure 61,4: Wahrlich, Allah liebt diejenigen, die für ihn in Reih und Glied mit Waffen kämpfen, fest stehen wie eine Mauer.

Sure 2,244: Kämpft mit der Waffe für Allah! Ihr müsst wissen, dass Allah der Hörende und der Wissende ist.

Sure 9,123: O Ihr Gläubigen! Kämpft mit Waffen gegen diejenigen der Ungläubigen, die Euch nahe sind. Sie sollen merken, dass Ihr hart sein könnt. Und wisst, dass Allah mit den Muslimen ist.

Sure 9,5: Und wenn nun die heiligen Monate abgelaufen sind, dann tötet die Polytheisten (wörtl. Diejenigen, die Allah andere Wesen als göttlich beigesellen), wo immer Ihr sie findet. Packt sie, umzingelt sie und stellt ihnen jede denkbare Falle! Wenn sie jedoch Buße tun, das islamische Pflichtgebet verrichten und die Religionssteuer bezahlen, dann lass sie ihres Weges ziehen! Allah ist vergebend und barmherzig.

Sure 9,29: Kämpft mit Waffen gegen diejenigen, die nicht an Allah glauben, noch an den jüngsten Tag glauben, und die nicht für verboten erklären, was Allah und sein Gesandter Mohammed für verboten erklärt haben, und die sich nicht nach der rechten Religion (dem Islam) richten – von denen, die die Schrift erhalten haben (d.h. Juden und Christen) – kämpft mit der Waffe gegen diese, bis sie die Minderheitensteuer abgeben als Erniedrigte!

Sure 4,84: So kämpfe mit Waffen für Allah! Du hast einmal nur Deine selbst veranlassten Handlungen zu verantworten. Und feure die Gläubigen zum Kampf an! Vielleicht wird Allah die Gewalt derer, die ungläubig sind, zurückhalten. Allah übt mehr Gewalt aus und kann schrecklicher bestrafen als irgendjemand anders.

Sure 8,65: O Prophet! Feure die Gläubigen zum Kampf mit der Waffe an! Wenn unter Euch zwanzig sind, die Geduld zeigen, werden sie über zweihundert, und wenn unter Euch hundert sind, werden sie über tausend von Ungläubigen siegen. Es geschieht ihnen, weil es Leute sind, die keinen Verstand haben.

Sure 22,39: Denjenigen, die gegen die Ungläubigen mit Waffen kämpfen, wurde erlaubt zu kämpfen, weil ihnen zuvor Unrecht geschah. Wahrlich, Allah hat die Macht, ihren Sieg herbeizuführen.

Sure 2,190: Kämpft mit der Waffe für Allah gegen diejenigen, die gegen Euch mit Waffen kämpfen. Begeht jedoch keine Übertretungen. Allah liebt die Übertreter nicht.

Sure 2,191: Und tötet sie, wo immer ihr sie zu fassen bekommt, und vertreibt sie, von wo sie Euch vertrieben haben. Der Versuch, die Muslime zum Abfall von Allah zu verführen ist schlimmer als Töten.

Sure 2,194: Wenn Euch einer feindselig ist, so seid ihm mit gleichem Maße feindselig, wie er Euch feindselig war.

Sure 9,12: Wenn sie aber ihre Eide brechen, nachdem sie ein Bündnis mit Euch abgeschlossen haben, und hinsichtlich Eurer Religion ausfällig werden, dann kämpft gegen die Anführer des Unglaubens! Für sie gibt es keine verbindlichen Eide. Vielleicht hören sie mit ihrem gottlosen Treiben auf, wenn Ihr den Kampf gegen sie eröffnet.

Sure 9,14: Kämpft mit der Waffe gegen sie! Allah wird sie mit Euren Händen plagen und sie zuschanden machen, Euch aber zum Sieg über sie verhelfen. So heilt er die Herzen der Leute, die glauben.

Sure 2,217: Man fragt Dich nach dem heiligen Monat, nämlich danach, ob es erlaubt ist, in ihm zu kämpfen. Sag: in ihm zu kämpfen ist ein schweres Vergehen. Aber seine Mitmenschen vom Weg Allah abzuhalten – und nicht an ihn zu glauben –, und Gläubige von der heiligen Kultstätte abzuhalten, und deren Anwohner daraus zu vertreiben, all das wiegt bei Allah schwerer. Und der Versuch Gläubige zum Abfall vom Islam zu verführen, wiegt schwerer als Töten. Und sie werden nicht aufhören, gegen Euch zu kämpfen, bis sie Euch von Eurer Religion abbringen – wenn sie können. Und diejenigen von Euch, die sich von ihrer Religion abbringen lassen und ohne sich wieder bekehrt zu haben, als Ungläubige sterben, deren Werke sind im Diesseits und im Jenseits hinfällig. Sie werden Insassen des Höllenfeuers sein und ewig darin weilen.

Sure 8,12-13: Ich werde in die Herzen der Glaubensverweigerer den Schrecken werfen, dann schlagt sie über die Nacken und schlagt von ihnen alle Fingerkuppen. Weil sie sich Allah und seinen Gesandten widersetzt haben, und wer sich Allah und seinem Gesandten widersetzt, ist Allah hart im Bestrafen.

Sure 8,15-16: Ihr Gläubigen! Wenn die Ungläubigen in Anmarsch sind, dann kehrt ihnen nicht den Rücken! Wer ihnen alsdann den Rücken kehrt – es sein denn, um sich zu einem anderen Kampf hinzuwenden oder um zu einer anderen Gruppe zu stoßen und sich dort am Kampf zu beteiligen –, der verfällt dem Zorn Allahs, und die Hölle wird sein Unterschlupf werden. Ein schlimmes Ende!

Sure 4,74: Es sollen für Allah kämpfen diejenigen, die das irdische Leben für das Endzeitliche verkaufen. Und wenn einer um Allahs willen kämpft, und er wird getötet, werden wir ihm gewaltigen Lohn zukommen lassen.

Sure 3,195: Da erhörte sie ihr Herr: Ich werde nicht eines Eurer Werke verloren gehen lassen, gleichviel ob der Täter männlich oder weiblich ist, auch im Blick auf die Taten, die ihr Euch untereinander antut, Diejenigen, die um meinetwillen ausgewandert und aus ihren Häusern vertrieben worden und verletzt worden sind, und die gekämpft haben und getötet worden sind, ihnen werde ich ihre schlechten Taten tilgen, und ich werde sie in Gärten eingehen lassen, in deren Niederungen Bäche fließen. Das ist ihre Belohnung von Seiten Allahs. Bei Allah wird man gut belohnt.

Sure 48,20-21: Allah hat Euch versprochen, dass Ihr viel Beute machen werdet. Und er hat Euch diesen Teil der Beute schnell zukommen lassen und die Hände der Menschen von Euch zurückgehalten so dass sie Euch nicht abhalten konnten, die

Beute zu nehmen. Und das alles geschah, damit es ein Zeichen für die Gläubigen sei und er Euch einen geraden Weg führe. Und einen anderen Teil der Beute, über den Ihr noch keine Gewalt habt, hat Allah bereits für Euch umfasst, um es Euch später zu geben. Er hat zu allem die Macht.

Sure 2,218: Diejenigen, die glauben, und diejenigen, die ausgewandert sind in der Hijra von Mekka nach Medina und für Allah Krieg geführt haben, hoffen auf die Barmherzigkeit Allahs, und Allah ist vergebend und barmherzig.

Sure 9,38: Ihr Gläubigen! Warum lasst Ihr den Kopf hängen, wenn zu Euch gesagt wird: „Rückt aus und kämpft für Allah?" Seid Ihr dadurch bis zum Boden niedergedrückt worden? Seid Ihr mit dem niederen Leben mehr zufrieden als mit dem Endzeitlichen? Die Nutznießung des niederen, weltlichen Lebens ist am Ende der Welt gering.

Sure 4,77: Hast Du nicht jene gesehen, zu denen man in Mekka sagte: „Haltet Eure Hände vom Kampf zurück und verrichtet das Gebet und entrichtet die Religionssteuer?" Als ihnen dann später in Medina vorgeschrieben wurde, mit Waffen zu kämpfen, fürchtete auf einmal ein Teil von ihnen die Menschen, wie man Allah fürchtet, oder gar noch mehr. Und sie sagten: „Herr! Warum hast Du uns vorgeschrieben, mit Waffen zu kämpfen? Würdet Du uns doch wenigstens für eine kurze Frist Aufschub gewähren!" Sag: Die Nutznießung der diesseitigen Welt ist gering. Für den Gottesfürchtigen ist das Endzeitliche besser. Und Euch wird im Endgericht nicht ein Fädchen Unrecht getan.

Sure 4,75: Und was ist mit Euch, dass Ihr nicht kämpft auf dem Weg Allahs und für die Unterdrückten.

Sure 3,167: Auf diese Weise wusste Allah von denen, die geheuchelt hatten und es wurde zu ihnen gesagt: „Kommt, kämpft auf dem Weg Allahs oder verteidigt! Sie sagten: Wenn wir etwas über Kampf wüssten, bestimmt wären wir gefolgt. Sie waren an diesem Tag den Ungläubigen näher als den Glaubenden. Sie sagten mit ihren Mündern, was nicht in ihren Herzen ist und Allah weiß am Besten, was sie verschweigen.

Sure 8,17: Nicht Ihr habt getötet sie, sondern Allah hat sie getötet. Und nicht Du hast jenen Wurf mit dem Speer ausgeführt, sondern Allah hat den Speer geworfen. Er wollte damit die Gläubigen etwas Gutes erleben lassen. Allah hört und weiß alles.

Sure 3,13: Ihr hattet ein Zeichen an zwei Scharen, die im Kampf aufeinander trafen: eine Schar, die für Allah (wörtlich: im Weg Allahs) mit Waffen kämpfte, und eine andere, Ungläubige, die sie nach dem Augenschein für zweimal so viel ansahen wie sie selber waren, während sie in Wirklichkeit zahlenmäßig noch stärker waren. Allah bestätigt mit seinem Sieg, wen er will. Das ist ein Grund zum Nachdenken für diejenigen, die Einsicht haben.

Sure 9,30: Und die Juden haben gesagt: Uzair ist der Sohn Allahs und die Christen haben gesagt: Der Messias ist der Sohn Allahs. Das ist ihr Wort mit ihren Mündern. Sie entsprechen dem Wort derjenigen, die vorher den Glauben verweigert haben. Allah tötet sie, wie sind sie betrogen (Glaubensverweigerer, die an Jesus als Sohn Gottes glauben).

Sure 9,5: Tötet die Götzendiener (andere Übersetzung: die Trinitarier: die an die Dreifaltigkeit glauben) wo ihr sie findet, und ergreift sie und belagert sie und lauert ihnen in jedem Hinderhalt auf (gemeint sind Glaubensverweigerer, die an die Dreifaltigkeit glauben).

Sure 5,73: Bestimmt haben schon diejenigen den Glauben verweigert, die sagten: Allah ist ja ein Dritter von Dreien, und es gibt keinen Gott außer einem einzigen Gott, und wenn sie nicht aufhören mit dem, was sie sagen, bestimmt trifft diejenigen von ihnen, die den Glauben verweigert haben, schmerzende Strafe (gemeint sind Glaubensverweigerer, die an die Dreifaltigkeit glauben).

Sure 9,73: Du, der Prophet! Setze Dich ganz ein gegen die Glaubensverweigerer und die Heuchler und sei hart gegen sie, und ihre Bleibe ist die Hölle, und ganz elend ist das endgültige Sein (Strafe für den Glaubensverweigerer).

Sure 5,33: Die Vergeltung für diejenigen, die mit Allah und seinen Gesandten Krieg führen und sich auf der Erde um Verderben bemühen, ist ja, dass sie getötet und gekreuzigt werden oder ihre Hände und ihre Füße wechselseitig abgeschlagen werden, oder sie aus dem Land verbannt werden, dies ist für sie Vergeltung in dieser Welt, und für sie gibt es im Jenseits gewaltige Strafe (Strafe für den Glaubensverweigerer).

Sure 9,14: Tötet sie, Allah wird sie strafen durch Eure Hände, und macht sie zuschanden und hilft Euch gegen sie (Strafe für den Glaubensverweigerer).

Weiterführende Literatur

Ich gehöre nicht einer Welt an, die untergeht. Ich verlängere und übermittle eine Wahrheit, die nicht stirbt.
Nicolás Gómez Dávila

Geistiger Kompass für dieses Buch war die Heilige Schrift. Auf den Versuch irgendeiner Art von Vollzähligkeit in der Literaturbenutzung wird verzichtet. Es würde den Rahmen sprengen. Hingewiesen wird auf besonders empfehlenswerte weiterführende Literatur. Ansonsten sind Verweise im Text eingefügt. Aus Gründen der Sicherheit für die Betroffenen sind einige Zitate und Aussagen ohne Namensnennung erfolgt.

Ivo Andric (jugoslawischer Literaturnobelpreisträger): Die Entwicklung des geistigen Lebens in Bosnien unter der Einwirkung der türkischen Herrschaft, Graz 1924

Seyran Ates (deutsche Frauenrechtlerin kurdisch-türkischer Herkunft): Große Reise ins Feuer. Die Geschichte einer deutschen Türkin, Rowohlt Berlin 2003

Marius Baar (französischer Missionar): Kollision der Kulturen, Christliche Verlagsanstalt Dillenburg 2002

Heinz-Lothar Barth (OStR i.H.): Christus und Mohammed. Eine Auseinandersetzung mit dem Islam aus christlicher Sicht. Teil I, Verlag Vereinigung St. Pius X., Stuttgart 1998

Nikolai Berdjajew (russischer Philosoph): Wahrheit und Lüge des Kommunismus, Edition Neue Mitte, Wien 1977

Bryand Mark Brigg (US-Historiker): Hitlers jüdische Soldaten, Verlag Ferdinand Schöningh, Paderborn 2003

Johan Bouman (Prof. f. Religionsgeschichte / Islamspezialist): Der Koran und die Juden. Die Geschichte einer Tragödie, Wissenschaftliche Buchgesellschaft, Darmstadt 1990

Johan Bouman: Christen und Moslems. Glauben sie an einen Gott? Gemeinsamkeiten und Unterschiede, Brunnen, Giessen 1995

Oriana Fallaci (italienische Journalistin), Die Kraft der Vernunft, List, Berlin 2004

Simcha Flapan (Sekretär der sozialistischen Mapam-Partei Israels): Die Geburt Israels. Mythos und Wirklichkeit, Melzer Verlag, Neu Isenburg 2005

Mark A. Gabriel, PH.D.(ehem. Prof. für Islamische Geschichte an der Al-Azhar-Universität Kairo und Imam in Gizeh): Islam und Terrorismus. Was der Koran wirklich über Christentum, Gewalt und die Ziele des Djihad lehrt, Resch, Gräfelfing 2002

Lazarus Goldschmidt (Orientalist und Gelehrter des Judentums): el-Koran, das heißt die Lesung, Komet Verlag, Frechen 2000

Jaya Gopal (ind. Autor): Gabriels Einflüsterungen. Eine historisch-kritische Bestandsaufnahme des Islam, Ahriman-Verlag, Freiburg 2006

Georg Huntemann (ev. Theologe): Biblisches Ethos im Zeitalter der Moralrevolution, hänssler, Holzgerlingen 1999

Manfred Jacobs: So erobert der Islam Europa, Verlag Anton A. Schmid, Durach 1996

Arthur Katz (US-Autor mosaischen Glaubens): Der Holocaust – Wo war Gott?, Verlag Ingo Schreurs, Düsseldorf 2000/2001

Necla Kelek (deutsche Frauenrechtlerin türk. Herkunft): Die fremde Braut, Kiepenheuer & Witsch, Köln 2005

Pinchas Lapide (jüdischer Theologe und Religionswissenschaftler): Rom und die Juden, Gerhard Hess Verlag, Ulm 2005

Pinchas Lapide: Die Bergpredigt – Utopie oder Programm, Mathias-Grünewald-Verlag, Mainz 1982

Stefan Luft (Journalist, ehem. Pressesprecher beim Senator für Inneres in Bremen): Mechanismen, Manipulation, Missbrauch, Ausländerpolitik und Ausländerintegration in Deutschland, Verlag Wissenschaft und Politik, Köln 2002

Dimitrij Mereschkowskij (russischer Philosoph und Schriftsteller): Das

Reich des Antichrist. Russland und der Bolschewismus, Drei-Masken-Verlag, München 1922

Christa Meves (deutsche Kinder- und Jugendlichenpsychotherapeutin): Verführt, manipuliert, pervertiert. Resch, Gräfelfing 2003

Victor Mordecai (in den USA geborener Israeli, Islamexperte): Der Islam. Eine globale Bedrohung? Hänssler, Holzgerlingen 1999

Bernhard Philberth (deutscher Physiker, Philosoph, Priester): Offenbarung, BAC Australia, Plumpton NWS 1994

Karl Philberth (deutscher Physiker, Philosoph, Priester): Geschaffen zur Freiheit, BAC Australia, Plumpton NWS 1998

Hans-Peter Raddatz (deutscher Orientalist und Publizist): Die türkische Gefahr? Risiken und Chancen, Herbig, München 2004

Hans-Peter Raddatz: Von Allah zum Terror? Der Djihad und die Deformierung des Westens. Herbig, München 2002

Joseph Ratzinger / Benedikt XVI. (Papst): Jesus von Nazareth, Herder, Freiburg 2007

Günter Rohrmoser (deutscher Sozialphilosoph): Kurzkommentare, Gesellschaft für Kulturwissenschaft e.V., Ahornweg 5a, 76467 Bietigeim/Baden, www.gfk-web.de

Günter Rohrmoser: Geistiges Vakuum – Spätfolgen der Kulturrevolution, Gesellschaft für Kulturwissenschaft, Bietigheim 1997

Tom Segev: Die ersten Israelis / Die Anfänge des Jüdischen Staates, Siedler, München 2008

Christine Schirrmacher (deutsche Islamwissenschaftlerin): Islam in Europa. Multi-Kulti am Ende? Schweizerzeit, Flaach 2006

Basilea Schlink (Gründerin der ev. Kommunität der Marienschwestern Darmstadt): Wo liegt die Wahrheit? Ist Mohammeds Allah der Gott der Bibel? Evangelische Marienschwesternschaft, Darmstadt-Eberstadt 1982

Peter Scholl-Latour (deutscher u. französischer Journalist und Publizist): Kampf dem Terror – Kampf dem Islam?, Propyläen, München 2002

Peter Scholl-Latour: Eine Welt in Auflösung. Vor den Trümmern der Neuen Friedensordnung, Siedler, Berlin 1993

Leonore Schumann (Lektorin d. russ. Geschichte): Die Stadt im Feuer.

Nachdenken über Russland, Christiana Verlag, Stein am Rhein 1989

Patrick Sookhdeo (Brite, ehem. Muslim, intern. Autorität der Djihad-Ideologie): Der Islam aus christlicher Sicht, Brunnen Verlag, Basel 2001

Alexander Solschenizyn (russ. Literaturnobelpreisträger): „Zweihundert Jahre zusammen". Die Juden in der Sowjetunion, Herbig, München 2003

Christian Striefler (deutscher Historiker): Kampf um die Macht. Kommunisten und Nationalsozialisten am Ende der Weimarer Republik, Propyläen, Berlin 1993

Berndt Georg Thamm (deutscher Publizist, Terrorismusexperte): Terrorbasis Deutschland. Die islamistische Gefahr in unserer Mitte, Heinrich Hugendubel Verlag, Kreuzlingen/München 2004

Bassam Tibi (deutscher Politologe syrischer Herkunft): Der wahre Imam. Der Islam von Mohammed bis zur Gegenwart, Piper Verlag, München 1998

Bassam Tibi: Die neue Weltunordnung, Propyläen, Berlin 1999

Bassam Tibi: Der neue Totalitarismus. Heiliger Krieg und westliche Sicherheit, Primus Verlag, Darmstadt 2004

Udo Ulfkotte (deutscher Publizist und Terrorismusexperte): Heiliger Krieg in Europa. Wie die radikale Muslimbruderschaft unsere Gesellschaft bedroht, Eichborn, Frankfurt am Main 2007

Udo Ulfkotte: Der Krieg im Dunkeln, Eichborn, Frankfurt 2006

Udo Ulfkotte: Der Krieg in unseren Städten. Wie radikale Islamisten Deutschland unterwandern, Eichborn, Frankfurt am Main 2003

Udo Ulfkotte, Vorsicht Bürgerkrieg! Was lange währt, wird endlich Wut, Kopp Verlag, Rottenburg 2009

Erik von Kuehnelt-Leddihn (österreichischer Publizist): Die falsch gestellten Weichen. Der Rote Faden 1789-1984, Hermann Böhlaus Nachf, Wien 1985

Michael S. Voslensky (russ. Historiker und Philosoph): Sterbliche Götter. Die Lehrmeister der Nomenklatura, Straube, Wien 1989

Franz Werfel (österreichischer Schriftsteller): Die 40 Tage des Musa Dagh, Deutsche Buchgemeinschaft, Berlin 1958

Richard Wurmbrand (rumänischer luth. Pfarrer, Gründer einer Missionsgesellschaft): Das andere Gesicht des Karl Marx, Stephanus Edition, Uhldingen 1987

Richard Wurmbrand: Christus auf der Judengasse, Stephanus Edition, Uhl-dingen 1980

Bat Ye'or (britische Autorin, Autorität der Dhimmitude): Der Niedergang des orientalischen Christentums unter dem Islam, Resch Verlag, Gräfelfing 2002

Rudolf Zewell (Leiter des kath. Ressorts Christ und Welt) (Hrsg.): Islam – Die missbrauchte Religion ... oder Keimzelle des Terrorismus? Olzog, München 2001

Stefan Zweig (österreichischer Schriftsteller): Die Welt von Gestern, Fischer Taschenbuchverlag, Frankfurt am Main 1999

Der Autor

Gideon Wolfsen wurde 1940 im Landkreis Cuxhaven geboren. Nach Besuch des Gymnasiums leistete er seinen 18-monatigen Wehrdienst und studierte Pädagogik, Sozialwissenschaften und Geschichte an mehreren norddeutschen Universitäten. Anschließend war er Mitarbeiter an mehreren Volkshochschulen und kirchlichen Bildungsinstitutionen in Niedersachsen und Rheinland-Pfalz. Zum Abschluss seiner Referententätigkeit wechselte er zu einem Bildungszentrum in Südeutschland, in dem vorwiegend Personen aus sicherheitsrelevanten Institutionen aus Deutschland, Österreich und der Schweiz aus- bzw. weitergebildet wurden. Daneben hielt und hält er Vorträge in Deutschland, Österreich, Frankreich und Belgien.

Wolfsen wurde in eine Seefahrerfamilie hinein geboren, in der das Christentum lediglich zur Tradition gehörte. Es sind bestimmte Begegnungen gewesen aus dem katholischen, protestantischen und jüdischen Bereich, die Anstöße gaben für eine echte Glaubensorientierung. Zu diesen Persönlichkeiten gehörte der kürzlich in Australien verstorbene Physiker und katholische Priester Prof. Bernhard Philberth, der damalige Professor für Ethik und Apologetik an der Staatsunabhängigen Theologischen Hochschule Basel Georg Huntemann und auch der jüdische Religionswissenschaftler Prof. Pinchas Lapide. Mit Letzterem hat er verschiedene Seminare an einer süddeutschen Universität durchgeführt.

Hinsichtlich der im Buch angesprochenen Problematik hat W. sich über mehrere Jahre mit Persönlichkeiten aus den Nachrichtendiensten verschiedener Länder ausgetauscht. Ein Vizepräsident eines Nachrichtendienstes war ihm Ratgeber und Ansprechpartner.

Gideon Wolfsen ist verheiratet und hat vier Kinder, zwei Söhne und zwei Töchter.

Aus Sicherheitsgründen und zum Schutz seiner Familie schreibt er lediglich seine Beiträge, die die islamische Parallelgesellschaft betreffen, unter Pseudonym. Er bedauert es, dass dies für bekennende Christen im sogenannten wehrhaften Rechtsstaat inzwischen bitter notwendig ist.